'공기업/대기업/~~~~~ROTC/사관학교'

이제 ~~~~ 사람을 ~~~하는 시대

WIN시대로

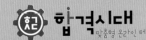

GSAT

2021 하반기 채용 대비

수리논리

무료삼성특강

2021년 상반기 최신기출문제 복원 및 분석

PREFACE

머리말

삼성 경영철학의 최우선순위는 '인간존중' 이념이다. 이를 구현하기 위해 삼성은 1995년에 개인의 능력과 무관한 학력, 성별 등의 모든 차별을 배제한 '열린채용'을 실시함으로써 채용문화에 변화의 바람을 일으켰다. 이때 삼성 직무적성검사(SSAT : SamSung Aptitude Test)를 도입, 단편적 지식과 학력 위주의 평가 방식에서 과감히 탈피했다.

20년 동안 채용을 진행하면서, 입사 후 우수 직원들의 업무성과 요인 등을 분석한 결과 직군별 성과요인에 차이가 있었다. 또한 미래 경영환경의 변화와 글로벌 주요 기업들의 사례를 통해, 창의적이고 우수한 인재를 효과적으로 확보할 필요성이 생겼다. 이에 삼성은 2015년 하반기 공채부터 시험 위주의 획일적 채용방식을 직군별로 다양화하는 방향으로 채용제도를 개편했다. 이와 더불어 SSAT(국내)와 GSAT(해외)로 혼재되어 사용하던 삼성 직무적성검사의 명칭을 GSAT(Global Samsung Aptitude Test)로 통일시켰다.

실제 삼성 직무적성검사 기출문제를 살펴보면 평소 꾸준히 준비하지 않으면 쉽게 통과할 수 없도록 구성되어 있다. 더군다나 입사 경쟁이 날이 갈수록 치열해지는 요즘과 같은 상황에서는 이에 대한 더욱 철저한 준비가 요구된다. '철저한 준비'는 단지 입사를 위해서뿐만 아니라 성공적인 직장생활을 위해서도 필수적이다.

(주)시대고시기획에서는 수험생들이 GSAT에 대한 '철저한 준비'를 할 수 있도록 다음과 같이 교재를 구성하였으며, 이를 통해 단기에 성적을 올릴 수 있는 학습법을 제시하였다.

📗 도서의 특징

첫 째 2021년 상반기~2014년 하반기 최신기출문제를 수록하여 최신 출제 경향을 파악할 수 있도록 하였다.

둘 째 GSAT 수리논리 영역의 이론점검, 대표유형, 유형점검, 불싸트(GSAT) 점검을 수록하여 체계적으로 학습이 가능하도록 하였다.

셋 째 최종점검 모의고사와 온라인 모의고사, 문제풀이 용지를 제공하여 온라인 시험에 대비할 수 있도록 하였다.

넷 째 인성검사, 면접을 수록하여 한 권으로 삼성 채용을 대비할 수 있도록 하였다.

끝으로 본서로 삼성 채용 시험을 준비하는 여러분 모두의 건강과 합격을 진심으로 기원한다.

SD적성검사연구소 씀

삼성 이야기

■ 경영이념

경영의 핵심요소	→	기업목표 (내부목적)	→	기업목적
인재와 기술을 바탕으로		최고의 제품과 서비스를 창출하여		인류사회에 공헌한다

■ 핵심가치

인재제일

기업은 사람이다
삼성의 인재에 대한 믿음

인재를 중시하고 키우는 기업문화, '기업이 곧 사람'이라는 신념을 바탕으로 모든 사람이 각자 고유한 역량과 잠재력을 가진 우수한 인재이며 세상을 움직이는 원동력임을 믿습니다.

변화선도

늘 앞선 변화를 선도한다
삼성의 미래를 창조하는 자세

삼성은 현실안주를 퇴보로 인식하고 끊임없는 변화와 혁신을 추구해온 기업입니다. 시대의 흐름을 파악하고 앞선 변화를 통한 창조적인 혁신을 추구합니다.

상생추구

모두의 이익에 기여를 생각한다
삼성의 철학

삼성은 이윤뿐만 아니라 고객, 임직원, 주주, 협력업체를 먼저 생각하는 상생정신을 가지고 있습니다. 국가와 지역사회의 공헌과 인류의 공동의 발전을 위해 노력합니다.

최고지향

모든 분야에서 최고를 추구한다
삼성을 움직이는 의지의 표현

삼성의 역사는 국내에서 세계를, 일류에서 초일류를 지향해 온 최고지향의 역사입니다. 항상 최고에 도전하고 세계최고를 향한 경쟁에서 당당히 승리하기 위해 노력합니다.

정도경영

언제나 바른길을 간다
삼성인의 곧은 마음가짐

삼성은 정과 도를 명확히 구분하여 부정 없는 깨끗한 조직풍토를 유지하는 문화를 가지고 있습니다. 고객과 사회로의 신뢰와 기본과 원칙에 따른 마음가짐을 중시합니다.

■ 인재상

Samsung People

We invite global talent of diverse backgrounds.

삼성은 학력, 성별, 국적, 종교를 차별하지 않고
미래를 이끌어 나갈 인재와 함께 합니다.

Passion
열정

We have an unyielding passion to be the best.
끊임없는 열정으로 미래에 도전하는 인재

Creativity
창의혁신

We pursue innovation through creative ideas for a better future.
창의와 혁신으로 세상을 변화시키는 인재

Integrity
인간미 · 도덕성

We act responsibly as a corporate citizen with honesty and fairness.
정직과 바른 행동으로 역할과 책임을 다하는 인재

2021년 상반기 온라인 GSAT 분석

■ 총평

전체적으로 난이도가 평이했지만 시간이 부족했다는 의견이 많았다.

신유형 없이 기존에 출제되던 유형으로만 출제되었으며, 영역별 유형의 비율 또한 2020년 하반기 시험과 비슷했다. 시험 영역, 유형 등이 전체적으로 혼란스러웠던 작년에 비해서는 안정된 시험이었고, 난이도도 평이했다. 다만, 수리논리에서 자료해석 유형과 추리에서 조건추리 유형을 풀이하는 데 시간이 걸려 다소 까다로웠다고 느껴졌다.

■ 영역별 출제 유형 및 비중

❶ 수리논리

영역	유형	문항 수	비율	제한시간
수리논리	응용수리	2문항	10%	30분
	자료해석	18문항	90%	

❷ 추리

영역	유형	문항 수	비율	제한시간
추리	명제	3문항	10%	30분
	조건추리	12문항	40%	
	어휘추리	2문항	7%	
	도형추리	3문항	10%	
	도식추리	4문항	13%	
	논리추리	6문항	20%	

■ 온라인 GSAT의 핵심 전략

시간 내에 풀 수 있는 문제를 전략적으로 선택하여 높은 정답률로 가장 많이 푸는 것이 핵심이다. 따라서 먼저 본인이 가장 자신 있는 유형과 자신 없는 유형을 파악해야 하고 문제 순서를 미리 정해 자신 있는 유형을 먼저 풀고 약한 유형에 나머지 시간을 투자해야 한다.

■ 온라인 GSAT 패스 팁!

❶ 독서대에 책을 펼쳐 놓고 눈으로만 보면서 연습장에 풀이를 쓰는 연습을 한다.

❷ 실제 온라인 GSAT에서는 풀고자 하는 문제 번호를 치면 해당 문제로 바로 갈 수 있다. 페이지를 마우스 클릭으로 일일이 넘기지 않아도 된다.

❸ 오답은 감점 처리된다. 따라서 확실하게 푼 문제만 답을 체크하고 나머지는 그냥 둔다.

❹ 풀이가 작성된 문제풀이 용지는 제출해야 하며 부정행위가 없었는지 확인하는 데에 사용된다. 따라서 풀이를 다른 사람이 알아볼 수 있도록 작성하는 연습이 필요하다.

❺ 온라인 시험에서는 풀이를 문제풀이 용지에 작성하고 정답은 화면에서 체크해야 하므로 문제를 풀고 정답을 바로바로 체크하는 연습이 필요하다.

❻ 필기도구가 떨어지는 것을 대비하여 여러 개의 필기도구를 준비한다.

❼ 찍으면 감점되므로 모르는 문제는 넘어간다.

❽ 남은 시간을 따로 알려주지 않으므로 시간 관리하는 연습을 한다.

■ 시험 변동 사항

❶ 시스템이 개선되고 큰 혼선 없이 안정적으로 진행되었다.

❷ 자료해석이나 지문 보는 것이 힘들다는 응시자들의 의견이 있었는데 이번에는 문제의 배치를 조정하고 도표에 색상을 넣는 등 사용자 환경(UX)을 개선하며 가독성과 편의성을 높였다.

❸ 표와 그래프가 나오는 문제도 마우스 스크롤이 필요 없게 한 화면에 다 보이게끔 나왔다.

❹ 다른 응시생들의 음성은 들리지 않았고, 감독관의 음성만 들렸다.

❺ 문제풀이 용지에 정답 표기란이 없어졌다.

❻ 모니터 터치가 가능해졌다.

❼ 예비소집일에 테스트 문항을 풀어볼 수 있었다.

2021년 상반기 온라인 GSAT 분석

■ 일정

• **온라인 예비소집**

온라인 GSAT 시행일 이전 토요일과 일요일에 오전(09:00~10:30), 오후(14:00~15:30)로 나누어 진행한다.

※ 삼성직무적성검사 응시 당일과 동일한 시험환경에서 전체 프로세스 안내 및 확인

※ 절차 : PC 및 스마트폰 프로그램 접속 → 출석체크 → 응시환경 점검 → 테스트 문항 응시 → 이상 확인 및 공지사항 전달

• **온라인 GSAT 시행일**

토요일과 일요일에 오전(09:00~11:10), 오후(14:00~16:10)로 나누어 진행한다.

※ 4회차 모두 다른 시험문제가 출제됨. 각 응시자는 지원한 계열사에 따라 04개의 타임 중 한 타임에 배치

■ 준비방법

• **PC(데스크탑 또는 노트북)** *Windows 또는 macOS 설치 기종

– 최소 2시간 인터넷 사용이 가능하도록 유선랜 또는 Wi-Fi 연결 필요

– 노트북을 사용하는 경우 응시 중 배터리 방전에 대비하여 반드시 전원 연결 필요

• **스마트폰** *안드로이드 또는 iOS 설치 기종

– 최소 2시간 인터넷 사용이 가능하도록 Wi-Fi 또는 모바일 네트워크에 연결 필요

※ 모바일 네트워크를 사용하는 경우 통신사 요금제에 따라 데이터 요금 발생 가능

– 카메라/스피커가 작동되어야 하며 배터리 방전에 대비하여 반드시 전원 연결 필요

• **응시자 키트** *예비소집일 전까지 개인별 배송(서류 발표 후 배송지 입력)

– 구성 : 스마트폰 거치대, 문제풀이 용지, 개인정보보호 카드, 응시자 유의사항

※ 문제풀이 용지는 삼성직무적성검사 당일 감독관의 지시가 있기 전까지 절대 개봉 금지

■ 시험장소

가능	불가능
집, 기숙사와 같은 개인 공간	카페와 같은 공동 공간

■ 주의사항

- 시험시간 최소 20분 전에 접속 완료해야 함
- 촬영 화면 밖으로 손이나 머리가 나가면 안 됨
- 예비소집일과 동일한 방식으로 '접속코드'를 받아서 실행해야 응시 가능
- 온라인 예비소집에서 보여준 '동일 장소'에서 응시
- '응시자 매뉴얼'을 준수
- 책상 위에 PC와 마우스패드, 필기구(펜, 샤프, 연필), 응시자 키트 구성품 이외에 다른 물건 금지
- 모니터 2대 이상 사용 금지
- 시험 문제 메모 · 촬영 금지
- 시험 보는 동안 자리 이탈 금지
- 반려견 소리 금지
- 음식, 물 취식 금지
- Wi-Fi 접속 시 비행기모드로 전환
- 전화나 카톡 소리 등 알림음 금지
- 부정행위 절대 금지
- 시험 시간 이외에 펜을 들거나 만지는 행위 금지
- 시험 시간 이외에는 손을 책상 위에 올린 채로 눈은 모니터를 응시해야 함

■ 부정행위

- 신분증 및 증빙서류를 위 · 변조하여 검사를 치르는 행위
- 대리 시험을 의뢰하거나 대리로 검사에 응시하는 행위
- 문제를 메모 또는 촬영하는 행위
- 문제의 일부 또는 전부를 유출하거나 외부에 배포하는 행위
- 타인과 답을 주고받는 행위

도서 200% 활용하기

1 다년도 최신기출문제

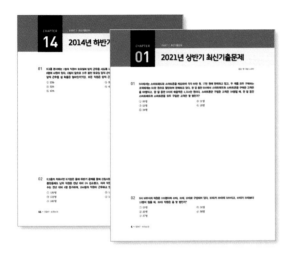

2014년 하반기부터 2021년 상반기까지 GSAT 복원 문제로 출제 경향을 파악할 수 있도록 하였다.

2 이론 + 대표유형 + 유형점검 + 불싸트

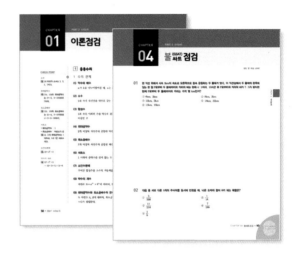

기본 유형부터 고난도 유형까지 수록하여 어떠한 난이도에서도 흔들림 없이 풀어나갈 수 있도록 하였다.

3 모의고사 + 온라인 실전연습 서비스

최종점검 모의고사와 온라인 실전연습 서비스, 문제풀이 용지를 활용하여 실전처럼 연습이 가능하도록 하였다.

4 인성검사 + 면접

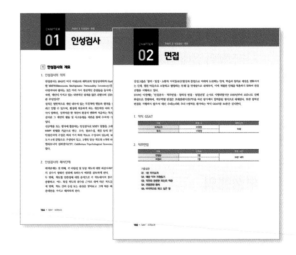

인성검사 모의연습을 통해 지원한 회사의 인재상에 부합하는지 확인할 수 있고, 면접 기출 질문을 통해 실제 면접에서 나오는 질문에 미리 대비할 수 있도록 하였다.

합격 선배들이 알려주는
GSAT 필기시험 합격기

풀고 또 풀고!

대기업 인적성 하면 제일 먼저 떠오르는 게 GSAT이고 가장 높은 장벽처럼 느껴졌습니다. 그래서 도서를 구입하고 책이 너덜너덜해질 때까지 풀고 또 풀었습니다. 안그래도 다른 대기업 인적성 도서보다 두껍고 어려운 도서를 반복해서 보려고 하니 힘들어서 포기하고 싶었지만 도서를 믿고 기출 유형을 반복하여 익혔습니다. 실제 시험에서 시대고시 도서로 공부한 문제와 유형도 비슷하게 나오고 난이도도 얼추 맞아 수월하게 시험에 응시할 수 있었던 것 같아 시대고시 도서를 믿고 푼 보람이 있었습니다.

유형부터 모의고사까지!

취업 준비를 시작하면서 가장 막막했던 것이 인적성시험 준비였습니다. 특히 삼성같은 경우에는 합격의 당락을 좌우하는 요소 중 GSAT의 비중이 매우 크다고 들었던 터라 더욱 걱정이 되었습니다. 서점에 가서 여러 종류의 책들을 훑어보다가 시대고시 도서가 유형부터 모의고사까지 구성이 되어 있어 체계적인 학습이 가능할 것 같아 선택하게 되었습니다. 저처럼 인적성시험 공부가 처음인 사람에게는 굉장히 도움이 될 것 같았고, 실제로도 그랬습니다. 최신기출문제가 맨 앞에 따로 나와 있어서 이걸 풀어보면서 시험이 어떤 식으로 출제되는지 감을 잡을 수 있었습니다. 책의 구성이 저 같은 초심자도 체계적으로 공부할 수 있도록 이루어져 있어 굉장히 도움이 되었습니다.

※ 본 독자 후기는 실제 (주)시대고시기획의 도서를 통해 공부하여 합격한 독자들께서 보내주신 후기를 재구성한 것입니다.

이 책의 차례

GSAT

삼성직무적성검사 | 수리논리

PART 1 최신기출문제

삼성그룹은 2020년 상반기 공채에서 처음으로 온라인 직무적
성검사를 시행하였다. 시험 방식은 크게 바뀌었지만 출제 영역
은 새로운 유형이나 빠진 유형 없이 응용수리, 자료해석 그대
로 출제되었다. 출제 문항 수와 시험 시간도 20문항, 30분으로
동일했다. 시험 난이도 또한 비슷하였지만 시험이 온라인으로
진행되어 체감상으로 어려웠다는 의견이 많았다. 이에 2020년
상반기 최신기출문제를 포함한 8개년 수리논리 영역 기출문제
를 수록하여 최신 출제 경향을 파악할 수 있게 하였다.

PART 1

최신
기출문제

2021년 상반기 최신기출문제

정답 및 해설 p.002

01 S사에서는 스마트패드와 스마트폰을 제조하여 각각 80만 원, 17만 원에 판매하고 있고, 두 개를 모두 구매하는 고객에게는 91만 원으로 할인하여 판매하고 있다. 한 달 동안 S사에서 스마트패드와 스마트폰을 구매한 고객은 총 69명이고, 한 달 동안 S사의 매출액은 4,554만 원이다. 스마트폰만 구입한 고객은 19명일 때, 한 달 동안 스마트패드와 스마트폰을 모두 구입한 고객은 몇 명인가?

① 20명   ② 21명
③ 22명   ④ 23명
⑤ 24명

02 S사 M부서의 직원은 100명이며 40대, 30대, 20대로 구성되어 있다. 20대가 30대의 50%이고, 40대가 30대보다 15명이 많을 때, 30대 직원은 총 몇 명인가?

① 33명   ② 34명
③ 35명   ④ 36명
⑤ 37명

03 K씨는 100억 원을 주식 A와 B에 분산투자하려고 한다. A의 수익률은 10%, B의 수익률은 6%일 때 7억 원의 수익을 내기 위해서 A에 투자할 금액은?

① 23억 원   ② 24억 원

③ 25억 원   ④ 26억 원

⑤ 27억 원

04 S학원에 초급반 A, B, C, 고급반 가, 나, 다 수업이 있다. 6개 수업을 순차적으로 개설하려고 할 때, 고급반 수업은 이어서 개설되고, 초급반 수업은 이어서 개설되지 않는 경우의 수는?

① 12가지   ② 24가지

③ 36가지   ④ 72가지

⑤ 144가지

05 A가 속한 동아리에는 총 6명이 활동 중이며, 올해부터 조장을 뽑기로 하였다. 조장은 매년 1명이며, 1년마다 새로 뽑는다. 연임은 불가능할 때 올해부터 3년 동안 A가 조장을 2번 할 확률은?(단, 3년 동안 해당 동아리에서 인원 변동은 없었다)

① $\dfrac{1}{3}$ ② $\dfrac{1}{10}$

③ $\dfrac{1}{15}$ ④ $\dfrac{1}{30}$

⑤ $\dfrac{1}{40}$

다음은 지역별 7급 공무원 현황을 나타낸 자료이다. 자료에 대한 설명으로 옳은 것은?

〈지역별 7급 공무원 현황〉

(단위 : 명)

구분	남성	여성	합계
서울	14,000	11,000	25,000
경기	9,000	6,000	15,000
인천	9,500	10,500	20,000
부산	7,500	5,000	12,500
대구	6,400	9,600	16,000
광주	4,500	3,000	7,500
대전	3,000	1,800	4,800
울산	2,100	1,900	4,000
세종	1,800	2,200	4,000
강원	2,200	1,800	4,000
충청	8,000	12,000	20,000
전라	9,000	11,000	20,000
경상	5,500	4,500	10,000
제주	2,800	2,200	5,000
합계	85,300	82,500	167,800

※ 수도권 : 서울, 인천, 경기

① 남성 공무원 수가 여성 공무원 수보다 많은 지역은 5곳이다.
② 광역시 중 남성 공무원 수와 여성 공무원 수 차이가 가장 큰 지역은 울산이다.
③ 인천 여성 공무원 비율과 세종 여성 공무원 비율의 차이는 2.5%p이다.
④ 수도권 전체 공무원 수와 광역시 전체 공무원 수의 차이는 5,000명 이상이다.
⑤ 제주지역 전체 공무원 중 남성 공무원의 비율은 55%이다.

07 다음은 주요업종별 영업이익을 비교한 자료이다. 자료에 대한 설명으로 옳지 않은 것은?

<주요업종별 영업이익 비교>

(단위 : 억 원)

구분	2019년 1분기 영업이익	2019년 4분기 영업이익	2020년 1분기 영업이익
반도체	40,020	40,540	60,420
통신	5,880	6,080	8,880
해운	1,340	1,450	1,660
석유화학	9,800	9,880	10,560
건설	18,220	19,450	16,410
자동차	15,550	16,200	5,240
철강	10,740	10,460	820
디스플레이	4,200	4,620	-1,890
자동차부품	3,350	3,550	-2,110
조선	1,880	2,110	-5,520
호텔	980	1,020	-3,240
항공	-2,880	-2,520	120

① 2019년 4분기의 영업이익은 2019년 1분기 영업이익보다 모든 업종에서 높다.
② 2020년 1분기 영업이익이 전년 동기 대비 영업이익보다 높은 업종은 5개이다.
③ 2020년 1분기 영업이익이 적자가 아닌 업종 중 영업이익이 직전 분기 대비 감소한 업종은 3개이다.
④ 2019년 1, 4분기에 흑자였다가 2020년 1분기에 적자로 전환된 업종은 4개이다.
⑤ 항공업은 2019년 1, 4분기에 적자였다가 2020년 1분기에 흑자로 전환되었다.

08 다음은 2016년부터 2020년까지 시행된 국가고시 현황에 관한 표이다. 자료를 참고하여 그래프로 나타낸 것으로 적절하지 않은 것은?(단, 응시자와 합격자 수는 일의 자리에서 반올림한다)

〈국가고시 현황〉

(단위 : 명)

구분	2016년	2017년	2018년	2019년	2020년
접수자	3,540	3,380	3,120	2,810	2,990
응시율	79.40%	78.70%	82.70%	75.10%	74.20%
합격률	46.60%	44.70%	46.90%	47.90%	53.20%

※ 응시율(%) = $\dfrac{\text{응시자 수}}{\text{접수자 수}} \times 100$

※ 합격률(%) = $\dfrac{\text{합격자 수}}{\text{응시자 수}} \times 100$

① 연도별 미응시자 수 추이

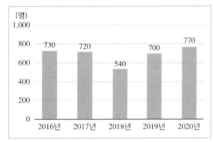

② 연도별 응시자 중 불합격자 수 추이

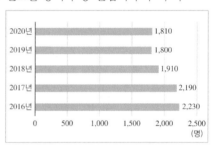

③ 2017 ~ 2020년 전년 대비 접수자 수 변화량

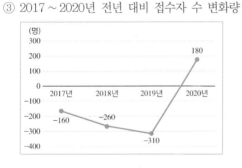

④ 2017 ~ 2020년 전년 대비 합격자 수 변화량

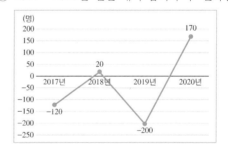

⑤ 2017 ~ 2020년 전년 대비 합격률 증감량

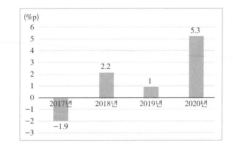

09 다음은 운동시간에 따른 운동효과를 나타낸 자료이다. 운동효과와 운동시간의 관계가 주어진 자료와 식과 같을 때 ㉠과 ㉡에 들어갈 숫자로 알맞은 것은?

〈운동시간에 따른 운동효과〉

운동시간(시간)	1	2	3	4
운동효과	4	62	㉠	㉡

※ (운동효과)$= a \times$(운동시간)$- \dfrac{b^2}{(\text{운동시간})}$

	㉠	㉡
①	90	150
②	100	151
③	100	152
④	108	151
⑤	108	152

10 S사에서 생산하는 A제품과 B제품의 매출액은 다음과 같다. 매출액 추이가 동일하게 유지될 때, 두 제품의 매출액을 합쳐서 300억 원을 초과하는 연도는 언제인가?

〈A, B제품 매출액〉

(단위 : 억 원)

구분	2016년	2017년	2018년	2019년	2020년
A제품	100	101	103	107	115
B제품	80	78	76	74	72

① 2021년   ② 2022년
③ 2023년   ④ 2024년
⑤ 2025년

11 S사는 매년 A기계와 B기계를 생산한다. 다음과 같은 규칙으로 생산할 때, 2025년에 두 기계의 총 생산량은?

〈A, B기계 생산대수〉

(단위 : 대)

구분	2015년	2016년	2017년	2018년	2019년	2020년
A기계	20	23	26	29	32	35
B기계	10	11	14	19	26	35

① 130대
② 140대
③ 150대
④ 160대
⑤ 170대

2020년 하반기 최신기출문제

정답 및 해설 p.007

01 농도가 25%인 소금물 200g에 농도가 10%인 소금물을 섞었다. 섞은 후 소금물에 함유된 소금의 양이 55g일 때 섞은 후의 소금물의 농도는 얼마인가?

① 20%　　　　　　　　　　　　　　　② 21%

③ 22%　　　　　　　　　　　　　　　④ 23%

⑤ 24%

02 S사에서는 A상품을 생산하는 데 모두 10억 원의 생산비용이 발생하며, A상품의 개당 원가는 200원, 정가는 300원이다. 생산한 A상품을 정가에서 25% 할인하여 판매했을 때 손해를 보지 않으려면 몇 개 이상 생산해야 하는가? (단, 이외의 비용은 생각하지 않고 생산한 A상품은 모두 판매된다. 또한 원가에는 생산비용이 포함되어 있지 않다)

① 3천만 개　　　　　　　　　　　　　② 4천만 개

③ 5천만 개　　　　　　　　　　　　　④ 6천만 개

⑤ 7천만 개

03 20억 원을 투자하여 10% 수익이 날 확률은 50%이고, 원가 그대로일 확률은 30%, 10% 손해를 볼 확률은 20%일 때 기대수익은?

① 4,500만 원　　　　　　　　　　　　② 5,000만 원

③ 5,500만 원　　　　　　　　　　　　④ 6,000만 원

⑤ 6,500만 원

04 A, B, C가 함께 작업하였을 때에는 6일이 걸리는 일이 있다. 이 일을 A와 B가 같이 작업하였을 때에는 12일이 걸리고, B와 C가 같이 작업하였을 때에는 10일이 걸린다. B가 혼자 일을 다 했을 때에는 며칠이 걸리겠는가?(단, A, B, C 모두 혼자 일했을 때의 능률과 함께 일했을 때의 능률은 같다)

① 56일
② 58일
③ 60일
④ 62일
⑤ 64일

05 은경이는 태국 여행에서 A, B, C, D 네 종류의 손수건을 총 9장 구매했으며, 그 중 B손수건은 3장, 나머지는 각각 같은 개수를 구매했다. 기념품으로 친구 3명에게 종류가 다른 손수건 3장씩 나눠줬을 때, 가능한 경우의 수는?

① 5가지
② 6가지
③ 7가지
④ 8가지
⑤ 9가지

06 S사는 A, B사로부터 동일한 양의 부품을 공급받는다. A사가 공급하는 부품의 0.1%는 하자가 있는 제품이고, B사가 공급하는 부품은 0.2%가 하자가 있는 제품이다. S사는 공급받은 부품 중 A사로부터 공급받은 부품 50%와 B사로부터 공급받은 부품 80%를 선별하였다. 이 중 한 부품을 검수하였는데 하자가 있는 제품일 때, 그 제품이 B사 부품일 확률은?(단, 선별 후에도 제품의 불량률은 변하지 않는다)

① $\dfrac{15}{21}$
② $\dfrac{16}{21}$
③ $\dfrac{17}{21}$
④ $\dfrac{18}{21}$
⑤ $\dfrac{19}{21}$

07 다음은 2018년도 주택보급률에 대한 표이다. 표에 대한 해석으로 옳은 것은?

〈2018년 주택보급률 현황〉

구분	2018년		
	가구 수(만 가구)	주택 수(만 호)	주택보급률(약 %)
전국	1,989	2,072	104
수도권	967	957	99
지방	1,022	1,115	109
서울	383	368	96
부산	136	141	103
대구	95	99	104
인천	109	110	101
광주	57	61	107
대전	60	61	102
울산	43	47	110
세종	11	12	109
경기	475	479	100
강원	62	68	110
충북	64	72	113
충남	85	95	112
전북	73	80	110
전남	73	82	112
경북	109	127	116
경남	130	143	110
제주	24	26	108

※ (주택보급률)$=\dfrac{(주택 수)}{(가구 수)}\times100$

※ 수도권은 서울, 인천, 경기 지역이며, 지방은 수도권 외에 모든 지역이다.

① 전국 주택보급률보다 낮은 지역은 모두 수도권 지역이다.

② 수도권 외 지역 중 주택 수가 가장 적은 지역의 주택보급률보다 높은 지역은 다섯 곳이다.

③ 가구 수가 주택 수보다 많은 지역은 전국에서 가구 수가 세 번째로 많다.

④ 지방 전체 주택 수의 10% 이상을 차지하는 수도권 외 지역 중 지방 주택보급률보다 낮은 지역의 주택보급률과 전국 주택보급률의 차이는 약 1%p이다.

⑤ 주택 수가 가구 수의 1.1배 이상인 지역에서 가구 수가 세 번째로 적은 지역의 주택보급률은 지방 주택보급률보다 약 2%p 높다.

※ 다음은 A국가의 인구동향에 관한 자료이다. 이어지는 질문에 답하시오. [8~9]

〈인구동향〉

(단위 : 만 명, %)

구분	2014년	2015년	2016년	2017년	2018년
전체 인구수	12,381	12,388	12,477	12,633	12,808
남녀성비	101.4	101.8	102.4	101.9	101.7
가임기 여성비율	58.2	57.4	57.2	58.1	59.4
출산율	26.5	28.2	29.7	31.2	29.2
남성 사망률	8.3	7.4	7.2	7.5	7.7
여성 사망률	6.9	7.2	7.1	7.8	7.3

※ 남녀성비 : 여자 100명당 남자 수

08 다음 〈보기〉에서 제시된 자료에 대한 설명으로 옳은 것을 모두 고른 것은?(단, 인구수는 버림하여 만 명까지만 나타낸다)

보기

ㄱ. 전체 인구수는 2014년 대비 2018년에 5% 이상이 증가하였다.
ㄴ. 제시된 기간 동안 가임기 여성의 비율과 출산율의 증감 추이는 동일하다.
ㄷ. 출산율은 2015년부터 2017년까지 전년 대비 계속 증가하였다.
ㄹ. 출산율과 남성 사망률의 차이는 2017년에 가장 크다.

① ㄱ, ㄴ   ② ㄱ, ㄷ
③ ㄴ, ㄷ   ④ ㄴ, ㄹ
⑤ ㄷ, ㄹ

09 다음 보고서에 밑줄 친 내용 중 옳지 않은 것은 모두 몇 개인가?

〈보고서〉

자료에 의하면 ㉠ 남녀성비는 2016년까지 증가하는 추이를 보이다가 2017년부터 감소했고, ㉡ 전체 인구수는 계속하여 감소하였다. ㉢ 2014년에는 남성 사망률이 최고치를 기록했다.
그 밖에도 ㉣ 2014년부터 2018년 중 여성 사망률은 2018년이 가장 높았으며, 이와 반대로 ㉤ 2018년은 출산율이 계속 감소하다가 증가한 해이다.

① 1개   ② 2개
③ 3개   ④ 4개
⑤ 5개

10 S사 실험실에서 A세포를 배양하는 실험을 하고 있다. 다음과 같이 일정한 규칙으로 배양에 성공한다면 9시간 경과했을 때 세포 수는 몇 개가 되겠는가?

〈시간대별 세포 수〉

(단위 : 개)

구분	0시간 경과	1시간 경과	2시간 경과	3시간 경과	4시간 경과
세포 수	220	221	223	227	235

① 727개
② 728개
③ 729개
④ 730개
⑤ 731개

2020년 상반기 최신기출문제

정답 및 해설 p.010

01 5% 소금물에 소금 40g을 넣었더니 25%의 소금물이 됐다. 이때 처음 5% 소금물의 양은?

① 130g

② 140g

③ 150g

④ 160g

⑤ 170g

02 욕조에 A탱크로 물을 채웠을 때 18분에 75%를 채울 수 있다. 욕조의 물을 전부 뺀 후, 15분간 A탱크로 물을 채우다 B탱크로 채울 때 B탱크로만 물을 채우는 데 걸리는 시간은?(B탱크는 A보다 1.5배 빠르게 채운다)

① 2분

② 3분

③ 4분

④ 5분

⑤ 6분

03 S사 직원은 각자 하나의 프로젝트를 선택하여 진행해야 하며 X, Y, Z프로젝트 중 선택되지 않은 프로젝트는 진행하지 않아도 상관없다. X, Y, Z프로젝트 중 X프로젝트는 대리만, Y프로젝트는 사원만, Z프로젝트는 누구나 진행할 수 있다. 대리 2명, 사원 3명이 프로젝트를 선택하여 진행하는 경우의 수는?

① 16가지

② 32가지

③ 36가지

④ 48가지

⑤ 72가지

04 A는 0.8km의 거리를 12분 만에 걸어간 후 36km/h의 속력의 버스에 탑승해 8분 동안 이동하여 목적지에 도착했다. 다음날 A가 자전거를 이용해 같은 시간동안 같은 경로로 이동할 때 평균 속력은?

① 1.80km/분
② 1.00km/분
③ 0.50km/분
④ 0.28km/분
⑤ 0.15km/분

05 서울 지사에 근무하는 A와 B는 X와 Y경로를 이용하여 부산 지사로 외근을 갈 예정이다. X경로를 이용하여 이동을 하면 A가 B보다 1시간 늦게 도착한다. A는 X경로로 이동하고 B는 X경로보다 160km 긴 Y경로로 이동하면 A가 B보다 1시간 빨리 도착한다. 이때 B의 속력은?

① 40km/h
② 50km/h
③ 60km/h
④ 70km/h
⑤ 80km/h

06 1 ~ 9까지의 수가 적힌 카드를 철수와 영희가 한 장씩 뽑았을 때 영희가 철수보다 큰 수가 적힌 카드를 뽑는 경우의 수는?

① 16가지
② 32가지
③ 36가지
④ 38가지
⑤ 64가지

07 S사는 주사위를 굴려 1이 나오면 당첨, 2, 3, 4가 나오면 꽝이고, 5 이상인 경우는 가위바위보를 통해 이겼을 때 당첨이 되는 이벤트를 하였다. 가위바위보에 비겼을 때에는 가위바위보를 한 번 더 할 수 있는 재도전의 기회를 얻으며 재도전은 한 번만 할 수 있다. 이때 당첨될 확률은?

① $\dfrac{1}{54}$ ② $\dfrac{3}{54}$

③ $\dfrac{17}{54}$ ④ $\dfrac{7}{14}$

⑤ $\dfrac{9}{14}$

08 S사는 작년에 직원이 총 45명이었다. 올해는 작년보다 안경을 쓴 사람은 20%, 안경을 쓰지 않은 사람은 40% 증가하여 총 58명이 되었다. 퇴사한 직원은 없다고 할 때 올해 입사한 사람 중 안경을 쓴 사람의 수는?

① 5명 ② 10명

③ 15명 ④ 20명

⑤ 25명

09 다음은 Z세균을 각각 다른 환경인 X와 Y조건에서 방치하는 실험을 하였을 때 번식하는 수를 기록한 자료이다. 번식하는 수는 일정한 규칙으로 변화할 때 10일차에 Z세균의 번식 수를 구하면?

〈실험 결과〉

(만 개)

구분	1일차	2일차	3일차	4일차	5일차	…	10일차
X조건에서의 Z세균	10	30	50	90	150	…	(A)
Y조건에서의 Z세균	1	2	4	8	16	…	(B)

	(A)	(B)
①	1,770	512
②	1,770	256
③	1,770	128
④	1,440	512
⑤	1,440	256

2019년 하반기 최신기출문제

정답 및 해설 p.013

01 S사 서비스센터의 직원들은 의류 건조기의 모터를 교체하는 업무를 진행하고 있다. 1대의 모터를 교체하는 데 A직원이 혼자 업무를 진행하면 2시간이 걸리고, A와 B직원이 함께 업무를 진행하면 80분이 걸리며, B와 C직원이 함께 진행하면 1시간이 걸린다. A, B, C직원이 모두 함께 건조기 1대의 모터를 교체하는 데 걸리는 시간은?

① 40분
② 1시간
③ 1시간 12분
④ 1시간 20분
⑤ 1시간 35분

02 S미술관의 올해 신입사원 수는 작년에 비해 남자는 50% 증가하고, 여자는 40% 감소하여 60명이다. 작년의 전체 신입사원 수가 55명이었을 때, 올해 입사한 여자 신입사원 수는?

① 11명
② 12명
③ 13명
④ 14명
⑤ 15명

03 A와 B는 제품을 포장하는 아르바이트를 하고 있다. A는 8일마다 남은 물품의 $\frac{1}{2}$씩 포장하고, B는 2일마다 남은 물품의 $\frac{1}{2}$씩 포장한다. A가 처음 512개의 물품을 받아 포장을 시작했는데 24일 후의 A와 B의 남은 물품의 수가 같았다. B는 처음에 몇 개의 물품을 받았는가?

① 2^{16}개
② 2^{17}개
③ 2^{18}개
④ 2^{19}개
⑤ 2^{20}개

04 동전을 던져 앞면이 나오면 +2만큼 이동하고, 뒷면이 나오면 −1만큼 이동하는 게임을 하려고 한다. 동전을 5번 던져서 다음 수직선 위의 A가 4지점으로 이동할 확률은?

① $\dfrac{3}{32}$ ② $\dfrac{5}{32}$

③ $\dfrac{1}{4}$ ④ $\dfrac{5}{16}$

⑤ $\dfrac{7}{16}$

05 A물고기는 한 달 만에 성체가 되어 번식을 한다. 다음과 같이 번식을 하고 있다면 12월의 물고기 수는 총 몇 마리인가?

(단위 : 마리)

구분	1월	2월	3월	4월	5월
개체 수	1	1	2	3	5

① 72마리   ② 86마리

③ 100마리   ④ 124마리

⑤ 144마리

06 다음은 10년간 국내 의사와 간호사 인원 현황에 대한 자료이다. 자료에 대한 〈보기〉의 설명 중 옳은 것을 모두 고른 것은?(단, 비율은 소수점 이하 셋째 자리에서 버림한다)

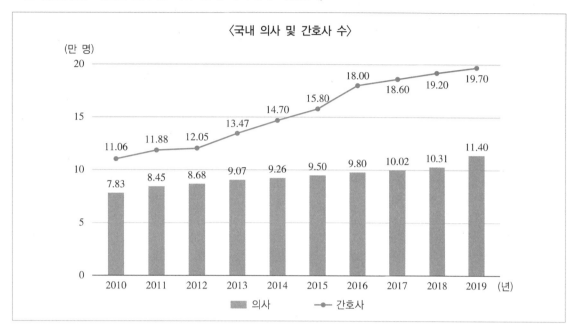

〈국내 의사 및 간호사 수〉

보기

ㄱ. 2017년 대비 2019년 의사 수의 증가율은 간호사 수의 증가율보다 5%p 이상 높다.
ㄴ. 2011 ~ 2019년 동안 전년 대비 의사 수 증가량이 2천 명 이하인 해의 의사와 간호사 수의 차이는 5만 명 미만이다.
ㄷ. 2010 ~ 2014년 동안 의사 한 명당 간호사 수가 가장 많은 연도는 2014년도이다.
ㄹ. 2013 ~ 2016년까지 간호사 수의 평균은 15만 명 이상이다.

① ㄱ
② ㄱ, ㄴ
③ ㄷ, ㄹ
④ ㄴ, ㄹ
⑤ ㄱ, ㄷ, ㄹ

07 다음은 중국의 의료 빅데이터 예상 시장 규모에 관한 자료이다. 이의 전년 대비 성장률을 구했을 때 그래프로 올바르게 변환한 것은?

〈2015 ~ 2024년 중국 의료 빅데이터 예상 시장 규모〉

(단위 : 억 위안)

구분	2015년	2016년	2017년	2018년	2019년	2020년	2021년	2022년	2023년	2024년
규모	9.6	15.0	28.5	45.8	88.5	145.9	211.6	285.6	371.4	482.8

①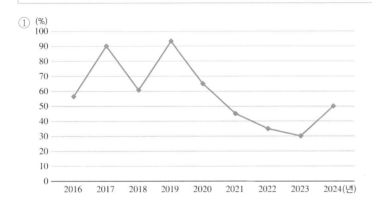

②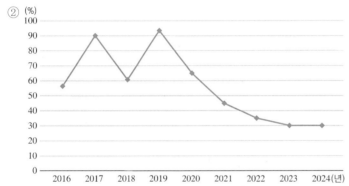

③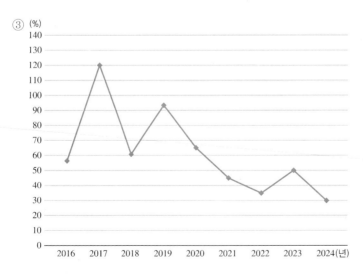

④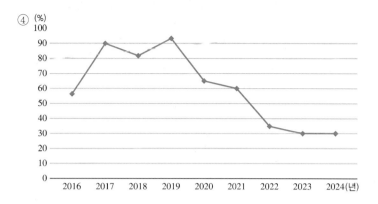

⑤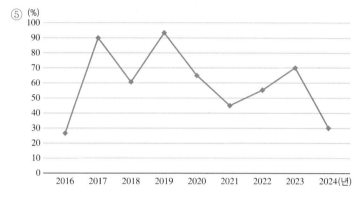

2019년 상반기 최신기출문제

정답 및 해설 p.015

01 테니스 경기를 진행하는데 1팀은 6명, 2팀은 7명으로 구성되었고, 팀별 예선을 진행한다. 예선전은 팀에 속한 선수들이 모두 만나 한 번씩 경기를 진행한 후 각 팀의 1, 2등이 준결승전에 진출하는 방식이다. 그리고 본선에 진출한 선수 4명을 임의로 2명씩 나눠 준결승전을 진행한 후 이긴 두 선수는 결승전, 진 두 선수는 3 · 4위전을 진행한다. 예선 경기의 입장권 가격이 20,000원이고, 본선 경기의 입장권 가격이 30,000원이라면 전체경기를 관람하는 데 총 얼마가 필요한가?

① 84만 원
② 85만 원
③ 86만 원
④ 87만 원
⑤ 88만 원

02 0, 1, 2, 3, 4가 적힌 5장의 카드가 있다. A와 B는 이 중 3장의 카드를 뽑아 큰 숫자부터 나열하여 가장 큰 세 자리 숫자를 만든 사람이 이기는 게임을 하기로 했다. A가 0, 2, 3을 뽑았을 때, B가 이길 확률은 얼마인가?

① 60%
② 65%
③ 70%
④ 75%
⑤ 80%

03 집에서 회사까지의 거리는 1.8km이다. O사원은 운동을 위해 회사까지 걷거나 자전거를 타고 출근하기로 했다. 전체 거리의 25%는 3km/h의 속력으로 걷고, 나머지 거리는 30km/h의 속력으로 자전거를 이용해서 회사에 도착했다. 출근하는 데 걸린 시간은?

① 10분 46초
② 10분 52초
③ 11분 20초
④ 11분 42초
⑤ 12분 10초

04 농도가 15%인 소금물을 5% 증발시킨 후 농도가 30%인 소금물 200g을 섞어서 농도가 20%인 소금물을 만들었다. 증발 전 농도가 15%인 소금물의 양은 얼마인가?

① 350g　　　　　　　　　　　　② 400g

③ 450g　　　　　　　　　　　　④ 500g

⑤ 550g

05 어항 안에 A금붕어와 B금붕어가 각각 1,675마리, 1,000마리가 있다. 다음과 같이 금붕어가 팔리고 있다면, 10일 차에 남아있는 금붕어는 각각 몇 마리인가?

(단위 : 마리)

구분	1일 차	2일 차	3일 차	4일 차	5일 차
A금붕어	1,675	1,554	1,433	1,312	1,191
B금붕어	1,000	997	992	983	968

　　A금붕어　　　B금붕어

① 560마리　　　733마리

② 586마리　　　733마리

③ 621마리　　　758마리

④ 700마리　　　758마리

⑤ 782마리　　　783마리

06 다음은 우리나라 강수량에 관한 자료이다. 이를 그래프로 올바르게 변환한 것은?

〈2017년 우리나라 강수량〉

(단위 : mm, 위)

구분	1월	2월	3월	4월	5월	6월	7월	8월	9월	10월	11월	12월
강수량	15.3	29.8	24.1	65.0	29.5	60.7	308.0	241.0	92.1	67.6	12.7	21.9
역대순위	32	23	39	30	44	43	14	24	26	13	44	27

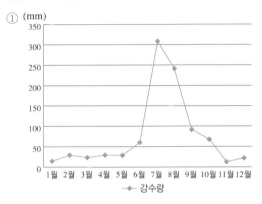

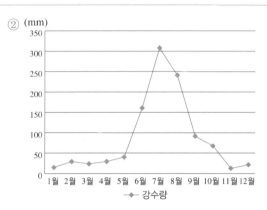

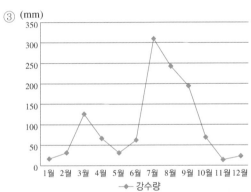

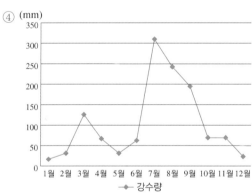

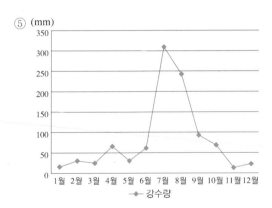

07 다음은 우리나라 국가채권 현황에 대한 자료이다. 이에 대한 〈보기〉의 설명 중 옳은 것을 모두 고르면?

〈우리나라 국가채권 현황〉

(단위 : 조 원)

구분	2014년		2015년		2016년		2017년	
	국가채권	연체채권	국가채권	연체채권	국가채권	연체채권	국가채권	연체채권
합계	238	27	268	31	298	36	317	39
조세채권	26	18	30	22	34	25	38	29
경상 이전수입	8	7	8	7	9	8	10	8
융자회수금	126	0	129	0	132	0	142	0
예금 및 예탁금	73	0	97	0	118	0	123	0
기타	5	2	4	2	5	3	4	2

보기

㉠ 2014년 총 연체채권은 2016년 총 연체채권의 80% 이상이다.

㉡ 국가채권 중 조세채권의 전년 대비 증가율은 2015년이 2017년보다 높다.

㉢ 융자회수금의 국가채권과 연체채권의 총합이 가장 높은 해에는 경상 이전수입의 국가채권과 연체채권의 총합도 가장 높다.

㉣ 2014년 대비 2017년 경상 이전수입 중 국가채권의 증가율은 경상 이전수입 중 연체채권의 증가율보다 낮다.

① ㉠, ㉡
② ㉠, ㉢
③ ㉡, ㉢
④ ㉡, ㉣
⑤ ㉢, ㉣

2018년 하반기 최신기출문제

정답 및 해설 p.017

01 어떤 테니스 대회는 총 8개의 팀이 상대 팀과 각각 한 번씩 경기하는 리그 형식으로 예선을 치른 후, 상위 4개 팀이 토너먼트 형식으로 본선을 치른다. 예선 티켓 값이 1만 원, 본선 티켓 값이 2만 원이라고 할 때, 모든 경기를 한 번씩 보려면 티켓을 사는 데 드는 비용은 얼마인가?

① 30만 원 ② 32만 원

③ 34만 원 ④ 36만 원

⑤ 38만 원

02 어떤 프로젝트를 A사원이 혼자서 진행하면 시작부터 끝내기까지 총 4시간이 걸린다고 한다. A사원과 B사원이 함께 프로젝트 업무를 2시간 동안 진행하다가, B사원이 급한 업무가 생겨 퇴근한 후 A사원 혼자 40분을 더 일하여 마무리 지었다. B사원이 혼자 프로젝트를 진행했을 때 걸리는 시간은?

① 4시간 ② 5시간

③ 6시간 ④ 7시간

⑤ 8시간

03 S연구소에서 식물 배양세포의 증식이 얼마나 빠른지 알아보기 위해 두 가지 세포의 증식 속도를 측정해 보았다. A세포는 한 개당 하루에 4개로 분열되며, B세포는 한 개당 하루에 3개로 분열된다. A세포 한 개와 B세포 두 개가 있을 때, 두 세포의 개수가 각각 250개 이상이 되는 것은 며칠 후부터인가?(단, $\log2=0.30$, $\log3=0.48$, $\log10=1$로 계산한다)

	A세포	B세포
①	5일	4일
②	5일	5일
③	4일	4일
④	4일	5일
⑤	4일	6일

04 S전자에서는 컴퓨터 모니터를 생산한다. 지난달에 생산한 모니터의 불량률은 10%였고, 모니터 한 대당 17만 원에 판매하였다. 이번 달도 지난달과 동일한 양을 생산했는데, 불량률은 15%로 올랐다고 한다. 지난달보다 매출액이 떨어지지 않으려면 모니터의 한 대당 가격은 최소 얼마로 책정해야 하는가?(단, 불량품은 매출액에서 제외한다)

① 18만 원   ② 19만 원
③ 20만 원   ④ 21만 원
⑤ 22만 원

05 다음은 2018년 달러와 엔화의 환율 변동에 대한 자료이다. 다음 자료를 참고할 때, 옳은 설명은?(단, 소수점 이하 둘째 자리에서 반올림한다)

〈2018년 달러 및 엔화 환율 변동 현황〉

구분	1월	2월	3월	4월	5월	6월	7월	8월	9월	10월
달러 환율 (원/달러)	1,065	1,090	1,082	1,070	1,072	1,071	1,119	1,117	1,119	1,133
엔화 환율 (원/100엔)	946	990	1,020	992	984	980	1,011	1,003	1,004	1,003

① 2월에 일본 여행을 갔다면, 2월보다 1월에 미리 환전해야 5% 이상 이득이었다.
② 5월부터 10월까지 달러 환율은 계속 증가하고 있다.
③ 달러 환율과 엔화 환율의 차가 가장 큰 것은 1월이다.
④ 전월 대비 달러 환율 증가율은 7월의 증가율이 10월의 증가율보다 4배 이상 높다.
⑤ 달러 환율이 가장 낮을 때의 엔화 환율은 달러 환율이 가장 높을 때의 엔화 환율에 비해 5% 이상 낮다.

06 다음은 2014 ~ 2018년 국내 네 종류의 스포츠 경기 수를 나타낸 자료이다. 다음 자료를 참고할 때 옳지 않은 내용은?

〈국내 연도별 스포츠 경기 수〉

(단위 : 회)

구분	2014년	2015년	2016년	2017년	2018년
농구	413	403	403	403	410
야구	432	442	425	433	432
배구	226	226	227	230	230
축구	228	230	231	233	233

① 농구의 경기 수는 2015년의 전년 대비 감소율이 2018년의 전년 대비 증가율보다 크다.
② 제시된 네 가지 스포츠의 경기 수 총합이 가장 많았던 연도는 2018년이다.
③ 2014년부터 2018년까지 야구의 평균 경기 수는 축구의 평균 경기 수의 2배 이하이다.
④ 2015년부터 2017년까지 경기 수가 증가한 종목은 1종류이다.
⑤ 2018년도 경기 수가 5년 동안의 평균 경기 수보다 적은 스포츠는 1종류이다.

2018년 상반기 최신기출문제

정답 및 해설 p.019

01 A충전기로 스마트폰을 충전할 때 사용하지 않으면서 충전만 할 경우 분당 2%p씩 충전이 되고, 충전기에 연결한 상태로 스마트폰을 사용하면 분당 1%p씩 충전이 된다. 배터리가 20% 남아있는 상태에서 스마트폰을 충전하기 시작하였더니 48분 후에 충전이 완료되었다면 충전 중 스마트폰을 사용한 시간은 몇 분인가?

① 13분   ② 14분

③ 15분   ④ 16분

⑤ 17분

02 농도 10% 소금물과 농도 8% 소금물을 섞어서 농도 9.2%의 소금물을 만들었다. 농도 8% 소금물이 40g이라면 농도 10% 소금물의 양은 얼마인가?

① 50g   ② 54g

③ 60g   ④ 64g

⑤ 70g

03 둘레가 20km인 운동장의 반은 시속 20km로 달리고, 나머지 반은 시속 $x$km로 달렸더니 운동장 전체를 완주하기까지 평균 24km/h의 속력으로 달린 셈이 되었다. x의 값은 얼마인가?

① 24   ② 26

③ 28   ④ 30

⑤ 32

2017년 하반기 최신기출문제

정답 및 해설 p.020

01 400명의 사람들을 대상으로 A, B, C물건에 대한 선호도를 조사했다. 그랬더니 A를 좋아하는 사람은 280명, B를 좋아하는 사람은 160명, C를 좋아하는 사람은 200명이었고, 아무것도 좋아하지 않는 사람은 30명이었다. 세 가지 물건 중 두 가지만 좋다고 답한 사람의 수는 110명이라고 할 때, 세 물건을 모두 좋아하는 사람은 몇 명인가?(단, 투표는 중복투표이다)

① 40명　　　　　　　　　　　　　　　② 50명
③ 60명　　　　　　　　　　　　　　　④ 70명
⑤ 80명

02 A지점에서 B지점으로 가는 길이 다음과 같을 때 P지점을 거쳐서 갈 수 있는 경우의 수는 얼마인가?(단, 이미 지나간 길은 되돌아갈 수 없다)

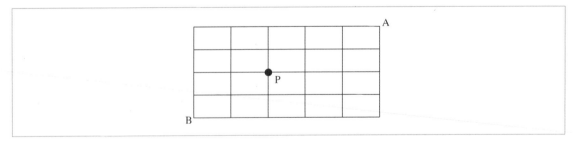

① 60가지　　　　　　　　　　　　　　② 70가지
③ 80가지　　　　　　　　　　　　　　④ 90가지
⑤ 100가지

03 다음은 임차인 A~E의 전·월세 전환 현황에 대한 자료이다. 이에 대한 〈보기〉의 설명 중 옳은 것만 모두 고르면?

〈임차인 A~E의 전·월세 전환 현황〉

(단위 : 만 원)

임차인	전세금	월세보증금	월세
A	( )	25,000	50
B	42,000	30,000	60
C	60,000	( )	70
D	38,000	30,000	80
E	58,000	53,000	( )

※ [전·월세 전환율(%)] $= \dfrac{(월세) \times 12}{(전세금) - (월세보증금)} \times 100$

보기

ㄱ. A의 전·월세 전환율이 6%라면, 전세금은 3억 5천만 원이다.
ㄴ. B의 전·월세 전환율은 10%이다.
ㄷ. C의 전·월세 전환율이 3%라면, 월세보증금은 3억 6천만 원이다.
ㄹ. E의 전·월세 전환율이 12%라면, 월세는 50만 원이다.

① ㄱ, ㄴ
② ㄱ, ㄷ
③ ㄱ, ㄹ
④ ㄴ, ㄹ
⑤ ㄷ, ㄹ

04 다음 자료는 8개 기관의 장애인 고용 현황이다. 자료와 〈조건〉에 근거하여 A ~ D에 해당하는 기관을 바르게 나열한 것은?

〈기관별 장애인 고용 현황〉

(단위 : 명, %)

기관	전체 고용인원	장애인 고용의무인원	장애인 고용인원	장애인 고용률
남동청	4,013	121	58	1.45
A	2,818	85	30	1.06
B	22,323	670	301	1.35
북동청	92,385	2,772	1,422	1.54
C	22,509	676	361	1.60
D	19,927	598	332	1.67
남서청	53,401	1,603	947	1.77
북서청	19,989	600	357	1.79

※ [장애인 고용률(%)]$=\dfrac{(장애인\ 고용인원)}{(전체\ 고용인원)}\times100$

조건

ㄱ. 동부청의 장애인 고용의무인원은 서부청보다 많고, 남부청보다 적다.
ㄴ. 장애인 고용률은 서부청이 가장 낮다.
ㄷ. 장애인 고용의무인원은 북부청이 남부청보다 적다.
ㄹ. 동부청은 남동청보다 장애인 고용인원은 많으나, 장애인 고용률은 낮다.

	A	B	C	D
①	동부청	서부청	남부청	북부청
②	동부청	서부청	북부청	남부청
③	서부청	동부청	남부청	북부청
④	서부청	동부청	북부청	남부청
⑤	서부청	남부청	동부청	북부청

2017년 상반기 최신기출문제

정답 및 해설 p.022

01 10원짜리 3개, 50원짜리 1개, 100원짜리 2개, 500원짜리 1개로 지불할 수 있는 금액은 총 몇 가지인가?(단, 0원은 지불한 것으로 보지 않는다)

① 44가지 ② 45가지
③ 46가지 ④ 47가지
⑤ 48가지

02 총 500m 거리의 산책로에 50m 간격으로 가로등을 설치하고, 100m 간격으로는 벤치를 설치할 때, 가로등과 벤치 개수의 합은 얼마인가?(단, 시작과 끝 지점에는 모두 설치한다)

① 15개 ② 16개
③ 17개 ④ 18개
⑤ 19개

03 길이가 800m인 다리에 기차가 진입하는 순간부터 다리를 완전히 벗어날 때까지 걸린 시간은 36초였다. 기차의 속력은 몇 km/h인가?(단, 기차의 길이는 100m이다)

① 70km/h ② 75km/h
③ 80km/h ④ 85km/h
⑤ 90km/h

04 다음은 우리나라의 시·도별 사교육비 및 참여율에 대한 자료이다. 자료를 해석한 것으로 옳지 않은 것은?

〈시·도별 학생 1인당 월평균 사교육비 및 참여율〉

(단위 : 만 원, %, %p)

구분	사교육비				참여율			
	2014년	전년 대비	2015년	전년 대비	2014년	전년 대비	2015년	전년 대비
전체	24.2	1.1	24.4	1.0	68.6	−0.2	68.8	0.2
서울	33.5	2.1	33.8	0.9	74.4	−0.6	74.3	−0.2
부산	22.7	−0.8	23.4	2.9	65.8	−1.5	67.8	2.0
대구	24.2	0.1	24.4	0.6	70.3	−1.6	71.3	1.0
인천	21.1	1.7	21.3	0.9	65.9	0.6	65.9	−
광주	23.1	−3.3	22.8	−1.4	68.7	−1.1	68.8	0.1
대전	25.7	−0.9	25.4	−1.0	70.5	−2.2	70.2	−0.3
울산	22.2	−1.1	21.9	−1.2	67.6	0.3	69.6	2.0
세종	18.6	−	19.6	5.6	66.3	−	67.7	1.4
경기	26.0	2.6	26.5	2.0	72.8	0.8	72.3	−0.5
강원	16.7	−3.0	17.1	2.5	60.9	−1.0	62.2	1.3
충북	18.8	−	19.0	1.0	60.7	−1.8	61.6	0.9
충남	18.1	3.9	18.0	−0.5	61.1	0.4	61.2	−
전북	18.3	4.3	18.6	1.8	59.4	−0.5	60.6	1.1
전남	16.4	−2.3	16.5	0.3	58.5	−0.5	59.6	1.1
경북	19.1	1.9	19.0	−0.2	64.5	0.2	64.5	−0.1
경남	20.3	−2.6	20.4	0.7	67.1	−0.2	66.9	−0.1
제주	19.9	1.4	20.1	1.0	63.3	−1.1	64.2	0.9

※ 사교육비는 전년 대비 증감률을 구한 값이고, 참여율은 전년 대비 증감량을 구한 값이다.
※ 사교육비는 백 원에서 반올림하고, 참여율과 증감률, 증감량은 소수 둘째 자리에서 반올림했다.

① 2014년 대비 2015년 사교육비가 감소한 지역의 수와 참여율이 감소한 지역의 수는 같다.
② 2015년 시·도를 통틀어 사교육 참여율이 가장 높은 지역과 낮은 지역의 차는 14.7%p이다.
③ 제시된 기간 동안 전년 대비 사교육비와 참여율의 증감 추세가 동일한 지역은 5곳이다.
④ 2014년 도 지역 중 학생 1인당 월평균 사교육비가 가장 높은 지역과 낮은 지역의 차는 9.6만 원이다.
⑤ 서울·경기 지역은 2014 ~ 2015년 모두 평균 이상의 수치를 보여주고 있다.

05 다음은 1970 ~ 2015년 성·연령별 기대여명 추이에 대한 자료이다. 자료를 해석한 것으로 옳지 않은 것은?

〈1970 ~ 2015년 성·연령별 기대여명 추이〉

(단위 : 세)

연령	남자					여자				
	1970년	1995년	2005년	2014년	2015년	1970년	1995년	2005년	2014년	2015년
0	58.7	69.7	74.9	78.6	79.0	65.8	77.9	81.6	85.0	85.2
1	60.3	69.3	74.2	77.8	78.2	67.6	77.6	80.9	84.3	84.4
10	52.8	60.7	65.4	68.9	69.3	60.2	68.9	72.1	75.3	75.5
20	43.9	51.1	55.5	59.0	59.4	51.3	59.1	62.2	65.4	65.5
30	35.4	41.7	45.9	49.3	49.7	43.0	49.4	52.4	55.6	55.7
40	26.7	32.6	36.4	39.7	40.1	34.3	39.8	42.7	45.9	46.0
50	19.0	24.2	27.5	30.5	30.8	26.0	30.5	33.2	36.3	36.4
60	12.7	16.7	19.3	22.0	22.2	18.4	21.7	24.0	26.9	27.0
70	8.2	10.5	12.2	14.1	14.3	11.7	13.7	15.4	17.9	17.9
80	4.7	6.1	6.9	7.8	8.0	6.4	7.8	8.5	10.1	10.1
90	2.8	3.3	3.6	4.0	4.1	3.4	4.2	4.2	4.9	4.8
100세 이상	1.7	1.8	1.9	2.1	2.1	1.9	2.2	2.2	2.4	2.3

① 2015년에 1970년 대비 변동폭이 가장 작은 연령대는 100세 이상이다.

② 2015년에 1970년 대비 기대여명이 가장 많이 늘어난 것은 0세 남자이다.

③ 남녀 모든 연령에서 기대여명은 2015년까지 지속해서 증가했다.

④ 기대여명은 동일 연령에서 여자가 항상 높았다.

⑤ 90세와 100세 이상을 제외하고 2014년 대비 2015년의 기대여명의 증감 수치는 모든 연령대에서 남자가 여자보다 크다.

01 J기획에서는 사업 확장에 따라 30명의 신입사원을 배치하려고 한다. 급여를 일당으로 환산했을 때 영업직은 10만 원을 받고, 일반사무직은 영업직의 80%만큼 받고, 마케팅직은 영업직보다 20% 더 받게 된다. 일반사무직이 영업직보다 10명 더 많고 마케팅직의 2배라고 할 때, 추가 편성해야 할 총 일일 인건비는 얼마인가?

① 272만 원   ② 276만 원

③ 280만 원   ④ 284만 원

⑤ 288만 원

02 다음의 표는 2015년 방송 산업 매출실적 도표의 일부이다. 빈칸에 들어갈 알맞은 수치를 A, B, C 순서로 짝지은 것은 무엇인가?

〈방송 산업 매출실적〉

(단위 : 개, 명, 백만 원)

구분	사업체 수	종사자 수	매출액	업체당 평균매출액	1인당 평균매출액
지상파방송 사업자	53	13,691	3,914,473	73,858	286
종합유선방송 사업자	94	4,846	2,116,851	22,520	427
일반위성방송 사업자	1	295	373,853	(B)	(C)
홈쇼핑PP	6	3,950	2,574,848	429,141	652
IPTV	3	520	616,196	205,399	1,185
전체	(A)	23,302	9,596,221	61,122	412

① 147, 373,853, 1,257

② 147, 383,853, 1,257

③ 157, 373,853, 1,267

④ 157, 373,863, 1,267

⑤ 167, 373,853, 1,287

03 K사원은 모든 직원이 9시부터 18시까지 근무하는 기관에서 전산 자료 백업을 진행하려고 한다. 자동화 시스템을 사용하며, 백업할 자료의 용량은 총 50TB이다. K사원은 오후 3시부터 전산 자료 백업을 시작했다. 자동화 시스템은 근무시간 기준으로 시간당 2,000GB의 자료를 백업하며 동작 후 첫 1시간은 초기화 작업으로 인해 백업이 이루어지지 않는다. 모든 직원이 퇴근한 이후에는 백업 속도가 50% 향상되고, 자정부터 새벽 3시 사이에는 시스템 점검으로 작업이 일시정지 된다. 시간에 따른 전산 자료 백업의 누적 처리량을 나타낸 그래프로 알맞은 것은 무엇인가?(단, 1TB=1,000GB)

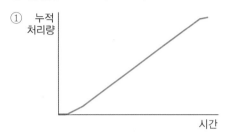

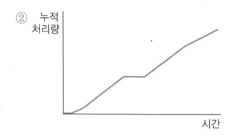

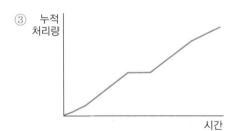

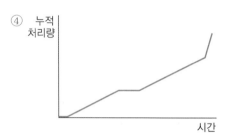

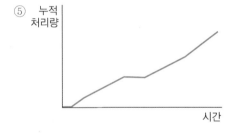

04 다음은 통계청에서 조사한 전국의 농가 수 및 총가구 중 농가 비중에 대한 자료이다. 자료에 대한 설명으로 옳지 않은 것은 무엇인가?

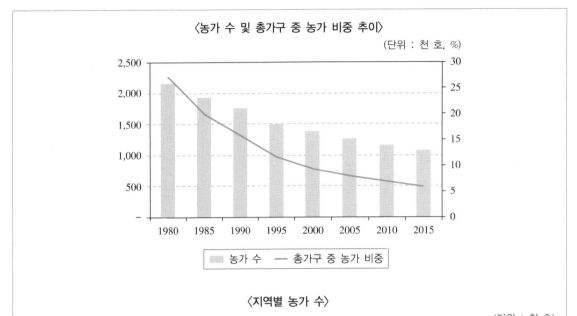

〈농가 수 및 총가구 중 농가 비중 추이〉

(단위 : 천 호, %)

〈지역별 농가 수〉

(단위 : 천 호)

구분	1980년	2015년
전국	2,154	1,088
특·광역시	14	82
경기	235	127
강원	124	73
충북	147	75
충남	276	132
전북	235	100
전남	392	150
경북	381	185
경남	297	131
제주	53	33

① 총가구 중 농업에 종사하는 가구의 비중은 매년 감소하는 추세이다.
② 2015년 충남지역의 농가의 구성비는 전체의 15% 미만이다.
③ 조사 기간 동안 농가 수는 특·광역시를 제외한 전국 모든 지역에서 감소한 것으로 나타난다.
④ 1980년 대비 2015년의 지역별 농가 수의 감소율은 전북지역보다 경남지역이 더 크다.
⑤ 2015년 제주지역의 농가 수는 1980년에 비해 30% 이상 감소했다.

정답 및 해설 p.026

01 영희는 3시에 학교 수업이 끝난 후 할머니를 모시고 병원에 간다. 학교에서 집으로 갈 때는 4km/h의 속력으로 이동하고 집에서 10분 동안 할머니를 기다린 후, 할머니와 병원까지 3km/h의 속력으로 이동한다고 한다. 학교와 집, 집과 병원 사이의 거리 비가 2 : 1이고 병원에 도착한 시각이 4시 50분일 때, 병원에서 집까지의 거리는?

① 1km   ② 2km
③ 3km   ④ 4km
⑤ 5km

02 작년 A고등학교의 전교생 수는 1,200명이고, 2학년 학생 수는 1학년과 3학년 학생 수의 평균이다. 올해 2학년 학생 수는 작년보다 5% 증가하였고, 3학년 학생 수는 2학년보다 12명이 더 적다고 한다. A고등학교가 올해도 작년과 같은 수준의 학생 수를 유지하기 위해서 필요한 신입생의 수는?

① 372명   ② 373명
③ 374명   ④ 375명
⑤ 376명

03 영진이는 다가오는 여름을 위해 다이어트를 결심했다. 영진이는 평소 아침, 점심, 저녁을 모두 먹으며 한 끼를 먹을 때마다 0.3kg씩 살이 찐다. 하지만 헬스장에서 한 시간 동안 운동을 하면 몸무게가 0.5kg 줄어든다고 한다. 영진이는 월요일부터 운동을 시작하고 10일 동안 지금의 몸무게보다 10kg을 감량하는 것이 목표이다. 일요일에는 헬스장에 가지 않는다고 할 때, 목표 체중이 되기 위해서는 하루에 몇 시간씩 운동해야 하는가?(단, 소수점 아래 둘째 자리에서 반올림한다)

① 4.1시간   ② 4.2시간
③ 4.3시간   ④ 4.4시간
⑤ 4.5시간

04 수현이와 해영이는 새로 산 무전기의 성능을 시험하려고 한다. 두 사람은 같은 곳에서부터 출발하여 수현이는 북쪽으로 10m/s, 해영이는 동쪽으로 25m/s의 일정한 속력으로 이동한다. 해영이가 수현이보다 20초 늦게 출발한다고 했을 때, 해영이가 이동한지 1분이 되자 더는 통신이 불가능했다고 한다. 무전 통신이 끊겼을 때, 수현이와 해영이 사이의 직선 거리는?

① 1.5km   ② 1.6km
③ 1.7km   ④ 1.8km
⑤ 1.9km

05 S부서에는 부장 1명, 과장 1명, 대리 2명, 사원 2명 총 6명이 근무하고 있다. 새로운 프로젝트를 진행하기 위해 S부서를 2개의 팀으로 나누려고 한다. 팀을 나눈 후의 인원 수는 서로 같으며, 부장과 과장이 같은 팀이 될 확률은 30%라고 한다. 대리 2명의 성별이 서로 다를 때, 부장과 남자 대리가 같은 팀이 될 확률은?

① 41%   ② 41.5%
③ 42%   ④ 42.5%
⑤ 43%

정답 및 해설 p.027

01 어느 공장에서 A제품을 생산하여 팔면 600원의 이익이 남고, 불량품이 발생할 경우 2,400원의 손해를 본다. A제품을 생산하여 팔 때, 손해를 보지 않으려면 이 제품의 불량률은 최대 몇 %까지 가능한가?

① 10%   ② 15%

③ 20%   ④ 25%

⑤ 30%

02 각각의 무게가 1kg, 2kg, 3kg인 추가 총 30개 있다. 다음의 조건을 모두 만족할 때, 무게가 2kg인 추는 몇 개 있는가?

- 추의 무게의 총합은 50kg이다.
- 추의 개수는 모두 짝수이다.
- 2kg 추의 개수는 3kg 추의 개수보다 2배 이상 많다.
- 추의 개수는 무게가 적은 순서로 많다.

① 8개   ② 10개

③ 12개   ④ 14개

⑤ 16개

03 평상시에 A아파트 12층까지 올라갈 때, 엘리베이터를 이용하면 1분 15초가 걸리고, 비상계단을 이용하면 6분 50초가 걸린다. A아파트는 저녁 8시부터 8시 30분까지 사람들이 몰려서, 엘리베이터 이용 시간이 2분마다 35초씩 늘어난다. 저녁 8시부터 몇 분이 지나면 엘리베이터를 이용하는 것보다 계단을 이용할 때 12층에 빨리 도착하는가?

① 12분   ② 14분

③ 16분   ④ 18분

⑤ 20분

2015년 상반기 최신기출문제

정답 및 해설 p.028

01 총무부에서는 물품구매예산으로 월 30만 원을 받는다. 이번 달 예산 중 80%는 사무용품 구매에 사용하고, 남은 예산 중 40%는 서랍장 구매에 사용했다. 남은 예산으로 정가가 500원인 볼펜을 사려고 한다. 인터넷을 이용하면 정가에서 20% 할인된 가격으로 살 수 있다고 할 때, 몇 개를 살 수 있는가?

① 40개   ② 50개
③ 70개   ④ 80개
⑤ 90개

02 K사원은 평상시에 지하철을 이용하여 출퇴근한다. 그러다 프로젝트를 맡게 되면 출퇴근 시간이 일정치 않아, 프로젝트 기간에는 자동차를 이용한다. 이번 달에는 프로젝트 없이 업무가 진행됐지만, 다음 달에는 5일간 프로젝트 업무를 진행할 예정이다. 지하철을 이용하여 출퇴근하면 3,000원이 들고, 자동차를 이용할 경우 기름값이 1일 5,000원, 톨게이트 이용료가 1회 2,000원이 든다. K사원이 이번 달에 사용한 교통비와 다음 달에 사용할 교통비의 차액은 얼마인가?(단, 한 달에 20일을 출근하며, 톨게이트는 출퇴근 시 각각 1번씩 지난다)

① 2만 원   ② 3만 원
③ 5만 원   ④ 6만 원
⑤ 9만 원

03 S대리는 주말이면 등산을 즐긴다. 이번 주말에 오른 산은 올라갈 때 이용하는 길보다 내려갈 때 이용하는 길이 3km 더 길었다. S대리가 산을 올라갈 때는 시속 4km의 속력으로 걸었고, 내려갈 때는 시속 5km의 속력으로 걸었다. 등산을 끝마치는 데 5시간이 걸렸다면, S대리가 걸은 거리는 얼마인가?(단, 소수점 아래 둘째 자리에서 반올림한다)

① 12.8km   ② 19.5km
③ 19.6km   ④ 22.5km
⑤ 22.6km

04 I기업에서는 사무실에서 쓸 가습기 50대를 구매하기 위해, 동일 모델을 기준으로 업체 간 판매조건을 비교 중이다. A업체는 가습기 10대 구매 시 1대를 무료로 제공하고, 추가로 100만 원당 5만 원을 할인해주며, B업체는 가습기 9대 구매 시 1대를 무료로 제공하고, 추가로 가격 할인은 제공하지 않는다. 어느 업체에서 구매하는 것이 얼마만큼 더 저렴한가?(단, 가습기 1대당 가격은 10만 원이다)

① A업체, 10만 원
② A업체, 20만 원
③ B업체, 10만 원
④ B업체, 20만 원
⑤ B업체, 30만 원

05 T기업은 창립기념일을 맞이하여 10km 사내 마라톤 대회를 열었다. 전 직원이 참여한 마라톤 대회 결과는 아래 표와 같다. 이 중 무작위로 남자 사원 한 명을 뽑았을 때, 완주했을 확률은 얼마인가?(단, 소수점 아래 첫째 자리에서 반올림한다)

구분	남자	여자
완주	122명	71명
미완주	58명	49명

① 41%
② 48%
③ 51%
④ 61%
⑤ 68%

2014년 하반기 최신기출문제

정답 및 해설 p.030

01 S그룹 본사에는 1명의 직원이 토요일에 당직 근무를 서도록 사칙으로 규정하고 있다. 본사 G팀에는 4명의 임원과 6명의 사원이 있다. G팀이 앞으로 10주 동안 토요일 당직 근무를 서야 한다고 할 때, 두 번째 주 토요일에 임원이 당직 근무를 설 확률은 얼마인가?(단, 모든 직원은 당직 근무를 2번 이상 서지 않는다)

① 25%   ② 30%
③ 35%   ④ 40%
⑤ 45%

02 S그룹의 자회사인 K기업은 올해 하반기 공채를 통해 신입사원을 뽑았다. 올해 상반기 퇴직자로 인해, 신입사원을 뽑았음에도 남자 직원은 전년 대비 5% 감소했고, 여자 직원은 전년 대비 10% 증가했다. K기업의 전체 직원 수는 전년 대비 4명 증가하여, 284명의 직원이 근무하고 있다. 올해 공채 이후 남자 직원은 몇 명인가?

① 120명   ② 132명
③ 152명   ④ 156명
⑤ 160명

GSAT의 수리논리 영역은 크게 응용수리와 자료해석으로 나눌 수 있다. 응용수리는 주로 수의 관계(약수와 배수, 소수, 합성수, 인수분해, 최대공약수/최소공배수 등)를 이용하는 기초적인 계산 문제, 방정식과 부등식을 수립(날짜/요일/시간, 시간/거리/속도, 나이/수량, 원가/정가, 일/일률, 농도, 비율 등)하여 미지수를 계산하는 응용계산 문제, 경우의 수와 확률을 구하는 문제 등이 출제된다. 자료해석은 제시된 표를 이용하여 그래프로 변환하거나 자료를 해석하는 문제, 자료의 추이를 파악하여 빈칸을 찾는 문제 등이 출제된다. 출제비중은 응용수리 2문제(10%), 자료해석 18문제(90%)가 출제되며, 30분 내에 20문항을 해결해야 한다.

PART **2**

수리논리

이론점검

소수
예 10 이하의 소수는 2, 3,
5, 7이다.

최대공약수
예 (10, 15)의 최대공약수
는 (2×5, 3×5)이므로
5이다.

최소공배수
예 (10, 15)의 최소공배수
는 (2×5, 3×5)이므로
2×3×5=30이다.

서로소
• 최대공약수 : 1
• 최소공배수 : 서로소의 곱
예 (3, 7)의 최대공약수는 1
이므로, 3과 7은 서로소
이다.

소인수분해
예 $12=2^2×3$

약수의 개수
예 $12=2^2×3$
→ $(2+1)×(1+1)=6$

1 응용수리

1. 수의 관계

(1) 약수와 배수
a가 b로 나누어떨어질 때, a는 b의 배수, b는 a의 약수

(2) 소수
1과 자기 자신만을 약수로 갖는 수. 즉, 약수의 개수가 2개인 수

(3) 합성수
1과 자신 이외의 수를 약수로 갖는 수. 즉, 소수가 아닌 수 또는 약수의 개수가 3개
이상인 수

(4) 최대공약수
2개 이상의 자연수의 공통된 약수 중에서 가장 큰 수

(5) 최소공배수
2개 이상의 자연수의 공통된 배수 중에서 가장 작은 수

(6) 서로소
1 이외에 공약수를 갖지 않는 두 자연수. 즉, 최대공약수가 1인 두 자연수

(7) 소인수분해
주어진 합성수를 소수의 거듭제곱의 형태로 나타내는 것

(8) 약수의 개수
자연수 $N=a^m×b^n$에 대하여, N의 약수의 개수는 $(m+1)×(n+1)$개

(9) 최대공약수와 최소공배수의 관계
두 자연수 A, B에 대하여, 최소공배수와 최대공약수를 각각 L, G라고 하면 A×B=L
×G가 성립한다.

2. 방정식의 활용

(1) 날짜·요일·시계

① 날짜·요일

  ㉠ 1일＝24시간＝1,440분＝86,400초

  ㉡ 날짜·요일 관련 문제는 대부분 나머지를 이용해 계산한다.

② 시계

  ㉠ 시침이 1시간 동안 이동하는 각도 : 30°

  ㉡ 시침이 1분 동안 이동하는 각도 : 0.5°

  ㉢ 분침이 1분 동안 이동하는 각도 : 6°

(2) 거리·속력·시간

① (거리)＝(속력)×(시간)

  ㉠ 기차가 터널을 통과하거나 다리를 지나가는 경우

    • (기차가 움직인 거리)＝(기차의 길이)＋(터널 또는 다리의 길이)

  ㉡ 두 사람이 반대 방향 또는 같은 방향으로 움직이는 경우

    • (두 사람 사이의 거리)＝(두 사람이 움직인 거리의 합 또는 차)

② $(속력)＝\dfrac{(거리)}{(시간)}$

  ㉠ 흐르는 물에서 배를 타는 경우

    • (하류로 내려갈 때의 속력)＝(배 자체의 속력)＋(물의 속력)

    • (상류로 올라갈 때의 속력)＝(배 자체의 속력)－(물의 속력)

③ $(시간)＝\dfrac{(거리)}{(속력)}$

(3) 나이·인원·개수

구하고자 하는 것을 미지수로 놓고 식을 세운다. 동물의 경우 다리의 개수에 유의해야 한다.

(4) 원가·정가

① (정가)＝(원가)＋(이익), (이익)＝(정가)－(원가)

② $(a$원에서 $b\%$ 할인한 가격$)＝a×\left(1-\dfrac{b}{100}\right)$

CHECK POINT

일률

Q 전체 일의 양이 1인 어떤 일을 끝마치는 데 5일이 걸리는 A가 3일 동안 끝낸 일의 양은?

A A가 하루에 할 수 있는 일의 양은 $\frac{1}{5}$ 이다.

따라서 A가 3일 동안 끝낸 일의 양은 $\frac{1}{5} \times 3 =$ $\frac{3}{5}$ 이다.

CHECK POINT

증가 · 감소

Q 재작년 A학교 학생 수는 100명이었다. A학교 학생 수가 작년에는 재작년 대비 10% 증가하였고 올해는 작년 대비 20% 감소하였을 때 올해는 몇 명인가?

A $100 \times \left(1 + \dfrac{1}{10}\right)$

$\times \left(1 - \dfrac{2}{10}\right)$

$= 100 \times 1.1 \times 0.8 = 88$

(5) 일률 · 톱니바퀴

① 일률

전체 일의 양을 1로 놓고, 시간 동안 한 일의 양을 미지수로 놓고 식을 세운다.

- (일률) $= \dfrac{(작업량)}{(작업기간)}$

- (작업기간) $= \dfrac{(작업량)}{(일률)}$

- (작업량) $=$ (일률) $\times$ (작업기간)

② 톱니바퀴

(톱니 수) $\times$ (회전수) $=$ (총 맞물린 톱니 수)

즉, A, B 두 톱니에 대하여, (A의 톱니 수) $\times$ (A의 회전수) $=$ (B의 톱니 수) $\times$ (B의 회전수)가 성립한다.

(6) 농도

① (농도) $= \dfrac{(용질의 \ 양)}{(용액의 \ 양)} \times 100$

② (용질의 양) $= \dfrac{(농도)}{100} \times$ (용액의 양)

(7) 수 I

① 연속하는 세 자연수 : $x-1$, x, $x+1$

② 연속하는 세 짝수(홀수) : $x-2$, x, $x+2$

(8) 수 II

① 십의 자릿수가 x, 일의 자릿수가 y인 두 자리 자연수 : $10x+y$

이 수에 대해, 십의 자리와 일의 자리를 바꾼 수 : $10y+x$

② 백의 자릿수가 x, 십의 자릿수가 y, 일의 자릿수가 z인 세 자리 자연수 :

$100x+10y+z$

(9) 증가 · 감소

① x가 $a\%$ 증가 : $\left(1 + \dfrac{a}{100}\right)x$

② y가 $b\%$ 감소 : $\left(1 - \dfrac{b}{100}\right)y$

3. 경우의 수·확률

(1) 경우의 수

① 경우의 수 : 어떤 사건이 일어날 수 있는 모든 가짓수

② 합의 법칙

    ㉠ 두 사건 A, B가 동시에 일어나지 않을 때, A가 일어나는 경우의 수를 m, B가 일어나는 경우의 수를 n이라고 하면, 사건 A 또는 B가 일어나는 경우의 수는 $m+n$이다.

    ㉡ '또는', '~이거나'라는 말이 나오면 합의 법칙을 사용한다.

③ 곱의 법칙

    ㉠ A가 일어나는 경우의 수를 m, B가 일어나는 경우의 수를 n이라고 하면, 사건 A와 B가 동시에 일어나는 경우의 수는 $m \times n$이다.

    ㉡ '그리고', '동시에'라는 말이 나오면 곱의 법칙을 사용한다.

④ 여러 가지 경우의 수

    ㉠ 동전 n개를 던졌을 때, 경우의 수 : 2^n

    ㉡ 주사위 m개를 던졌을 때, 경우의 수 : 6^m

    ㉢ 동전 n개와 주사위 m개를 던졌을 때, 경우의 수 : $2^n \times 6^m$

    ㉣ n명을 한 줄로 세우는 경우의 수 : $n! = n \times (n-1) \times (n-2) \times \cdots \times 2 \times 1$

    ㉤ n명 중, m명을 뽑아 한 줄로 세우는 경우의 수 : $_n P_m = n \times (n-1) \times \cdots \times (n-m+1)$

    ㉥ n명을 한 줄로 세울 때, m명을 이웃하여 세우는 경우의 수 : $(n-m+1)! \times m!$

    ㉦ 0이 아닌 서로 다른 한 자리 숫자가 적힌 n장의 카드에서, m장을 뽑아 만들 수 있는 m자리 정수의 개수 : $_n P_m$

    ㉧ 0을 포함한 서로 다른 한 자리 숫자가 적힌 n장의 카드에서, m장을 뽑아 만들 수 있는 m자리 정수의 개수 : $(n-1) \times _{n-1} P_{m-1}$

    ㉨ n명 중, 자격이 다른 m명을 뽑는 경우의 수 : $_n P_m$

    ㉩ n명 중, 자격이 같은 m명을 뽑는 경우의 수 : $_n C_m = \dfrac{_n P_m}{m!}$

    ㉪ 원형 모양의 탁자에 n명을 앉히는 경우의 수 : $(n-1)!$

⑤ 최단거리 문제 : A에서 B 사이에 P가 주어져 있다면, A와 P의 최단거리, B와 P의 최단거리를 각각 구하여 곱한다.

CHECK POINT

$n!$

Ⓠ 5명을 한 줄로 세우는 경우의 수는?

Ⓐ $5! = 5 \times 4 \times 3 \times 2 \times 1$
    $= 120$가지

순열 $_n P_m$

㉠ 서로 다른 n개에서 r개를 순서대로 나열하는 경우의 수

㉡ $_n P_r = \dfrac{n!}{(n-r)!}$

㉢ $_n P_n = n!$
    $0! = 1$
    $_n P_0 = 1$

Ⓠ 5명 중 3명을 뽑아 한 줄로 세우는 경우의 수는?

Ⓐ $_5 P_3 = 5 \times 4 \times 3$
    $= 60$가지

조합 $_n C_m$

㉠ 서로 다른 n개에서 r개를 순서에 상관없이 나열하는 경우의 수

㉡ $_n C_r = \dfrac{n!}{(n-r)! \times r!}$

㉢ $_n C_r = _n C_{n-r}$
    $_n C_0 = _n C_n = 1$

Ⓠ 5명 중 무작위로 3명을 뽑는 경우의 수는?

Ⓐ $_5 C_3 = \dfrac{5 \times 4 \times 3}{3 \times 2 \times 1} = _5 C_2$
    $= \dfrac{5 \times 4}{2 \times 1} = 10$가지

CHECK POINT

확률의 덧셈

Q 주머니에 빨간색 구슬 2개, 초록색 구슬 5개, 파란색 구슬 3개가 있다. 주머니에서 구슬을 1개 꺼냈을 때 빨간색이나 파란색일 확률은?

A • 빨간색 구슬일 확률

$: \frac{2}{10}$

• 파란색 구슬일 확률

$: \frac{3}{10}$

$\therefore \frac{2}{10} + \frac{3}{10} = \frac{1}{2}$

확률의 곱셈

Q 주머니에 빨간색 구슬 2개, 초록색 구슬 5개, 파란색 구슬 3개가 있다. 주머니에서 구슬을 1개씩 꺼냈을 때 첫 번째에 빨간색을, 두 번째에는 파란색을 꺼낼 확률은?(단, 꺼낸 구슬은 다시 넣지 않는다)

A • 첫 번째에 빨간색 구슬일 확률 : $\frac{2}{10}$

• 두 번째에 파란색 구슬일 확률 : $\frac{3}{9}$

$\therefore \frac{2}{10} \times \frac{3}{9} = \frac{1}{15}$

(2) 확률

① (사건 A가 일어날 확률) $= \dfrac{(\text{사건 A가 일어나는 경우의 수})}{(\text{모든 경우의 수})}$

② 여사건의 확률

  ㉠ 사건 A가 일어날 확률이 p일 때, 사건 A가 일어나지 않을 확률은 $(1-p)$이다.

  ㉡ '적어도'라는 말이 나오면 주로 사용한다.

③ 확률의 계산

  ㉠ 확률의 덧셈

    두 사건 A, B가 동시에 일어나지 않을 때, A가 일어날 확률을 p, B가 일어날 확률을 q라고 하면, 사건 A 또는 B가 일어날 확률은 $p+q$이다.

  ㉡ 확률의 곱셈

    A가 일어날 확률을 p, B가 일어날 확률을 q라고 하면, 사건 A와 B가 동시에 일어날 확률은 $p \times q$이다.

④ 여러 가지 확률

  ㉠ 연속하여 뽑을 때, 꺼낸 것을 다시 넣고 뽑는 경우 : 처음과 나중의 모든 경우의 수는 같다.

  ㉡ 연속하여 뽑을 때, 꺼낸 것을 다시 넣지 않고 뽑는 경우 : 나중의 모든 경우의 수는 처음의 모든 경우의 수보다 1만큼 작다.

  ㉢ (도형에서의 확률) $= \dfrac{(\text{해당하는 부분의 넓이})}{(\text{전체 넓이})}$

2 자료해석

(1) 꺾은선(절선)그래프

① 시간적 추이(시계열 변화)를 표시하는 데 적합하다.

예 연도별 매출액 추이 변화 등

② 경과·비교·분포를 비롯하여 상관관계 등을 나타낼 때 사용한다.

〈중학교 장학금, 학비감면 수혜현황〉

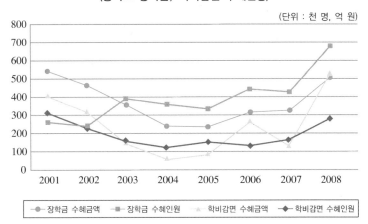

(단위 : 천 명, 억 원)

(2) 막대그래프

① 비교하고자 하는 수량을 막대 길이로 표시하고, 그 길이를 비교하여 각 수량 간의 대소 관계를 나타내는 데 적합하다.

예 영업소별 매출액, 성적별 인원분포 등

② 가장 간단한 형태로 내역·비교·경과·도수 등을 표시하는 용도로 사용한다.

〈연도별 암 발생 추이〉

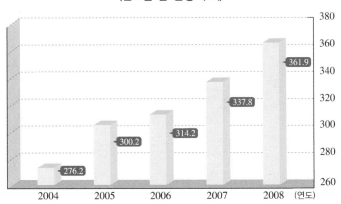

CHECK POINT

비율

기준량에 대한 비교하는 양의 비율

$=\dfrac{(비교하는\ 양)}{(기준량)}$

백분율(%)

기준량을 100으로 할 때의 비교하는 양의 비율

$=\dfrac{(비교하는\ 양)}{(기준량)}\times100$

증감률

$\dfrac{(비교대상\ 값)-(기준값)}{(기준값)}$

$\times100$

%와 %p
• %(퍼센트) : 어떤 양이 전체 (100)에 대해서 얼마를 차지하는가를 나타내는 단위
• %p(퍼센트 포인트) : %로 나타낸 수치가 이전 수치와 비교했을 때 증가하거나 감소한 양

(3) 원그래프

① 내역이나 내용의 구성비를 분할하여 나타내는 데 적합하다.

   예 제품별 매출액 구성비 등

② 원그래프를 정교하게 작성할 때는 수치를 각도로 환산해야 한다.

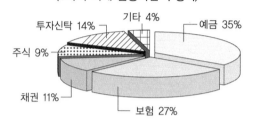

〈C국의 가계 금융자산 구성비〉

(4) 점그래프

① 지역분포를 비롯하여 도시, 지방, 기업, 상품 등의 평가나 위치, 성격을 표시하는 데 적합하다.

   예 광고비율과 이익률의 관계 등

② 종축과 횡축에 두 요소를 두고, 보고자 하는 것이 어떤 위치에 있는가를 알고자 할 때 사용한다.

〈OECD 국가의 대학졸업자 취업률 및 경제활동인구 비중〉

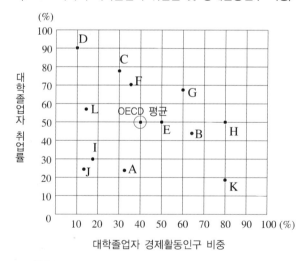

(5) 층별그래프

① 합계와 각 부분의 크기를 백분율로 나타내고 시간적 변화를 보는 데 적합하다.

② 합계와 각 부분의 크기를 실수로 나타내고 시간적 변화를 보는 데 적합하다.

　예 상품별 매출액 추이 등

③ 선의 움직임보다는 선과 선 사이의 크기로써 데이터 변화를 나타내는 그래프이다.

〈우리나라 세계유산 현황〉

□ 문화유산　□ 기록유산　■ 무형유산

(6) 레이더 차트(거미줄그래프)

① 다양한 요소를 비교할 때, 경과를 나타내는 데 적합하다.

　예 매출액의 계절변동 등

② 비교하는 수량을 직경, 또는 반경으로 나누어 원의 중심에서의 거리에 따라 각 수량의 관계를 나타내는 그래프이다.

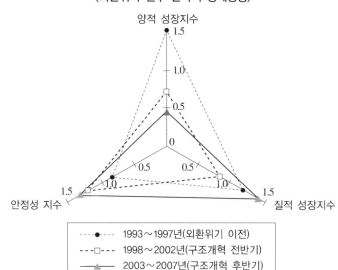

〈외환위기 전후 한국의 경제상황〉

----●---- 1993~1997년(외환위기 이전)

---□--- 1998~2002년(구조개혁 전반기)

—▲— 2003~2007년(구조개혁 후반기)

③ 수열

등차수열

• 등차수열의 일반항 a_n : n 은 자연수이고 공차가 d인 n번째 항

$a_n = a_1 + (n-1) \times d$

• 등차수열의 합 S_n : 일반항이 a_n으로 주어지는 등차수열에서 첫째항부터 제 n항까지의 합

$S_n = \dfrac{n \times \{2a_1 + (n-1)d\}}{2}$

등비수열

• 등비수열의 일반항 a_n : n 은 자연수이고 공비가 r인 n번째 항

$a_n = a_1 \times r^{n-1}$

• 등비수열의 합 S_n : 일반항이 a_n으로 주어지는 등비수열에서 첫째항부터 제 n항까지의 합(단, $r \neq 1$)

$S_n = a_1 \times \dfrac{1-r^n}{1-r}$

계차수열

수열 $\{a_n\}$의 계차수열이 $\{b_n\}$일 때

$b_n = a_{n+1} - a_n$
$(n = 1, 2, 3 \cdots)$

$a_n = a_1 + \sum\limits_{k=1}^{n-1} b_k$

피보나치수열

$a_n = a_{n-1} + a_{n-2}$
$(n \geq 3,\ a_1 = 1,\ a_2 = 1)$

(1) 등차수열 : 앞의 항에 일정한 수를 더해 이루어지는 수열

예 1   3   5   7   9   11   13   15
     +2 +2 +2 +2 +2 +2 +2

(2) 등비수열 : 앞의 항에 일정한 수를 곱해 이루어지는 수열

예 1   2   4   8   16   32   64   128
     ×2 ×2 ×2 ×2 ×2 ×2 ×2

(3) 계차수열 : 수열의 인접하는 두 항의 차로 이루어진 수열

예 1   2   4   7   11   16   22   29
     +1 +2 +3 +4 +5 +6 +7
       +1 +1 +1 +1 +1 +1

(4) 피보나치수열 : 앞의 두 항의 합이 그 다음 항의 수가 되는 수열

예

(5) 건너뛰기 수열

• 두 개 이상의 수열이 일정한 간격을 두고 번갈아가며 나타나는 수열

예 1   1   3   7   5   13   7   19

   • 홀수항 : 1   3   5   7
          +2 +2 +2

   • 짝수항 : 1   7   13   19
          +6 +6 +6

• 두 개 이상의 규칙이 일정한 간격을 두고 번갈아가며 적용되는 수열

예

(6) **군수열** : 일정한 규칙성으로 몇 항씩 묶어 나눈 수열

예 • 1 1 2 1 2 3 1 2 3 4

$\Rightarrow \underline{1}\ \ \underline{1\ \ 2}\ \ \underline{1\ \ 2\ \ 3}\ \ \underline{1\ \ 2\ \ 3\ \ 4}$

• 1 3 4 6 5 11 2 6 8 9 3 12

$\Rightarrow \underset{1+3=4}{\underline{1\ \ 3\ \ 4}}\ \ \underset{6+5=11}{\underline{6\ \ 5\ \ 11}}\ \ \underset{2+6=8}{\underline{2\ \ 6\ \ 8}}\ \ \underset{9+3=12}{\underline{9\ \ 3\ \ 12}}$

• 1 3 3 2 4 8 5 6 30 7 2 14

$\Rightarrow \underset{1\times3=3}{\underline{1\ \ 3\ \ 3}}\ \ \underset{2\times4=8}{\underline{2\ \ 4\ \ 8}}\ \ \underset{5\times6=30}{\underline{5\ \ 6\ \ 30}}\ \ \underset{7\times2=14}{\underline{7\ \ 2\ \ 14}}$

CHECK POINT

군수열
- 각 군 안에서 항들이 이루는 수열
- 각 군의 항의 개수가 이루는 수열
- 각 군의 첫째 항들이 이루는 수열

| 응용수리 |

거리 · 속력 · 시간

- 출제되는 응용수리 2문제 중 1문제에 속할 가능성이 높은 유형이다.
- (거리)=(속력)×(시간) 공식을 활용한 문제이다.

  $(속력)=\dfrac{(거리)}{(시간)}$

  $(시간)=\dfrac{(거리)}{(속력)}$

거리	
속력	시간

  으로 기억해두면 세 가지 공식을 한 번에 기억할 수 있다.
- 기차와 터널의 길이, 물과 같이 속력이 있는 장소 등 추가적인 거리나 속력 시간에 관한 조건과 결합하여 난이도 높은 문제로 출제된다.

A사원은 회사 근처 카페에서 거래처와 미팅을 갖기로 했다. 처음에는 4km/h로 걸어가다가 약속 시간에 늦을 것 같아서 10km/h로 뛰어서 24분 만에 미팅 장소에 도착했다. 회사에서 카페까지의 거리가 2.5km일 때, A사원이 뛴 거리는?

① 0.6km
② 0.9km
③ 1.2km
④ 1.5km
⑤ 1.8km

정답 ④

총 거리와 총 시간이 주어져 있으므로 걸은 거리와 뛴 거리 또는 걸은 시간과 뛴 시간을 미지수로 잡을 수 있다. 미지수를 잡기 전에 문제에서 묻는 것을 정확하게 파악해야 나중에 답을 구할 때 헷갈리지 않는다. 문제에서 A사원이 뛴 거리를 물어보았으므로 거리를 미지수로 놓는다.

A사원이 회사에서 카페까지 걸어간 거리를 $x$km, 뛴 거리를 $y$km라고 하자. 회사에서 카페까지의 거리는 2.5km이므로 걸어간 거리 $x$km와 뛴 거리 $y$km를 합하면 2.5km이다.

$x+y=2.5$ … ㉠

A사원이 회사에서 카페까지 24분이 걸렸으므로 걸어간 시간$\left(\dfrac{x}{4}\text{ 시간}\right)$과 뛰어간 시간$\left(\dfrac{y}{10}\text{ 시간}\right)$을 합치면 24분이다. 이때 속력은 시간 단위이므로 분으로 바꾸어 계산한다.

$\dfrac{x}{4}\times60+\dfrac{y}{10}\times60=24 \rightarrow 5x+2y=8$ … ㉡

㉡−2㉠을 하여 ㉠과 ㉡을 연립하면 $x=1$이고, 구한 x의 값을 ㉠에 대입하면 $y=1.5$이다.

따라서 A사원이 뛴 거리는 $y$km이므로 1.5km이다.

30초 컷 풀이 Tip

1. 미지수를 정할 때에는 문제에서 묻는 것을 정확하게 파악해야 한다.
2. 속력과 시간의 단위를 처음에 정리하여 계산하면 계산 실수 없이 풀이할 수 있다.
   - 1시간=60분=3,600초
   - 1km=1,000m=100,000cm

온라인 풀이 Tip

온라인 GSAT는 풀이를 문제풀이 용지에 작성하여 시험이 끝난 후 제출해야 한다. 따라서 문제풀이 용지를 최대한 활용해야 한다. 문제를 풀 때 필요한 정보를 문제풀이 용지에 옮겨 적어 문제풀이 용지만 보고 답을 구할 수 있도록 한다. 다음은 문제풀이 용지를 활용한 풀이 예시이다.

걸은 속력 : 4km/h 뛴 속력 : 10km/h 총 걸린 시간 : 24분 총 거리 : 2.5km **뛴 거리는 몇 km?**

주어진 정보

걸어간 거리를 $x$km, 뛴 거리를 $y$km 가정
$x+y=2.5$
$\dfrac{x}{4}\times60+\dfrac{y}{10}\times60=24$
$\rightarrow 5x+2y=8$
$x=1$, $y=1.5$

문제 풀이

| 응용수리 |

농도

- 출제되는 응용수리 2문제 중 1문제에 속할 가능성이 높은 유형이다.

- $(농도)=\dfrac{(용질의\ 양)}{(용액의\ 양)}\times100$ 공식을 활용한 문제이다.

  $(용질의\ 양)=\dfrac{(농도)}{100}\times(용액의\ 양)$

  다음과 같이 주어진 정보를 한눈에 알아볼 수 있도록 표를 그리면 식을 세우기 쉽다.

구분	용액1	용액2	…
용질의 양			
용액의 양			
농도			

- (소금물의 양)=(물의 양)+(소금의 양)이라는 것에 유의하고, 더해지거나 없어진 것을 미지수로 두고 풀이한다.
- 온라인으로 시행되고 나서 한 번도 빠짐없이 출제된 유형이다.

소금물 500g이 있다. 이 소금물에 농도가 3%인 소금물 200g을 온전히 섞었더니 소금물의 농도는 7%가 되었다. 500g의 소금물에 녹아 있던 소금은 몇 g인가?

① 31g
③ 43g
⑤ 55g

② 37g
④ 49g

문제에서 구하고자 하는 500g의 소금물에 녹아 있던 소금의 양을 미지수로 놓는다.

500g의 소금물에 녹아 있던 소금의 양을 xg이라고 하자.

소금물 500g에 농도 3%인 소금물 200g을 섞었을 때 소금물의 농도가 주어졌으므로 농도를 기준으로 식을 세울 수 있다. 식을 세우기 전에 주어진 정보를 바탕으로 표를 그리면 식을 세우기 훨씬 쉬워진다.

구분	섞기 전	섞을 소금물	섞은 후
소금(g)	x	6	$x+6$
소금+물(g)	500	200	500+200
농도(%)	구할 필요 없음	3	7

섞은 후의 정보를 가지고 식을 구하면 다음과 같다.

$$\frac{x+6}{500+200} \times 100 = 7$$

$\rightarrow (x+6) \times 100 = 7 \times (500+200)$

$\rightarrow (x+6) \times 100 = 4,900$

$\rightarrow 100x + 600 = 4,900$

$\rightarrow 100x = 4,300$

$\rightarrow x = 43$

따라서 500g의 소금물에 녹아 있던 소금의 양은 xg이므로 43g이다.

30초 컷 풀이 Tip

간소화

숫자의 크기를 최대한 간소화해야 한다. 특히, 농도의 경우 분수와 정수가 같이 제시되고, 최근에는 비율을 활용한 문제가 많이 출제되고 있으므로 통분이나 약분을 통해 수를 간소화시켜 계산 실수를 줄일 수 있도록 한다.

주의사항

항상 미지수를 구해서 그 값을 계산하여 풀이해야 하는 것은 아니다. 문제에서 원하는 값은 정확한 미지수를 구하지 않아도 풀이과정에서 답이 제시되는 경우가 있으므로 문제에서 묻는 것을 명확히 해야 한다.

섞은 소금물 풀이 방법

1. 정보 정리

   주어진 정보를 각 소금물 단위로 정리한다. 각 소금물에서 2가지 정보가 주어졌다면 계산으로 나머지 정보를 찾는다.

2. 미지수 설정

   각 소금물에서 2가지 이상의 정보가 없다면 그중 한 가지 정보를 미지수로 설정한다. 나머지 모르는 정보도 앞서 설정한 미지수로 표현해놓는다.

3. 식 세우기

   섞기 전과 섞은 후의 소금의 양, 소금물의 양을 이용하여 식을 세운다.

| 응용수리 |

일의 양

유형분석

- 전체 일의 양을 1로 두고 풀이하는 유형이다.

- 분이나 초 단위 계산이 가장 어려운 유형으로 출제되고 있다.

- $(일률)=\dfrac{(작업량)}{(작업기간)}$

  $(작업기간)=\dfrac{(작업량)}{(일률)}$

  $(작업량)=(일률)\times(작업기간)$

한 공장에서는 기계 2대를 운용하고 있다. 이 공장의 전체 작업을 수행할 때 A기계로는 12시간이 걸리며, B기계로는 18시간이 걸린다. 이미 절반의 작업이 수행된 상태에서, A기계로 4시간 동안 작업하다가 이후로는 A, B 두 기계를 모두 동원해 작업을 수행했다면 남은 절반의 작업을 완료하는 데 소요되는 총 시간은?

① 5시간   ② 5시간 12분
③ 5시간 20분   ④ 5시간 30분
⑤ 5시간 40분

전체 일의 양을 1이라고 하자. A기계가 한 시간 동안 작업할 수 있는 일의 양은 $\frac{1}{12}$ 이고, B기계가 한 시간 동안 작업할 수 있는 일의 양은 $\frac{1}{18}$ 이다.

이미 절반의 작업이 진행되었으므로 남은 일의 양은 $1 - \frac{1}{2} = \frac{1}{2}$ 이다. 이중 A기계로 4시간 동안 작업을 진행했으므로 A기계와 B기계가 함께 작업해야

하는 일의 양은 $\frac{1}{2} - \left(\frac{1}{12} \times 4\right) = \frac{1}{6}$ 이다. 따라서 남은 $\frac{1}{6}$ 을 수행하는 데 걸리는 시간은 $\dfrac{\frac{1}{6}}{\left(\frac{1}{12} + \frac{1}{18}\right)} = \dfrac{\frac{1}{6}}{\frac{5}{36}} = \frac{6}{5}$ 시간이다.

따라서 총 5시간 12분이 걸린다.

30초 컷 풀이 Tip

1. 전체의 값을 모르는 상태에서 비율을 묻는 문제의 경우 전체를 1이라고 하면 쉽게 풀이할 수 있다.

   [예] S가 1개의 빵을 만드는 데 3시간이 걸린다. 1개의 빵을 만드는 일의 양을 1이라고 하면 S는 한 시간에 $\frac{1}{3}$ 만큼의 빵을 만든다.

2. 난이도가 있는 일의 양 문제를 접근할 때 전체 일의 양을 막대 그림으로 표현하면서 풀이하면 한눈에 파악할 수 있다.

[예]		
$\frac{1}{2}$ 수행됨	A기계로 4시간 동안 작업	A, B 두 기계를 모두 동원해 작업

온라인 풀이 Tip

문제를 보자마자 기계별로 단위 시간당 일의 양부터 적고 시작한다. 그리고 남은 일의 양과 동원되는 기계는 몇 대인지를 확인하여 적어두고 풀이한다.

구분	A기계	B기계
시간당 일의 양	$\frac{1}{12}$	$\frac{1}{18}$

* 절반 작업됨 & A기계 4시간 작업 & A, B 두 기계를 모두 사용

남은 절반의 작업 소요 시간?   주어진 정보

- -

A기계 4시간 작업 후 남은 일의 양 : $\frac{1}{2} - \left(\frac{1}{12} \times 4\right) = \frac{1}{6}$

$\rightarrow \dfrac{\frac{1}{6}}{\left(\frac{1}{12} + \frac{1}{18}\right)} = \dfrac{\frac{1}{6}}{\frac{5}{36}} = \frac{6}{5}$ 문제 풀이

$\therefore 4 + \frac{6}{5}$

| 응용수리 |

금액

- 원가, 정가, 할인가, 판매가 등의 개념을 명확히 한다.

  (정가)＝(원가)＋(이익)

  (이익)＝(정가)－(원가)

  a원에서 $b\%$ 할인한 가격＝$a \times \left(1 - \dfrac{b}{100}\right)$

- 난이도가 어려운 편은 아니지만 비율을 활용한 계산 문제이기 때문에 실수하기 쉽다.

- 최근에는 경우의 수와 결합하여 출제되기도 했다.

종욱이는 25,000원짜리 피자 두 판과 8,000원짜리 샐러드 세 개를 주문했다. 통신사 멤버십 혜택으로 피자는 15%, 샐러드는 25%를 할인 받을 수 있고, 이벤트로 통신사 멤버십 혜택을 적용한 금액의 10%를 추가 할인받았다고 한다. 종욱이가 할인받은 금액은 얼마인가?

① 12,150원

② 13,500원

③ 18,600원

④ 19,550원

⑤ 20,850원

할인받기 전 종욱이가 지불할 금액은 $25,000 \times 2 + 8,000 \times 3 = 74,000$원이다.

통신사 할인과 이벤트 할인을 적용한 금액은 $(25,000 \times 2 \times 0.85 + 8,000 \times 3 \times 0.75) \times 0.9 = 54,450$원이다.

따라서 종욱이가 할인받은 금액은 $74,000 - 54,450 = 19,550$원이다.

30초 컷 풀이 Tip

전체 금액을 구하는 것이 아니라 할인된 금액을 구하면 수의 크기도 작아지고, 풀이 과정을 단축시킬 수 있다.

예를 들어 위의 문제에서 피자는 15%, 샐러드는 25%를 할인받았으므로 할인받은 금액은 각각 7,500원, 6,000원이다. 할인받은 금액의 합을 원래 지불했어야 하는 금액에서 빼면 60,500원이고, 이의 10%는 6,050원이므로 종욱이가 할인받은 총 금액은 $7,500 + 6,000 + 6,050 = 19,550$원이다.

온라인 풀이 Tip

다음은 문제풀이 용지를 활용한 풀이 예시이다.

금액 유형은 한번 잘못 계산하면 되돌아가기 쉽지 않다. 문제를 두 번 정도 읽는다는 생각으로 정확하게 정리해야 한다.

$25,000 \times 2$	$8,000 \times 3$
15% 할인	25% 할인
10% 할인	

할인받은 금액?

주어진 정보

할인 전 금액 : $25,000 \times 2 + 8,000 \times 3 = 74,000$원

할인 후 금액 : $(25,000 \times 2 \times 0.85 + 8,000 \times 3 \times 0.75) \times 0.9 = 54,450$원

할인받은 금액 : $74,000 - 54,450 = 19,550$원

문제 풀이

- 출제되는 응용수리 2문제 중 1문제에 속할 가능성이 높은 유형이다.
- 순열(P)과 조합(C)을 활용한 문제이다.

$$_n\mathrm{P}_m = n \times (n-1) \times \cdots \times (n-m+1)$$

$$_n\mathrm{C}_m = \frac{_n\mathrm{P}_m}{m!} = \frac{n \times (n-1) \times \cdots \times (n-m+1)}{m!}$$

- 벤다이어그램을 활용한 문제가 출제되기도 한다.

S전자는 토요일에는 2명의 사원이 당직 근무를 서도록 사칙으로 규정하고 있다. S전자의 B팀에는 8명의 사원이 있다. B팀이 앞으로 3주 동안 토요일 당직 근무를 선다고 했을 때, 가능한 모든 경우의 수는 몇 가지인가?(단, 모든 사원은 당직 근무를 2번 이상 서지 않는다)

① 1,520가지
② 2,520가지
③ 5,040가지
④ 10,080가지
⑤ 15,210가지

②

8명을 2명씩 3그룹으로 나누는 경우의 수는 $_8C_2 \times _6C_2 \times _4C_2 \times \dfrac{1}{3!} = 28 \times 15 \times 6 \times \dfrac{1}{6} = 420$가지이다.

3개의 그룹을 각각 A, B, C라 하면, 3주 동안 토요일에 근무자를 배치하는 경우의 수는 A, B, C를 일렬로 배열하는 방법의 수와 같다. 3그룹을 일렬로 나열하는 경우의 수는 $3 \times 2 \times 1 = 6$가지이다.

∴ $420 \times 6 = 2,520$가지

30초 컷 풀이 Tip

경우의 수의 합의 법칙과 곱의 법칙 등에 관해 명확히 한다.

• 합의 법칙
  ㉠ 두 사건 A, B가 동시에 일어나지 않을 때, A가 일어나는 경우의 수를 m, B가 일어나는 경우의 수를 n이라고 하면, 사건 A 또는 B가 일어나는 경우의 수는 $m + n$이다.
  ㉡ '또는', '~이거나'라는 말이 나오면 합의 법칙을 사용한다.

• 곱의 법칙
  ㉠ A가 일어나는 경우의 수를 m, B가 일어나는 경우의 수를 n이라고 하면, 사건A와 B가 동시에 일어나는 경우의 수는 $m \times n$이다.
  ㉡ '그리고', '동시에'라는 말이 나오면 곱의 법칙을 사용한다.

온라인 풀이 Tip

경우의 수 유형은 길게 풀어져 있는 문장을 알고 있는 공식에 대입할 수 있게 숫자를 잘 정리하는 게 포인트이다. 온라인으로 경우의 수 유형을 풀 때에도 수만 잘 정리하면 쉽게 풀 수 있다.

[예] 해당 문제에서는 '8명의 사원을 2명씩 3주에 배치'가 핵심이다.

8명의 사원
↓
2명씩/3주
∴ $_8C_2 \times _6C_2 \times _4C_2$

| 응용수리 |

확률

유형분석

- 출제되는 응용수리 2문제 중 1문제에 속할 가능성이 높은 유형이다.
- 순열(P)과 조합(C)을 활용한 문제이다.
- 조건부 확률 문제가 출제되기도 한다.

주머니에 1부터 10까지의 숫자가 적힌 카드 10장이 들어있다. 주머니에서 카드를 세 번 뽑는다고 할 때, 1, 2, 3이 적힌 카드 중 하나 이상을 뽑을 확률은?(단, 꺼낸 카드는 다시 넣지 않는다)

① $\dfrac{5}{8}$ ② $\dfrac{17}{24}$

③ $\dfrac{7}{24}$ ④ $\dfrac{7}{8}$

⑤ $\dfrac{5}{6}$

(1, 2, 3이 적힌 카드 중 하나 이상을 뽑을 확률)＝1－(세 번 모두 4～10이 적힌 카드를 뽑을 확률)

• 세 번 모두 4～10이 적힌 카드를 뽑을 확률 : $\dfrac{7}{10} \times \dfrac{6}{9} \times \dfrac{5}{8} = \dfrac{7}{24}$

∴ 1, 2, 3이 적힌 카드 중 하나 이상을 뽑을 확률 : $1 - \dfrac{7}{24} = \dfrac{17}{24}$

30초 컷 풀이 Tip

- 여사건의 확률
  ㉠ 사건 A가 일어날 확률이 p일 때, 사건 A가 일어나지 않을 확률은 $(1-p)$이다.
  ㉡ '적어도'라는 말이 나오면 주로 사용한다.
- 확률의 덧셈
  두 사건 A, B가 동시에 일어나지 않을 때, A가 일어날 확률을 p, B가 일어날 확률을 q라고 하면, 사건 A 또는 B가 일어날 확률은 $p+q$이다.
- 확률의 곱셈
  A가 일어날 확률을 p, B가 일어날 확률을 q라고 하면, 사건 A와 B가 동시에 일어날 확률은 $p \times q$이다.

온라인 풀이 Tip

경우의 수 유형과 마찬가지로 확률 유형을 풀이하는 방법은 같다.

예 1~10 10장
    ↓
3장/1, 2, 3 중 적어도 1장 이상

∴ $1 - \dfrac{7}{10} \times \dfrac{6}{9} \times \dfrac{5}{8}$

| 자료해석 |

추론 · 분석

- 자료를 보고 해석하거나 추론한 내용을 고르는 문제가 출제된다.
- 증감 추이, 증감률, 증감폭 등의 간단한 계산이 포함되어 있다.
- %, %p 등의 차이점을 알고 적용할 수 있어야 한다.
  %(퍼센트) : 어떤 양이 전체(100)에 대해서 얼마를 차지하는가를 나타내는 단위
  %p(퍼센트 포인트) : %로 나타낸 수치가 이전 수치와 비교했을 때 증가하거나 감소한 양

다음은 지방자치단체 재정력 지수에 대한 자료이다. 이에 대한 설명으로 옳은 것은?

〈지방자치단체 재정력 지수〉

구분	2018년	2019년	2020년	평균
서울	1.106	1.088	1.010	1.068
부산	0.942	0.922	0.878	0.914
대구	0.896	0.860	0.810	0.855
인천	1.105	0.984	1.011	1.033
광주	0.772	0.737	0.681	0.730
대전	0.874	0.873	0.867	0.871
울산	0.843	0.837	0.832	0.837
경기	1.004	1.065	1.032	1.034
강원	0.417	0.407	0.458	0.427
충북	0.462	0.446	0.492	0.467
충남	0.581	0.693	0.675	0.650
전북	0.379	0.391	0.404	0.393
전남	0.319	0.330	0.320	0.323

※ 매년 지방자치단체의 기준 재정수입액이 기준 재정수요액에 미치지 않는 경우, 중앙정부는 그 부족만큼의 지방교부세를 당해 연도에 지급함
※ (재정력 지수)=(기준 재정수입액)÷(기준 재정수요액)

① 3년간 지방교부세를 지원받은 적이 없는 지방자치단체는 서울, 인천, 경기 3곳이다.
② 2020년의 서울 재정력 지수 대비 전북 재정력 지수의 비율은 30% 미만이다.
③ 3년간 재정력 지수가 지속적으로 상승한 지방자치단체는 전북이 유일하다.
④ 3년간 지방교부세를 가장 많이 지원받은 지방자치단체는 전남이다.
⑤ 3년간 대전과 울산의 기준 재정수입액이 매년 서로 동일하다면 기준 재정수요액은 대전이 울산보다 항상 많다.

3년간 재정력 지수가 지속적으로 상승한 지방자치단체는 전북이 유일하다고 하였으므로 우선 전북부터 재정력 지수가 지속적으로 상승하였는지 확인한다. 전북은 3년간 재정력 지수가 지속적으로 상승하였으므로 나머지 지방자치단체 중 3년간 재정력 지수가 상승하는 지방자치단체가 있는지 파악하여 전북이 유일한지를 확인한다. 3년간이므로 2018년 대비 2019년에 상승한 지방만 2019년 대비 2020년에 상승했는지 확인한다.

구분	2018년 대비 2019년	2019년 대비 2020년
서울	하락	–
부산	하락	–
대구	하락	–
인천	하락	–
광주	하락	–
대전	하락	–
울산	하락	–
경기	상승	하락
강원	하락	–
충북	하락	–
충남	상승	하락
전북	상승	상승
전남	상승	하락

오답분석

① 기준 재정수입액이 수요액보다 작으면 정부의 지원을 받는데 기준 재정수입액이 수요액보다 작으면 재정력지수는 1 미만이다. 인천의 경우 2019년에 재정력 지수가 1 미만이므로 정부의 지원을 받은 적이 있다.

② 2020년의 서울 재정력 지수 대비 전북 재정력 지수의 비율은 $\frac{0.404}{1.010} \times 100 = 40\%$로 30% 이상이다.

④ 재정력 지수는 액수에 대한 비율을 나타낸 값이므로 절대적인 액수를 파악할 수 없다.

⑤ 기준 재정수입액이 동일하면 재정력 지수가 클수록 기준 재정수요가 적다. 따라서 대전은 울산보다 기준 재정수요액이 항상 적다.

30초 컷 풀이 Tip

- 간단한 선택지부터 해결하기
  계산이 필요 없거나 생각하지 않아도 되는 선택지를 먼저 해결한다.
  예 ③은 제시된 수치의 증감 추이를 판단하는 문제이므로 가장 먼저 풀이 가능하다.
- 옳은 것/옳지 않은 것 헷갈리지 않게 표시하기
  자료해석은 옳은 것 또는 옳지 않은 것을 찾는 문제가 출제된다. 문제마다 매번 바뀌므로 이를 확인하는 것은 매우 중요하다. 따라서 선택지에 표시할 때에도 선택지가 옳지 않은 내용이라서 '×' 표시를 했는지, 옳은 내용이지만 문제가 옳지 않은 것을 찾는 문제라 '×' 표시를 했는지 헷갈리지 않도록 표시 방법을 정해야 한다.
- 제시된 자료를 통해 계산할 수 있는 값인지 확인하기
  제시된 자료만으로 계산할 수 없는 값을 묻는 선택지인지 먼저 판단해야 한다. 문제를 읽고 바로 계산부터 하면 함정에 빠지기 쉽다.

온라인 풀이 Tip

2020년 하반기부터 화면을 손가락으로 가리킬 수 있게 되었다. 오프라인 시험에서는 종이에 중요한 부분을 표시할 수 있지만, 온라인 시험에서는 표시할 방법이 없어 필요한 여러 정보를 눈으로 확인해야 한다. 따라서 마우스 포인터와 손가락으로 표시하는 행동은 자료해석 유형을 풀이할 때 많은 도움이 되므로 이를 활용하여 풀이한다.

자료에서 가장 큰 값 찾기
자료를 위에서 아래로 또는 왼쪽에서 오른쪽으로 훑으면서 지금까지 확인한 숫자 중 가장 큰 값을 손가락으로 가리킨다. 자료가 많으면 줄이 헷갈릴 수 있으므로 마우스 포인터로 줄을 따라가며 읽는다.

자료계산

- 주어진 자료를 통해 문제에서 주어진 특정한 값을 찾고, 자료의 변동량을 구할 수 있는지를 평가하는 유형이다.
- 각 그래프의 선이 어떤 항목을 의미하는지와 단위를 정확히 확인한다.
- 그림을 통해 계산하지 않고 눈으로 확인할 수 있는 내용(증감추이)이 있는지 확인한다.

다음은 연도별 국내 출생아 및 혼인건수에 대한 자료이다. 〈정보〉를 보고 빈칸 ㄱ, ㄴ, ㄷ에 들어갈 적절한 수를 나열한 것은?

〈연도별 출생아 및 혼인 현황〉

구분	2012년	2013년	2014년	2015년	2016년	2017년	2018년	2019년	2020년
출생아수(명)	471,265	484,550	436,455	435,435	438,420	406,243	357,771	326,822	(ㄷ)
합계출산율(%)	(ㄱ)	1.297	1.187	1.205	1.239	1.172	1.052	0.977	0.918
출생성비(명)	105.7	105.7	105.3	105.3	(ㄴ)	105.0	106.3	105.4	105.5
혼인건수(건)	329,087	327,073	322,807	305,507	302,828	281,635	264,455	257,622	239,159

※ 합계출산율은 한 여자가 가임기간(15 ~ 49세)에 낳을 것으로 기대되는 평균 출생아수이다.

※ 출생성비$\left(=\dfrac{(\text{남자 출생아})}{(\text{여자 출생아})}\times 100\right)$는 여자 출생아 100명당 남자 출생아수이다.

〈정보〉

- 출생아수는 2017 ~ 2020년 동안 전년 대비 감소하는 추세이며, 그 중 2020년도 전년 대비 감소한 출생아수가 가장 적다.
- 2012 ~ 2020년까지 연도별 합계출산율에서 2012년 합계출산율은 두 번째로 많다.
- 2014년부터 3년 동안 출생성비는 동일하다.

	ㄱ	ㄴ	ㄷ
①	1.204	105.0	295,610
②	1.237	105.0	295,610
③	1.244	105.3	302,676
④	1.237	105.3	302,676
⑤	1.251	105.3	295,873

정답   ③

ㄱ : 두 번째 정보에 따라 2012년부터 2020년까지 연도별 합계출산율 순위 중 2012년도가 두 번째로 높은 연도이므로 가장 많은 2013년 합계출산율
인 1.297명보다 낮고, 세 번째로 많은 2016년도의 1.239명보다 높아야 된다. 따라서 선택지에서 1.244명과 1.251명이 범위에 포함된다.

ㄴ : 세 번째 정보로부터 2014년부터 2016년까지의 출생성비가 동일함을 알 수 있다. 따라서 빈칸에 들어갈 수는 105.3명이다.

ㄷ : 첫 번째 정보에서 2017 ~ 2020년 동안 전년 대비 출생아수는 감소하는 추세이며, 빈칸에 해당하는 2020년 전년 대비 감소한 출생아수가 가장
적다고 하였다. 연도별 전년 대비 출생아수 감소 인원은 다음과 같다.

연도	2017년	2018년	2019년
전년 대비 출생아수 감소 인원	438,420−406,243 =32,177명	406,243−357,771 =48,472명	357,771−326,822 =30,949명

2017 ~ 2019년 중 2019년도가 전년 대비 감소 인원이 가장 적으므로 이보다 적게 차이가 나는 수를 찾으면 선택지 중 302,676명이 된다.

• 2020년 전년 대비 출생아수 감소 인원 : 326,822−302,676=24,146명<30,949명

따라서 빈칸 ㄱ, ㄴ, ㄷ에 들어갈 적절한 수로 나열된 선택지는 ③이다.

30초 컷 풀이 Tip

• 자료계산 유형은 선택지를 소거하면서 풀이하면 시간을 단축시킬 수 있다.

온라인 풀이 Tip

• 숫자를 정확하게 옮겨 적은 후, 정확하게 계산을 할지 어림계산을 할지 고민한다.
• 최근 시험에서는 숫자 계산이 깔끔하게 떨어지는 경우가 많다.

유형분석

- 제시된 표나 그래프의 수치를 그래프로 올바르게 변환한 것을 묻는 유형이다.
- 복잡한 표가 제시되지 않으므로 수의 크기만을 판단하여 풀이할 수 있다.
- 정확한 수치가 제시되지 않을 수 있으므로 그래프의 높낮이나 넓이를 판단하여 풀이해야 한다.
- 제시된 표나 그래프의 수치를 계산하여 변환하는 유형도 출제될 수 있다.

다음은 연도별 치킨전문점의 개·폐업점 수에 관한 자료이다. 이를 올바르게 나타낸 그래프는?

〈연도별 개·폐업점 수〉

(단위 : 개)

구분	개업점 수	폐업점 수	구분	개업점 수	폐업점 수
2007년	3,449	1,965	2013년	3,252	2,873
2008년	3,155	2,121	2014년	3,457	2,745
2009년	4,173	1,988	2015년	3,620	2,159
2010년	4,219	2,465	2016년	3,244	3,021
2011년	3,689	2,658	2017년	3,515	2,863
2012년	3,887	2,785	2018년	3,502	2,758

①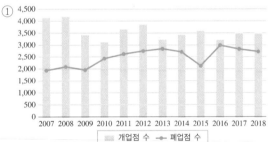

②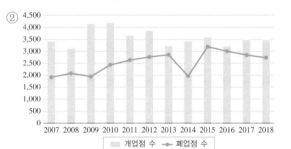

③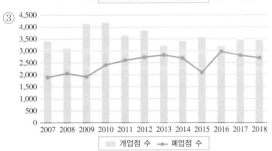

④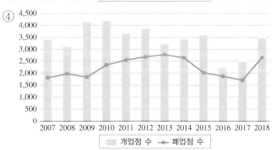

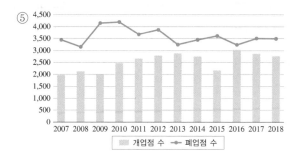

정답 ③

제시된 자료의 개업점 수와 폐업점 수의 증감 추이를 나타내면 다음과 같다.

구분	2007년	2008년	2009년	2010년	2011년	2012년	2013년	2014년	2015년	2016년	2017년	2018년
개업점 수	–	감소	증가	증가	감소	증가	감소	증가	증가	감소	증가	감소
폐업점 수	–	증가	감소	증가	증가	증가	증가	감소	감소	증가	감소	감소

이와 일치하는 추이를 보이고 있는 ③의 그래프가 적절하다.

오답분석

① 2007 ~ 2008년 개업점 수가 자료보다 높고, 2009 ~ 2010년 개업점 수는 낮다.

② 2014년 폐업점 수는 자료보다 낮고, 2015년의 폐업점 수는 높다.

④ 2016 ~ 2017년 개업점 수와 폐업점 수가 자료보다 낮다.

⑤ 2007 ~ 2018년 개업점 수와 폐업점 수가 바뀌었다.

30초 컷 풀이 Tip

1. 수치를 일일이 확인하는 것보다 해당 풀이처럼 증감 추이를 먼저 판단해서 선택지를 1차적으로 거르고 나머지 선택지 중 그래프 모양이 크게 차이 나는 곳의 수치를 확인하면 빠르게 풀이할 수 있다.
2. 막대그래프가 자료로 제시되는 경우 막대의 가운데 부분을 연결하면 꺾은선 그래프가 된다.

온라인 풀이 Tip

이 유형은 계산이 없다면 눈으로만 풀이해도 되지만, 문제풀이 용지에 풀이를 남겨야 하므로 다음과 같이 작성한다.

1. 계산이 있는 경우
   계산 부분만 문제풀이 용지에 적어도 충분하다.
2. 계산이 없는 경우
   해당 문제 풀이처럼 주어진 자료에서 증가, 감소를 파악하여 작성하거나 오답분석 처럼 '①은 2007년 개업점 수가 자료보다 높음'으로 자료하고 다른 부분만 요약하여 작성한다.

| 자료해석 |

수추리

- 제시된 자료의 규칙을 바탕으로 미래의 값을 추론하는 유형이다.
- 등차수열이나 등비수열, log, 지수 등의 수학적인 지식을 묻기도 한다.

주요 수열 종류

구분	설명
등차수열	앞의 항에 일정한 수를 더해 이루어지는 수열
등비수열	앞의 항에 일정한 수를 곱해 이루어지는 수열
계차수열	수열의 인접하는 두 항의 차로 이루어진 수열
피보나치수열	앞의 두 항의 합이 그 다음 항의 수가 되는 수열
건너뛰기 수열	1. 두 개 이상의 수열이 일정한 간격을 두고 번갈아가며 나타나는 수열
	2. 두 개 이상의 규칙이 일정한 간격을 두고 번갈아가며 적용되는 수열
군수열	일정한 규칙성으로 몇 항씩 묶어 나눈 수열

A제약회사에서는 유산균을 배양하는 효소를 개발 중이다. 이 효소와 유산균이 만났을 때 다음과 같이 유산균의 수가 변화하고 있다면 효소의 양이 12g일 때 남아있는 유산균의 수는?

효소의 양(g)	1	2	3	4	5
유산균의 수(억 마리)	120	246	372	498	624

① 1,212억 마리   ② 1,346억 마리

③ 1,480억 마리   ④ 1,506억 마리

⑤ 1,648억 마리

1. 규칙 파악

문제에서 효소와 유산균이 만났을 때 유산균의 수가 변화한다고 하였으므로 효소의 양과 유산균의 수의 변화는 관련이 있는 것을 알 수 있다. 효소의 수는 한 개씩 늘어나고 있고 그에 따른 유산균의 수는 계속 증가하고 있다. 수열 문제에 접근할 때 가장 먼저 등차수열이나 등비수열이 아닌지 확인해야 한다. 이 문제에서 유산균의 수는 공차가 126인 등차수열임을 알 수 있다.

2. 계산

삼성 수추리는 직접 계산해도 될 만큼의 계산력을 요구한다. 물론 식을 세워서 계산하는 방법이 가장 빠르고 정확하지만 공식이 기억나지 않는다면 머뭇거리지 말고 직접 계산을 해야 한다.

이 문제 역시 효소의 양이 12g일 때 유산균의 수를 물었으므로 공식이 생각나지 않는다면 직접 계산으로 풀이할 수 있다. 하지만 시험 보기 전까지 식을 세워보는 연습을 하여 실전에서 빠르게 풀 수 있도록 다음과 같이 2가지의 풀이 방법을 제시하였다.

㉠ 직접 계산하기

효소의 양(g)	5		6		7		8		9		10		11		12
유산균의 수(억 마리)	624	→	750	→	876	→	1,002	→	1,128	→	1,254	→	1,380	→	1,506
		+126		+126		+126		+126		+126		+126		+126	

㉡ 식 세워 계산하기

식을 세우기 전에 미지수를 지정한다. 효소의 양이 ng일 때 유산균의 수를 a_n억 마리라고 하자.

등차수열의 공식이 $a_n = (첫 항) + (공차) \times (n-1)$임을 활용한다.

유산균의 수는 매일 126억 마리씩 증가하고 있다. 등차수열 공식에 의해 $a_n = 120 + 126(n-1) = 126n - 6$이다.

따라서 효소의 양이 12g일 때의 유산균의 수는 $a_{12} = 126 \times 12 - 6 = 1,512 - 6 = 1,506$억 마리이다.

30초 컷 풀이 Tip

자료해석의 수추리는 복잡한 규칙을 묻지 않고, 지나치게 큰 n(미래)의 값을 묻지 않는다. 등차수열이나 등비수열 등이 출제되었을 때, 공식이 생각나지 않는다면 써서 나열하는 것이 문제 풀이 시간을 단축할 수 있는 방법이다.

온라인 풀이 Tip

쉬운 수열은 눈으로 풀 수 있지만 대부분은 차이를 계산해봐야 하는 등 여러 경우를 생각해봐야 한다. 문제풀이 용지도 활용해야 하므로 문제를 읽고 바로 수열을 문제풀이 용지에 옮겨 적도록 한다.

정답 및 해설 p.032

01 농도가 10%인 A소금물 200g과 농도가 20%인 B소금물 300g이 있다. A소금물에 물을 첨가하고, B소금물은 조금 버렸다. 늘어난 A소금물과 줄어든 B소금물을 합친 결과, 농도가 10%인 500g의 소금물이 되었을 때, A소금물에 첨가한 물의 양은 몇 g인가?

① 100g

② 120g

③ 150g

④ 180g

⑤ 200g

02 6개의 축구팀의 경기 대진표가 아래의 그림과 같다면, 대진표에 축구팀을 배치하는 방법은 총 몇 가지인가?

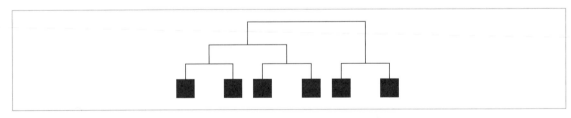

① 16가지

② 36가지

③ 45가지

④ 52가지

⑤ 56가지

03 다음은 산업통상자원부의 최근 3년간 기업규모별 지원액을 나타낸 자료이다. 이에 대한 설명으로 적절하지 않은 것은?

<연간 기업규모별 산업통상자원부 지원액>

(단위 : 개)

구분	지원액	5억 미만	5억 이상 10억 미만	10억 이상 20억 미만	20억 이상 50억 미만	50억 이상 100억 미만
2020년	대기업	4	11	58	38	22
	중견기업	11	88	124	32	2
	중소기업	244	1,138	787	252	4
2019년	대기업	8	12	62	42	25
	중견기업	22	99	184	28	1
	중소기업	223	982	669	227	3
2018년	대기업	9	25	66	54	28
	중견기업	18	111	155	29	2
	중소기업	188	774	552	201	1

① 매년 산업통상자원부 지원금을 지급받는 대기업 수는 감소하는 반면, 중소기업의 수는 증가하고 있다.

② 2020년 중소기업 총지원액은 대기업 총지원액보다 많다.

③ 대기업과 중견기업은 지원액 규모가 10억 이상 20억 미만에서, 중소기업은 5억 이상 10억 미만에서 가장 많은 기업이 산업통상자원부 지원금을 지급받는다.

④ 2018년 대비 2020년 산업통상자원부 지원금을 지급받는 중견기업 수는 감소했다.

⑤ 2020년 산업통상자원부 지원금을 지급받는 총 기업수가 2,815개라면 그 중 중소기업이 차지하는 비율은 85% 미만이다.

04 다음은 2020년도 국가별 재외 동포 인원 현황에 대한 표이다. 표에 대한 해석으로 옳은 것은?(단, 소수점 이하 둘째 자리에서 반올림한다)

〈2020년 재외 동포 현황〉

(단위 : 명)

구분	시민권자	영주권자	일반 체류자
중국	2,160,712	342	300,332
홍콩	6,949	342	11,678
인도	22	0	11,251
이란	3	1	243
일본	736,326	543	88,108
라오스	8	0	3,042
몽골	32	0	2,132
미얀마	18	0	3,842
네팔	3	0	769
싱가포르	2,781	312	18,313
대만	773	331	4,406
태국	205	0	19,995
터키	0	0	2,951
베트남	0	0	172,684
캐나다	187,390	1,324	53,036
덴마크	8,747	324	710
프랑스	8,961	6,541	13,665
루마니아	61	1	305
러시아	163,560	351	6,022
스위스	2,082	341	1,513

※ (재외 동포 수)＝(시민권자)＋(영주권자)＋(일반 체류자)

① 영주권자가 없는 국가의 일반 체류자 수의 합은 중국의 일반 체류자의 수보다 크다.
② 일본의 일반 체류자 대비 시민권자 비율은 800% 이하이다.
③ 영주권자가 시민권자의 절반보다 많은 국가는 재외 동포의 수가 3만 명 이상이다.
④ 재외 동포 수가 가장 많은 국가는 시민권자, 영주권자, 일반 체류자의 인원도 각각 1순위이다.
⑤ 일반 체류자보다 시민권자가 많은 국가의 영주권자 수는 각 국가마다 300명 이상이다.

05 다음은 암 종류별 암 유병자 수에 대한 현황을 나타낸 표이다. 표에 대한 해석으로 옳은 것은?(단, 소수점 이하 둘째 자리에서 반올림한다)

〈연도별 암 유병자 수〉

(단위 : 명)

구분	2014년	2015년	2016년	2017년	2018년	2019년	2020년
식도암	4,802	5,123	5,403	5,553	5,710	5,885	6,037
위암	107,704	113,158	116,239	117,456	117,547	117,147	116,568
대장암	97,865	104,732	108,703	110,111	110,132	109,636	107,689
간암	34,393	35,532	36,555	36,813	37,290	37,569	37,561
췌장암	5,261	5,692	6,129	6,725	7,295	8,018	8,700
폐암	37,290	40,066	42,937	45,731	48,366	51,229	54,890
신장암	14,190	15,323	16,382	17,310	18,152	19,131	20,108
갑상선암	157,082	180,298	195,846	194,555	183,203	168,381	150,081
백혈병	7,463	7,748	8,156	8,535	8,908	9,194	9,522

※ 암 유병자 수는 9종류의 암 유병자 총 인원이다.

① 2014년부터 2017년까지 암 유병자의 수는 2015년도에 가장 적었다.
② 폐암은 2014년부터 2018년까지 매년 암 중에서 세 번째로 유병자가 가장 많다.
③ 전년 대비 2019년도의 위암의 증감률은 간암의 증감률보다 높다.
④ 백혈병 대비 갑상선암의 유병자 비율은 2020년이 가장 낮다.
⑤ 연도별 식도암 유병자 수가 적은 순서는 위암 유병자 수의 적은 순서와 동일하다.

06 다음은 지역별 내·외국인 거주자 현황을 나타내는 자료이다. 자료에 대한 설명으로 옳은 것은?

〈지역별 내·외국인 거주자 현황〉

지역	2018년		2019년		2020년	
	거주자(만 명)	외국인 비율(%)	거주자(만 명)	외국인 비율(%)	거주자(만 명)	외국인 비율(%)
서울	1,822	8.2	2,102	9.2	1,928	9.4
인천	1,350	12.2	1,552	15.9	1,448	16.1
경기	990	14.6	1,122	14.4	1,190	15.7
강원	280	1.8	221	1.2	255	1
대전	135	4.5	102	3.1	142	3.5
세종	28	5.2	24	5.3	27	5.7
충청	688	1.2	559	0.5	602	0.7
경상	820	2.8	884	2.1	880	6
전라	741	2.1	668	1.9	708	1.7
대구	1,020	9.8	1,011	8.1	1,100	12
울산	354	11.2	272	9.4	302	10.9
부산	892	5.2	842	5.4	828	5.8
제주	285	21.5	252	22.2	222	22.4
전체	9,405	(평균)8.1	9,611	(평균)8.9	9,632	(평균)9.8

※ 평균 외국인 비율은 소수점 아래 둘째 자리에서 반올림한 수치이다.
※ 수도권 : 서울, 인천, 경기

① 2018년 대비 2019년 거주자 수는 수도권을 제외한 모든 지역에서 감소하였다.
② 2019년과 2020년의 수도권 각 지역의 외국인 비율은 전년 대비 모두 증가하였다.
③ 2019년과 2020년의 전년 대비 전체 거주자 수는 증가하지만, 평균 외국인 비율은 감소하였다.
④ 2020년 대구 거주 외국인은 경상 거주 외국인의 2.5배이다.
⑤ 2020년 외국인 비율이 가장 높은 곳과 가장 낮은 곳의 비율 차이는 2018년 비율 차이보다 2.0%p 높다.

07 다음은 2020년 8월과 9월 월간 인구동향 자료의 일부이다. 다음 자료에 대한 설명으로 옳은 것은?

<2020년 8월 및 9월 월간 인구동향>

구분	2020년 08월				2020년 09월			
	출생아수 (명)	사망자수 (명)	혼인 건수 (건)	이혼 건수 (건)	출생아수 (명)	사망자수 (명)	혼인 건수 (건)	이혼 건수 (건)
전국	22,472	25,286	14,757	8,321	23,567	24,361	15,050	9,385
서울특별시	3,934	3,695	3,238	1,265	4,134	3,718	3,272	1,458
부산광역시	1,221	1,904	808	493	1,383	1,851	872	528
대구광역시	910	1,209	594	373	962	1,139	554	370
인천광역시	1,338	1,314	837	523	1,323	1,230	780	659
광주광역시	601	666	405	202	637	605	388	256
대전광역시	632	651	454	190	641	608	530	278
울산광역시	546	426	322	217	556	422	330	228
세종특별자치시	276	93	125	48	253	115	146	52
경기도	6,472	5,191	4,099	2,347	6,766	5,004	4,196	2,513
강원도	597	1,023	369	251	679	969	406	294
충청북도	727	900	477	264	714	898	489	293
충청남도	997	1,394	605	396	1,009	1,260	592	448
전라북도	693	1,217	379	300	703	1,200	436	331
전라남도	829	1,409	432	284	821	1,414	411	355
경상북도	1,021	1,929	585	468	1,125	1,766	617	495
경상남도	1,349	1,943	808	567	1,526	1,835	815	690
제주특별자치도	329	322	220	133	335	327	216	137

① 전국 사망자수 대비 출생아수의 비율은 2020년 8월 대비 9월에 감소하였다.

② 충청남도의 사망자수가 2020년 10월에 전월 대비 20% 감소한다면 10월 사망자 수는 1,000명 이하일 것이다.

③ 세종특별자치시의 2020년 9월 혼인 건수는 전월 대비 15% 이상 증가하였다.

④ 2020년 8월 혼인 건수가 가장 많은 지역은 2020년 9월 이혼 건수가 두 번째로 많다.

⑤ 출생아수가 많은 순서로 지역들의 순위를 매기면, 2020년 8월과 9월의 지역별 순위는 동일하다.

08 다음은 지역별 근로시간 현황에 관한 자료이다. 이를 설명한 내용으로 가장 적절한 것은?

〈지역별 평균 근로자수 및 근로시간 현황〉

(단위 : 시간)

지역 \ 구분	근로시간		
	최저	최고	평균
서울	7.2	10.8	8.5
경기	6.5	10.1	8.8
인천	5.4	10.5	8.6
대전	4.5	9.5	7.5
대구	6.8	9.6	8.4
부산	5.7	9.8	8.3
울산	4.9	8.9	8.2
광주	5.6	10.2	8.1

※ 수도권 : 서울, 경기, 인천

① 수도권의 최고 근로시간은 수도권 외 최고 근로시간보다 항상 많다.
② 최저 근로시간이 가장 적은 지역이 최고 근로시간도 가장 적다.
③ 평균 근로시간이 가장 많은 지역과 가장 적은 지역의 차이는 1시간 반 이상이다.
④ 최저 근로시간과 최고 근로시간의 차이가 가장 큰 지역은 인천이다.
⑤ 수도권에서 평균 근로시간은 최저 근로시간과 최고 근로시간의 평균보다 작다.

09 다음은 2016 ~ 2020년 지역별 이혼 건수에 관한 자료이다. 자료에 대한 설명으로 옳은 것은?

〈2016 ~ 2020년 지역별 이혼 건수〉

(단위 : 천 건)

구분	2016년	2017년	2018년	2019년	2020년
서울	28	29	34	33	38
인천	22	24	35	32	39
경기	19	21	22	28	33
대전	11	13	12	11	10
광주	8	9	9	12	7
대구	15	13	14	17	18
부산	18	19	20	19	21
울산	7	8	8	5	7
제주	4	5	7	6	5
전체	132	141	161	163	178

※ 수도권은 서울, 인천, 경기이다.

① 2018년 이후 인천의 이혼 건수는 서울의 이혼 건수보다 적다.
② 2016 ~ 2020년까지 전체 이혼 건수가 가장 적은 해는 2020년이다.
③ 2016 ~ 2020년까지 수도권의 이혼 건수가 가장 많은 해는 2019년이다.
④ 전체 이혼 건수 대비 수도권의 이혼 건수 비중은 2016년에 50% 이하, 2020년은 60% 이상을 차지한다.
⑤ 2016 ~ 2020년까지 전체 이혼 건수 증감추이와 같은 지역은 한 곳 뿐이다.

10 다음은 학년별 온라인수업 수강방법에 대해 조사한 자료이다. 자료에 대한 설명으로 〈보기〉에서 옳은 것을 모두 고른 것은?

〈학년별 온라인수업 수강방법〉

(단위 : %)

구분		스마트폰	태블릿PC	노트북	PC
학년	초등학생	7.2	15.9	34.4	42.5
	중학생	5.5	19.9	36.8	37.8
	고등학생	3.1	28.5	38.2	30.2
성별	남학생	10.8	28.1	30.9	30.2
	여학생	3.8	11.7	39.1	45.4

보기

㉠ 초등학생에서 중학생, 고등학생으로 올라갈수록 스마트폰과 PC의 이용률은 감소하고, 태블릿PC와 노트북의 이용률은 증가한다.

㉡ 초·중·고등학생의 노트북과 PC의 이용률의 차이는 고등학생이 가장 작다.

㉢ 태블릿PC의 남학생·여학생 이용률의 차이는 노트북의 남학생·여학생 이용률 차이의 2배이다.

① ㉠

② ㉠, ㉡

③ ㉠, ㉢

④ ㉡, ㉢

⑤ ㉠, ㉡, ㉢

11 다음은 2016년부터 2020년까지 국내 시설별 선체의료진 수를 나타낸 자료이다. 이에 대한 설명으로 적절하지 않은 것은?(단, 소수점 이하 둘째 자리에서 반올림한다)

〈2016년 ~ 2020년 시설별 의료진 수〉

(단위 : 명)

구분	2016년	2017년	2018년	2019년	2020년
아동복지시설	45,088	48,212	49,988	50,218	52,454
여성복지시설	1,842	2,112	2,329	2,455	2,598
노인복지시설	2,584	2,924	3,332	3,868	4,102
장애인복지시설	1,949	2,332	2,586	2,981	3,355
노숙인복지시설	452	488	552	688	728
정신요양시설	885	920	1,110	1,328	1,559
전체	52,800	56,988	59,897	61,538	64,796

① 2017년부터 2020년까지 전년 대비 전체 의료진 수 증가율이 가장 큰 해는 2017년이다.

② 매년 의료진 수가 많은 시설의 순위는 동일하다.

③ 아동복지시설과 여성복지시설의 의료진 수의 차이는 매년 감소하고 있다.

④ 장애인복지시설의 의료진 수는 노인복지시설 의료진 수의 80% 미만이었다가 2020년에 처음으로 80%를 넘어섰다.

⑤ 2018년 아동복지시설의 의료진 수는 아동복지시설 외의 의료진 수의 약 5배이다.

※ 다음은 20,000명을 대상으로 연령대별 운전면허 보유현황을 나타낸 자료이다. 자료를 보고 이어지는 질문에 답하시오. [12~13]

〈연령대별 운전면허 소지현황〉

구분		20대	30대	40대	50대	60대	70대
남성	소지비율	38%	55%	75%	68%	42%	25%
	조사인원	1,800명	2,500명	2,000명	1,500명	1,500명	1,200명
여성	소지비율	22%	35%	54%	42%	24%	12%
	조사인원	2,000명	1,400명	1,600명	1,500명	2,000명	1,000명

12 다음 중 자료에 대한 설명으로 옳지 않은 것은?

① 운전면허 소지비율이 가장 높은 연령대는 남성과 여성이 동일하다.
② 70대 여성의 운전면허 소지비율은 70대 남성 운전면허 소지비율의 절반 이하이다.
③ 전체 조사자 중 20 · 30대가 차지하는 비율은 40% 이상이다.
④ 50대 운전면허 소지자는 1,500명 이상이다.
⑤ 70대 여성 운전면허 소지자는 60대 여성 운전면허 소지자의 25%이다.

13 다음 중 자료에 대한 설명으로 옳은 것은?

① 조사에 참여한 60 · 70대는 남성이 여성보다 많다.
② 40대 여성 운전면허 소지자는 40대 남성의 운전면허 소지자의 55% 이하이다.
③ 20대 남성 운전면허 소지자는 70대 남성 운전면허 소지자의 2.5배 이상이다.
④ 20 · 30대 여성 운전면허 소지자는 전체 조사자의 5% 미만이다.
⑤ 모든 연령에서 여성 조사자는 남성 조사자보다 적다.

※ 다음은 2010년과 2020년의 사교육 현황을 조사한 자료이나. 자료를 보고 이어지는 질문에 답하시오. [14~15]

〈2010년, 2020년 학년별 사교육 현황〉

(단위 : %)

구분	유치원생		초등학생		중학생		고등학생	
	2010년	2020년	2010년	2020년	2010년	2020년	2010년	2020년
입시	8	9.8	48	60	56	77	64	86.4
어학원	6	9.6	26	35	16	11	14	6
운동	50	58	65	52	44	28	28	16
음악	68	42	55	33	12	19	8	5.5
미술	21	28	27	22	2.6	3.4	11	12.2
연기	1.5	1.8	2.4	1.8	0.4	5.2	4.2	18.2
요리	0.2	0.6	4.2	3.5	0.2	14.5	2.1	5.2

※ 교육은 중복 수강이 가능하다.

14 다음 중 자료에 대한 설명으로 옳은 것은?

① 2010년 대비 2020년 입시 교육 증가율은 중학생이 고등학생보다 3%p 더 높다.
② 2020년 입시 교육을 받는 초등학생은 2010년보다 증가하였다.
③ 2010년 초등학생 중 운동과 음악을 중복하여 수강하는 학생 수는 최소 10%이다.
④ 2010년 대비 2020년 어학원을 수강하는 비율은 모든 학년에서 증가하였다.
⑤ 2010년 초등학생 응답자가 250명이고, 운동과 미술은 다른 교육과 중복하여 수강하지 않았다고 할 때, 응답자 중 운동과 미술을 수강하지 않은 초등학생은 20명이다.

15 다음 중 자료에 대한 설명으로 옳은 것은?

① 2010년과 2020년의 입시교육 비율 차는 중학생이 초등학생의 1.5배이다.
② 유치원생의 2010년 대비 2020년의 어학원수강 증가율은 70% 이상이다.
③ 2010년 대비 2020년 초등학생의 사교육 비율은 입시를 제외하고 모두 감소하였다.
④ 2010년과 2020년의 운동 수강 비율을 학년별로 높은 순서대로 나열하면 동일하다.
⑤ 2010년 대비 2020년 고등학생의 사교육 중 수강비율이 증가한 것은 4가지이다.

※ 다음은 남성 2,000명, 여성 2,400명을 대상으로 관심도서 현황을 조사한 자료이다. 자료를 보고 이어지는 질문에 답하시오. [16~17]

〈성별 및 연령대별 조사자 수〉

(단위 : 명)

구분	10대	20대	30대	40대	50대	60대	전체
남성	150	450	540	370	280	210	2,000
여성	360	480	840	360	240	120	2,400

〈연령대별 관심도서 – 남성〉

구분	10대	20대	30대	40대	50대	60대
1위	수험서	수험서	경제	자기계발	경제	종교
2위	만화	여행	수험서	경제	종교	경제
3위	자기계발	경제	자기계발	여행	역사	소설・시
4위	여행	자기계발	만화	만화	만화	역사
5위	소설・시	만화	육아	종교	소설・시	만화

〈연령대별 관심도서 – 여성〉

구분	10대	20대	30대	40대	50대	60대
1위	수험서	수험서	육아	요리	잡지	잡지
2위	여행	요리	요리	자기계발	소설・시	종교
3위	자기계발	육아	자기계발	소설・시	경제	소설・시
4위	요리	여행	소설・시	육아	여행	여행
5위	소설・시	자기계발	여행	여행	종교	경제

※ 단, 남녀 각각 동일한 나이 대에는 동일한 순위가 없다.

16 다음 중 자료에 대한 설명으로 옳은 것은?

① 남성・여성 각각 조사자 수가 가장 많은 연령대와 가장 적은 연령대는 동일하다.

② 남성의 60대 조사자 수는 남성 50대 조사자 수의 75%에 해당한다.

③ 20대부터 40대까지 여성의 관심도서 순위 내에만 육아 또는 요리 관련도서가 포함된다.

④ 남성과 여성 모두 30대까지는 관심도서 순위 내에 수험서 관련도서가 포함되지만 그 이후에는 순위 내에 포함되지 않는다.

⑤ 20대 남성의 20%가 여행도서에 관심이 있다면, 수험서에 관심 있는 20대 남성은 80명보다 많다.

17 다음 중 자료에 대한 설명으로 옳지 않은 것은?

① 남성·여성 모두 20·30대 조사자 수의 합은 전체 조사자 수의 절반 이상이다.

② 전체조사자 중 60대는 8% 이하이다.

③ 20대 이상 남성의 관심도서 3위 내에는 경제 관련도서가 포함된다.

④ 남성의 전 연령대에서 순위 안에 드는 관심도서는 만화이고, 여성은 여행이다.

⑤ 50대 여성의 관심도서가 1·2위가 65%이고, 그 중 25%가 소설·시에 관심이 있다면, 잡지에 관심 있는 여성은 117명이다.

18 한국도로공사에서 여러 노선 중 사람들이 많이 이용하는 노선을 선정하여 졸음쉼터의 개수 현황을 주차면수에 따라 정리한 것이다. 다음 〈조건〉에 따라 A, B, C, D에 들어갈 알맞은 수는 무엇인가?(단, 졸음쉼터 개수는 소수점 이하 첫째 자리에서 반올림한다)

〈졸음쉼터 현황〉

(단위 : 곳)

구분	방향		주차면수			
			10개 미만	10개 이상 20개 미만	20개 이상 30개 미만	30개 이상
경부선	서울	부산	11	8	A	2
	12	12				
영동선	인천	강릉	6	B	0	1
	6					
중앙선	춘천	부산	11	0	0	2
	7	6				
호남선	천안	순천	13	7	0	0
	11	9				
서해안선	서울	목포	16	C	1	D
	11	10				

조건

• A는 경부선 전체 졸음쉼터 개수의 12.5%를 차지한다.
• 다섯 노선의 주차면수가 10개 이상 20개 미만인 졸음쉼터 중에서 B는 30%를 차지한다.
• C는 B보다 5만큼 작고, D보다 2만큼 크다.
• 서해안선에 있는 주차면수가 10개 미만인 졸음쉼터 개수의 6.25%는 D와 같다.

	A	B	C	D
①	1	7	1	2
②	1	7	3	1
③	3	8	1	2
④	3	8	3	1
⑤	3	7	3	1

19 다음은 지역별 교통사고 · 화재 · 산업재해 현황에 관한 자료이다. 표를 그래프로 나타낸 것으로 적절하지 않은 것은?(단, 비중은 소수점 이하 둘째 자리에서 반올림한다)

〈교통사고 · 화재 · 산업재해 건수〉

(단위 : 건)

구분	교통사고	화재	산업재해
서울	3,830	5,890	3,550
인천	4,120	4,420	5,210
경기	4,010	3,220	4,100
강원	1,100	3,870	1,870
대전	880	1,980	1,120
충청	1,240	1,290	2,880
경상	1,480	1,490	2,540
전라	2,180	2,280	2,920
광주	920	980	1,110
대구	1,380	1,490	2,210
울산	1,120	920	980
부산	3,190	2,090	3,120
제주	3,390	2,880	3,530
합계	28,840	32,800	35,140

〈교통사고 · 화재 · 산업재해 사망자 및 피해금액〉

구분	교통사고	화재	산업재해
사망자 수(명)	12,250	21,220	29,340
피해액(억 원)	1,290	6,490	1,890

※ 수도권은 서울 · 인천 · 경기 지역이다.

① 교통사고의 수도권 및 수도권 외 지역 발생건수   ② 화재의 수도권 및 수도권 외 지역 발생건수

③ 산업재해의 수도권 및 수도권 외 지역 발생건수

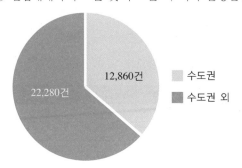

④ 전국 교통사고·화재·산업재해 건수 및 피해액

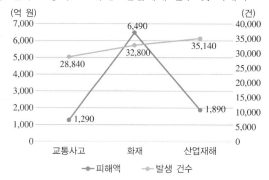

⑤ 피해금액별 교통사고·화재·산업재해 비중

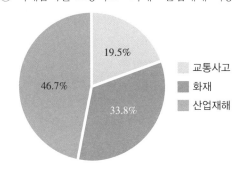

안심Touch

20 다음은 A물고기와 B물고기 알의 부화 예정일로부터 기간별 부화 개수이다. 다음과 같이 기간별 부화수가 일정하게 유지된다면 9번째 주에 부화되는 알의 수는 몇 개인가?

〈A, B물고기 알의 부화 수 변화〉

(단위 : 개)

구분	1번째 주	2번째 주	3번째 주	4번째 주	5번째 주
A물고기	3	4	6	10	18
B물고기	1	2	4	8	16

     A물고기 알의 부화 수   B물고기 알의 부화 수
①   130개   128개
②   256개   128개
③   256개   256개
④   258개   128개
⑤   258개   256개

정답 및 해설 p.040

01 한 직선 위에서 시속 1km의 속도로 오른쪽으로 등속 운동하는 두 물체가 있다. 이 직선상에서 두 물체의 왼쪽에 있는 한 점 P로부터 두 물체까지의 거리의 비는 현재 4 : 1이다. 13시간 후 P로부터의 거리의 비가 7 : 5가 된다면 현재 P로부터 두 물체까지의 거리는 각각 몇 km인가?

① 6km, 2km

② 8km, 2km

③ 12km, 3km

④ 18km, 32km

⑤ 12km, 18km

02 다음 중 서로 다른 3개의 주사위를 동시에 던졌을 때, 나온 숫자의 합이 6이 되는 확률은?

① $\dfrac{5}{108}$

② $\dfrac{1}{18}$

③ $\dfrac{11}{216}$

④ $\dfrac{7}{108}$

⑤ $\dfrac{1}{9}$

안심Touch

03 다음은 2020년 4분기 품목별 주요수출 애로현황이다. 다음 〈보기〉에서 자료에 대한 옳은 설명을 한 사람을 모두 고르면?(단, 구성비는 각 업종별 기업들이 여러 애로요인들 중 가장 개선이 시급한 애로사항으로 응답한 비율이며, 기타 사유는 없다)

〈2020년 4분기 품목별 주요수출 애로요인〉

(단위 : %)

업종	1위		2위	
	사유	구성비	사유	구성비
농수산물	원화환율 변동성 확대	17.5	원재료 가격상승	14.2
철강 및 비철금속 제품	원재료 가격상승	16.0	수출대상국의 경기부진	12.7
가전제품	원재료 가격상승	19.4	물류비용 상승	13.9
기계류	수출 대상국의 경기부진	15.7	바이어의 가격인하 요구	13.9
반도체	원재료 가격상승	18.7	바이어의 가격인하 요구	12.0
전기·전자 제품	원재료 가격상승	16.4	수출대상국의 경기부진	14.0
생활용품	수출대상국의 경기부진	14.2	원재료 가격상승	13.8

보기

· 김 대리 : 기계류와 반도체를 모두 생산하는 S기업은 주요수출 애로요인 1순위로 원재료 가격상승을 뽑았을 거야.
· 유 주임 : 반도체 업종의 기업 중 주요수출 애로요인으로 수출대상국의 경기부진을 꼽은 기업의 구성비는 전기·전자제품에 비해 낮아.
· 최 사원 : 생활용품에 비해 농수산물이 환율 변화에 크게 영향을 받는 업종이네.
· 박 과장 : 조사에 참여한 모든 기업들 중 가장 많은 기업들이 애로요인으로 뽑은 항목은 원재료 가격상승이다.

① 김 대리, 유 주임
② 김 대리, 최 사원
③ 유 주임, 최 사원
④ 유 주임, 김 과장
⑤ 최 사원, 김 과장

04 다음은 연도별 국가지정문화재 현황에 관한 자료이다. 이에 대한 설명으로 옳은 것을 모두 고르면?

〈연도별 국가지정문화재 현황〉

(단위 : 건)

구분	2015년	2016년	2017년	2018년	2019년	2020년
합계	3,385	3,459	3,513	3,583	3,622	3,877
국보	314	315	315	315	317	328
보물	1,710	1,758	1,774	1,813	1,842	2,060
사적	479	483	485	488	491	495
명승	82	89	106	109	109	109
천연기념물	422	429	434	454	455	456
국가무형문화재	114	116	119	120	122	135
중요민속문화재	264	269	280	284	286	294

㉠ 2016년에서 2020년까지 전년 대비 전체 국가지정문화재가 가장 많이 증가한 해는 2020년이다.

㉡ 국보 문화재는 2015년보다 2020년에 지정된 건수가 증가했으며, 전체 국가지정문화재에서 차지하는 비중 또한 증가했다.

㉢ 2015년 대비 2020년 국가지정문화재 건수의 증가율이 가장 높은 문화재 종류는 명승 문화재이다.

㉣ 조사기간 중 사적 문화재 지정 건수는 매해 국가무형문화재 지정 건수의 4배가 넘는 수치를 보이고 있다.

① ㉠, ㉡　　　　　　　　　　② ㉠, ㉢

③ ㉡, ㉢　　　　　　　　　　④ ㉡, ㉣

⑤ ㉢, ㉣

05 다음은 가구의 자녀 수 및 민영생명보험 가입여부에 따른 가입 보험 비율에 대한 자료이다. 다음 자료에 대한 설명으로 옳지 않은 것은?

〈가구의 자녀 수 및 민영생명보험 가입여부에 따른 가입 보험 비율〉

(단위 : %)

구분		상해/재해 보장보험	질병보장 보험	연금 보험	저축성 보험	사망보장 보험	변액 보험	실손의료 보험	기타 보험
전체		46.6	81.8	24.3	8.6	19.8	8.4	56.8	4.8
자녀 수	0명	37.7	77.9	16.7	4.1	12.2	4.8	49.2	3.3
	1명	52.1	84.8	27.9	7.8	18.5	9.5	56.5	5.8
	2명	49.6	83	28.9	12.2	27.2	10.9	62.1	4.8
	3명 이상	64.2	86	24.7	20.6	26.1	10.1	80.3	11.9
민영생명 보험	가입	47.4	82.7	24.8	8.8	20.5	8.8	58.2	4.8
	비가입	27.5	60.2	13.1	3.6	3.6	0	24.7	4.5

※ '전체'에 해당하는 비율은 전체 가구 수에서 각 보험에 가입한 비율이다.
※ 민영생명보험 가입에 해당하는 비율은 민영생명보험에 가입한 가구들 중 보험에 가입한 가구 수의 비율이다(비가입 비율도 동일하다).

① 전체 가구 중 질병보장보험에 가입한 가구 수는 사망보장보험에 가입한 가구 수의 4배 이상이다.
② 자녀 수가 1명인 가구 중에는 3개 이상의 보험에 중복 가입한 가구가 있다.
③ 민영생명보험에 가입한 가구 중 실손의료보험에 가입한 비율은 민영생명보험에 가입하지 않은 가구 중 실손의료 보험에 가입한 가구 수 비율의 2배 이상이다.
④ 자녀 수가 2명 이상인 가구 중 변액보험에 가입한 가구의 수는 10.0% 이상이다.
⑤ 자녀가 없는 가구 중 상해/재해보장보험에 가입한 가구 수는 자녀가 2명인 가구 중 연금보험에 가입한 가구 수보다 많다.

06 다음은 S사의 2016년부터 2020년까지 부채현황에 관한 자료이다. 〈보기〉의 직원 중 다음 부채현황에 대해 옳은 설명을 한 사람을 모두 고르면?

〈S사 부채현황〉

(단위 : 백만 원)

구분	2016년	2017년	2018년	2019년	2020년
자산	40,544	41,968	44,167	44,326	45,646
자본	36,642	38,005	39,295	40,549	41,800
부채	3,902	3,963	4,072	3,777	3,846
금융부채	–	–	–	–	–
연간이자	–	–	–	–	–
부채비율	10.7%	10.4%	10.4%	9.3%	9.2%
당기순이익	1,286	1,735	1,874	1,902	1,898

보기

- 김 대리 : 2017년부터 2019년까지 당기순이익과 부채의 전년 대비 증감 추이는 동일해.
- 이 주임 : 2019년 부채의 전년 대비 감소율은 10% 미만이다.
- 최 주임 : 2018년부터 2020년까지 부채비율은 전년 대비 매년 감소했어.
- 박 사원 : 자산 대비 자본의 비율은 2019년에 전년 대비 증가했어.

① 김 대리, 이 주임
② 김 대리, 최 주임
③ 이 주임, 최 주임
④ 이 주임, 박 사원
⑤ 최 주임, 박 사원

07 다음은 김포공항의 2019년과 2020년 에너지 소비량 및 온실가스 배출량에 대한 자료이다. 〈보기〉의 설명 중 다음 자료에 대한 설명으로 옳은 것을 모두 고르면?

〈김포공항 에너지 소비량〉

(단위 : TOE)

구분	에너지 소비량									
	합계	건설 부문				이동 부문				
		소계	경유	도시가스	수전전력	소계	휘발유	경유	도시가스	천연가스
2019년	11,658	11,234	17	1,808	9,409	424	25	196	13	190
2020년	17,298	16,885	58	2,796	14,031	413	28	179	15	191

〈김포공항 온실가스 배출량〉

(단위 : 톤CO_2eq)

구분	온실가스 배출량				
	합계	고정 연소	이동 연소	공정 배출	간접 배출
2019년	30,823	4,052	897	122	25,752
2020년	35,638	6,121	965	109	28,443

보기

ㄱ. 에너지 소비량 중 이동 부문에서 경유가 차지하는 비중은 2020년에 전년 대비 10%p 이상 감소하였다.
ㄴ. 건설 부문의 도시가스 소비량은 2020년에 전년 대비 30% 이상 증가하였다.
ㄷ. 2020년 온실가스 배출량 중 간접 배출이 차지하는 비중은 2019년 온실가스 배출량 중 고정 연소가 차지하는 비중의 5배 이상이다.

① ㄱ
② ㄴ
③ ㄱ, ㄷ
④ ㄴ, ㄷ
⑤ ㄱ, ㄴ, ㄷ

08 다음은 주요 SNS 관련 회사의 분기별 매출액 및 영업이익에 대한 자료이다. 이에 대한 설명으로 옳은 것은?(단, 소수점 이하 둘째 자리에서 반올림한다)

〈분기별 매출액 및 영업이익 현황〉

(단위 : 억 원)

구분		2019년				2020년	
		1분기	2분기	3분기	4분기	1분기	2분기
A사	매출액	5,748	5,902	6,204	6,584	6,890	7,152
	영업이익	509	583	611	652	690	711
B사	매출액	8,082	8,221	8,298	8,492	8,550	8,592
	영업이익	787	790	840	859	888	905
C사	매출액	3,410	3,560	3,981	4,201	4,852	4,656
	영업이익	291	302	341	355	369	302
D사	매출액	2,810	3,303	3,210	3,031	3,482	3,287
	영업이익	285	293	300	328	320	305
E사	매출액	4,830	5,020	5,520	5,921	5,520	6,102
	영업이익	849	902	920	915	882	894

※ 영업이익률 $=\dfrac{(영업이익)}{(매출액)}\times100$

① C사의 2020년 2분기 영업이익률은 직전 분기 대비 증가하였다.
② 2019년 1분기에서 2020년 2분기까지 D사의 매출액이 가장 높은 분기는 영업이익도 가장 높다.
③ 2020년 1분기 매출액이 가장 높은 회사와 가장 낮은 회사의 매출액의 차이는 영업이익 차이의 10배 이상이다.
④ 2019년 E사의 매출액이 가장 높은 분기의 영업이익률은 매출액이 가장 낮은 분기의 영업이익률보다 낮다.
⑤ 2020년 1분기 매출액이 전년도 동분기 대비 가장 많이 증가한 곳은 A사이다.

09 다음은 주요 10개국의 주요 지표에 관한 자료이다. 이에 대한 설명 중 옳은 것은?

〈국가별 주요 지표〉

(단위 : %)

구분	인간개발 지수	최근 국회의원 선거 투표율	GDP 대비 공교육비 비율	인터넷 사용률	1인당 GDP(달러)
벨기에	0.896	92.5	6.4	85	41,138
불가리아	0.794	54.1	3.5	57	16,956
칠레	0.847	49.3	4.6	64	22,145
도미니카공화국	0.722	69.6	2.1	52	13,375
이탈리아	0.887	75.2	4.1	66	33,587
대한민국	0.901	58.0	4.6	90	34,387
라트비아	0.830	58.9	4.9	79	22,628
멕시코	0.762	47.7	5.2	57	16,502
노르웨이	0.949	78.2	7.4	97	64,451
러시아	0.804	60.1	4.2	73	23,895

① 인터넷 사용률이 60% 미만인 나라의 수와 최근 국회의원 선거 투표율이 50% 이하인 나라의 수는 같다.

② GDP 대비 공교육비 비율이 가장 낮은 나라는 최근 국회의원 선거 투표율도 가장 낮다.

③ 대한민국은 GDP 대비 공교육비 비율 하위 3개국 중 하나이다.

④ 1인당 GDP가 가장 높은 국가는 인간개발지수도 가장 높다.

⑤ GDP 대비 공교육비 비율과 인터넷 사용률이 높은 국가 순위에서 각 1∼3위는 같다.

10 다음은 연령별 남녀 유권자 수 및 투표율 현황을 지역별로 조사한 자료이다. 자료에 대한 설명으로 옳은 것은?(단, 비율은 소수점 이하 둘째 자리에서 반올림한다)

〈연령별 남녀 유권자 수 및 투표율 현황〉

(단위 : 천 명)

구분 지역	성별	10대	20대	30대	40대	50대 이상	전체
서울	남성	28(88%)	292(72%)	442(88%)	502(94%)	481(88%)	1,745
	여성	22(75%)	300(78%)	428(82%)	511(96%)	502(93%)	1,763
경기	남성	24(78%)	271(69%)	402(92%)	448(79%)	482(78%)	1,627
	여성	21(82%)	280(88%)	448(95%)	492(85%)	499(82%)	1,740
인천	남성	23(84%)	302(92%)	392(70%)	488(82%)	318(64%)	1,523
	여성	20(78%)	288(88%)	421(86%)	511(98%)	302(58%)	1,542
충청	남성	12(82%)	182(78%)	322(78%)	323(83%)	588(92%)	1,427
	여성	15(92%)	201(93%)	319(82%)	289(72%)	628(98%)	1,452
전라	남성	11(68%)	208(94%)	221(68%)	310(76%)	602(88%)	1,352
	여성	10(72%)	177(88%)	284(92%)	321(84%)	578(76%)	1,370
경상	남성	8(71%)	158(76%)	231(87%)	277(88%)	602(91%)	1,276
	여성	9(73%)	182(83%)	241(91%)	269(83%)	572(82%)	1,273
제주	남성	4(76%)	102(88%)	118(69%)	182(98%)	201(85%)	607
	여성	3(88%)	121(94%)	120(72%)	177(95%)	187(79%)	608
전체		210	3,064	4,389	5,100	6,542	19,305

※ 투표율은 해당 유권자 중 투표자의 비율이다.

① 남성 유권자 수가 다섯 번째로 많은 지역의 20대 투표자 수는 35만 명 이하이다.
② 지역 유권자가 가장 적은 지역의 유권자 수는 전체 지역 유권자 수에서 6% 미만을 차지한다.
③ 전 지역의 50대 이상 유권자 수가 모든 연령대의 유권자 수에서 차지하는 비율은 30% 이상 35% 미만이다.
④ 20대 여성투표율이 두 번째로 높은 지역의 20대 여성 유권자 수는 20대 남성 유권자 수의 1.2배 이상이다.
⑤ 인천의 여성투표율이 세 번째로 높은 연령대와 같은 연령대의 경상 지역 남녀 투표자 수는 남성이 여성보다 많다.

11 다음은 2019 ~ 2020년 상품군별 온라인쇼핑 거래액을 정리한 표이다. 표에 대한 해석으로 옳지 않은 것을 〈보기〉에서 모두 고르면?(단, 소수점 이하 둘째 자리에서 반올림한다)

〈상품군별 온라인쇼핑 거래액〉

(단위 : 억 원, %)

구분		2019년		2020년		전년 동월 대비	
		연간	7월	6월	7월	증감액	증감률
가전		203,242	17,037	21,019	20,494	3,457	20.3
	컴퓨터 및 주변기기	57,542	4,401	5,351	6,089	1,688	38.4
	가전・전자・통신기기	145,700	12,636	15,668	14,405	1,769	14.0
식품		169,629	13,572	18,652	20,608	7,036	51.8
	음・식료품	134,287	10,897	14,502	15,987	5,090	46.7
	농축수산물	35,342	2,675	4,150	4,621	1,946	72.7
생활		157,777	12,588	19,231	18,588	6,000	47.7
	생활용품	100,461	8,245	11,752	12,201	3,956	48.0
	자동차 및 자동차용품	13,324	961	2,597	1,570	609	63.4
	가구	34,756	2,616	4,002	3,856	1,240	47.4
	애완용품	9,236	766	880	961	195	25.5
서비스		338,997	29,929	22,971	26,503	−3,426	−11.4
	여행 및 교통서비스	174,759	16,060	5,980	7,779	−8,281	−51.6
	문화 및 레저서비스	22,127	1,955	432	630	−1,325	−67.8
	e쿠폰서비스	33,239	2,785	3,092	3,321	536	19.2
	음식서비스	97,328	8,287	12,524	13,780	5,493	66.3
	기타서비스	11,544	842	943	993	151	17.9

※ 전년 동월 대비는 2019년 7월 대비 2020년 7월 비율을 나타낸다.
※ '가전, 식품, 생활, 서비스'는 상품군이며, 그 아래 항목을 '하위 항목 상품'이라 한다.

보기

ㄱ. 2019년 7월의 온라인쇼핑 거래액이 1조 원 이상인 하위 항목 상품 중에서 전년 동월 대비 2020년 7월 거래액이 감소율을 나타낸 상품은 1가지이다.

ㄴ. 2020년 7월 서비스 상품군 온라인쇼핑 거래액의 전월 대비 증감률은 생활 상품군 온라인쇼핑 거래액의 전월 대비 증감률의 5배 이상이다.

ㄷ. 가전과 식품 상품군에서 각각 2019년 동안 온라인쇼핑 거래액의 30% 미만인 하위 항목 상품들의 2020년 6월 온라인쇼핑 총 거래액은 1조 원을 넘는다.

ㄹ. 하위 항목 상품 중에서 전년 동월 대비 2020년 7월 온라인쇼핑 거래액 증감액이 가장 적은 상품은 서비스 상품군에 속한다.

① ㄱ, ㄴ
② ㄴ, ㄷ
③ ㄱ, ㄷ
④ ㄴ, ㄹ
⑤ ㄷ, ㄹ

※ 다음은 2018 ~ 2020년 영화 범주별 자료를 나타낸 자료이다. 자료를 보고 이어지는 물음에 답하시오. **[12~13]**

<2018 ~ 2020년 영화 범주별 자료>

구분		상업영화	예술영화	다큐멘터리	애니메이션
평균 제작비 (억 원)	2018년	138	27.6	3	69
	2019년	160	40	3.2	96
	2020년	180	41.4	3.8	99
평균 손익분기점 (만 명)	2018년	420	96.6	5	125
	2019년	450	104	8	158
	2020년	495	103.5	7	172
평균 총 관객 수 (만 명)	2018년	550	95	11	185
	2019년	700	130	8	166
	2020년	660	115	6	154

※ (티켓값)×(평균 손익분기점)=(극장·영진위 등 평균지급비용)+(투자배급사 평균 수익)
※ (평균 제작비)=(투자배급사 평균 수익)

12 다음 〈자료〉를 참고하여 〈보기〉에서 옳은 것을 모두 고르면?

〈자료〉

• 2017년 평균 제작비
상업영화 120억 원, 예술영화 18억 원, 다큐멘터리 5억 원, 애니메이션 66억 원

보기

㉠ 2018 ~ 2020년 사이 영화 범주별 평균 제작비는 매년 전년 대비 증가하고 있다.
㉡ 상업영화의 전년 대비 평균 제작비 상승률은 2018년도가 2020년보다 3%p 높다.
㉢ 1만 명당 비용을 1억 원으로 계산할 때, 2020년 상업영화의 평균 손익분기점 수치는 평균 제작비 수치의 2.8배 미만이다.
㉣ 2019년의 상업영화 티켓값이 10,000원이라면 극장·영진위 등 평균 지급비용은 290억 원이다.

① ㉠, ㉡ 　　　　　　　　　　　② ㉠, ㉢
③ ㉡, ㉢ 　　　　　　　　　　　④ ㉡, ㉣
⑤ ㉢, ㉣

13 다음 중 자료에 대한 설명으로 가장 적절하지 않은 것을 고르면?

① 2019 ~ 2020년에 영화의 평균 제작비는 전년 대비 증가하였다.
② 2019년 애니메이션의 평균 제작비는 상업영화의 60%이며, 다큐멘터리 평균 제작비의 30배이다.
③ 2019년 다큐멘터리의 평균 제작비는 상업영화의 평균 제작비의 2%이다.
④ 2018년에 개봉한 모든 예술영화는 손익분기점을 넘지 못하였다.
⑤ 2020년 상업영화와 예술영화의 평균 총 관객 수는 평균 손익분기점을 넘어섰지만, 다큐멘터리와 애니메이션은 넘지 못하였다.

※ 다음은 주요 국가별 연평균독서량을 조사한 자료이다. 자료를 보고 이어지는 질문에 답하시오. [14~15]

〈국가별 연평균독서량〉

(단위 : 권)

국가	월평균독서량		
	남성	여성	전체
아시아	13	18	15
한국	10	14	13
호주	15	5	7
중국	15	21	17
인도	20	25	23
싱가폴	7	10	8
유럽	18	21	20
독일	16	20	18
러시아	20	25	23
스페인	19	25	21
영국	14	21	18
프랑스	19	17	18
아메리카	12	18	14
멕시코	12	5	7
캐나다	5	19	12
미국	10	18	12
브라질	19	16	17

〈대륙별 응답자 수〉

(단위 : 명)

구분	아시아	유럽	아메리카	전체
응답자 수	4,000	3,300	2,700	10,000

※ (전체 월평균독서량)＝$\dfrac{\text{(남성 월평균독서량)×(남성 인원수)＋(여성 월평균독서량)×(여성 인원수)}}{\text{(전체 인원수)}}$

14 다음 중 자료에 대한 설명으로 옳지 않은 것은?

① 유럽에서 유럽 전체의 월평균독서량보다 많은 국가는 두 곳이다.

② 아시아, 유럽, 아메리카의 남성 월평균독서량은 각각의 전체 월 평균 독서량보다 적다.

③ 남성이 여성보다 월평균독서량이 많은 국가는 대륙별로 한 곳뿐이다.

④ 유럽의 여성 응답자 수는 남성 응답자 수의 2배이다.

⑤ 남성과 여성의 월평균독서량 차이가 가장 큰 국가는 캐나다이다.

15 다음 〈보기〉에서 옳은 것을 모두 고르면?

> **보기**
>
> ㉠ 아시아와 아메리카에서는 남성응답자가 여성응답자보다 많고, 유럽에서는 그 반대이다.
>
> ㉡ 중국의 월평균독서량은 한국보다는 많고 인도보다는 적다.
>
> ㉢ 아메리카 내에서 캐나다의 남성 월평균독서량은 가장 적지만 여성 월평균독서량은 가장 많다.
>
> ㉣ 대륙별로 남성 응답자 수가 많은 순서와 여성 응답자 수가 많은 순서는 반대이다.

① ㉠, ㉡, ㉢   ② ㉠, ㉡, ㉣

③ ㉠, ㉢, ㉣   ④ ㉡, ㉢, ㉣

⑤ ㉠, ㉡, ㉢, ㉣

※ 다음은 1차·2차·3차 병원 의료기관에 대한 자료이다. 자료를 보고 이어지는 물음에 답하시오. **[16~17]**

〈1차·2차·3차 병원 의료기관 현황〉

구분		1차 병원 (의원·보건소)	2차 병원 (종합병원)	3차 병원 (대학부속병원·상급종합병원)
평균 진료과목(개)		1	8	12
평균 병상 수(개)		15	84	750
평균 인원 (명)	의료종사자	7.2	40.7	3,125
	간호사	0.9	7.4	350
	의사	1.5	5.5	125
월평균 급여 (만 원)	의료종사자	180	240	300
	간호사	225	312	405
	의사	810	1,200	1,650
평균 일 근무시간 (시)	의료종사자	8	7	5
	간호사	6	7	9
	의사	10	9	5

※ 의료종사자 : 의사, 간호사, 임상병리사, 방사선사 등

16 다음 중 자료에 대한 설명으로 옳지 않은 것은?

① 3차 병원의 평균진료과목 수는 2차 병원의 1.5배이다.
② 2차 병원의 평균의사 수는 3차 병원의 5% 미만이다.
③ 1차 병원을 제외하고 평균 간호사 수는 의사 수보다 많다.
④ 1차 병원 의료종사자의 월평균 급여는 2차 병원의 80%, 3차 병원의 65% 수준이다.
⑤ 1차에서 3차 병원으로 갈 때, 의사와 간호사의 평균 근무시간의 증감추이는 반대이다.

17 다음 〈보기〉 설명 중 옳지 않은 것을 모두 고르면?

> **보기**
> ㉠ 2차 병원과 3차 병원의 평균 진료과목당 평균 병상 수의 차이는 50개이다.
> ㉡ 3차 병원의 의사 수는 평균 의료종사자 수의 4%이다.
> ㉢ 3차 병원에서 간호사·의사를 제외한 의료종사자의 급여로 지급되는 비용은 평균 58억 원 이상이다.

① ㉠ ② ㉡
③ ㉢ ④ ㉠, ㉡
⑤ ㉠, ㉢

18 다음은 2016년부터 2020년까지 A기업의 매출액과 원가 그리고 판관비를 나타낸 표이다. 자료를 참고하여 그래프로 나타낸 것으로 옳은 것은?

(단위 : 억 원)

구분	2016년	2017년	2018년	2019년	2020년
매출액	1,485	1,630	1,410	1,860	2,055
매출원가	1,360	1,515	1,280	1,675	1,810
판관비	30	34	41	62	38

※ 영업이익＝매출액－(매출원가＋판관비)
※ 영업이익률＝영업이익÷매출액×100

① 2016 ~ 2020년 영업이익

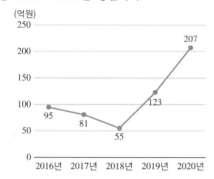

② 2016 ~ 2020년 영업이익

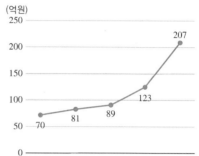

③ 2016 ~ 2020년 영업이익률

④ 2016 ~ 2020년 영업이익률

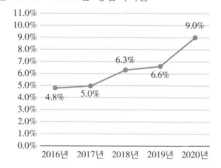

⑤ 2016 ~ 2020년 영업이익률

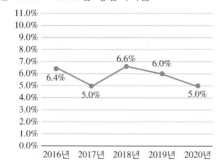

19 다음은 실내공간 1m³당 환기시간에 따른 미세먼지 양을 나타낸 자료이다. 미세먼지와 환기시간의 관계가 주어진 자료와 식과 같을 때 ㉠과 ㉡에 들어갈 숫자로 알맞은 것은?

<환기시간에 따른 미세먼지>

환기시간(시간)	1	2	3	4
미세먼지(μg/m³)	363	192	㉠	㉡

※ (미세먼지) $= a \times$ (환기시간)$^2 + \dfrac{b}{(환기시간)}$

	㉠	㉡
①	143	130
②	145	138
③	145	130
④	147	138
⑤	147	130

20 다음은 각기 다른 두 가지 조건에서 대장균을 배양하는 실험을 한 결과이다. 다음과 같이 일정한 변화가 지속될 때, 10시간 경과 후 대장균의 개체 수는 각각 몇 마리인가?

(단위 : 마리)

구분	1시간	2시간	3시간	4시간	5시간
환경 A	10	11	13	17	25
환경 B	10	21	43	87	175

	환경 A	환경 B
①	41	351
②	73	703
③	137	1,407
④	265	2,815
⑤	521	5,631

GSAT 삼성직무적성검사 수리논리

문항 수	제한시간	비고
20문항	30분	객관식 5지선다형

최신기출문제로 기출 유형과 출제 경향을 파악하고, 이론과 함께 다양한 문제를 풀었다면 이제는 실전과 같은 연습이 필요하다. 실제 시험과 동일하게 구성한 최종점검 모의고사를 3회분 수록하였다. 시험시간을 엄수하면서 풀면서 실전 감각을 끌어올려 보자.

PART 3

최종점검
모의고사

제 **1** 회 # 최종점검 모의고사

정답 및 해설 p.050

01 철도 길이가 720m인 터널이 있다. A기차는 터널을 완전히 빠져나갈 때까지 56초가 걸리고, 기차 길이가 A기차보다 40m 짧은 B기차는 160초가 걸렸다. 두 기차가 터널 양 끝에서 동시에 출발하면 $\frac{1}{4}$ 지점에서 만난다고 할 때, B기차의 길이는 얼마인가?(단, 기차 속력은 일정하다)

① 50m   ② 60m

③ 70m   ④ 80m

⑤ 90m

02 경현이는 친구들과 같이 방탈출 게임을 시작하였다. 방탈출 게임은 1번부터 4번까지 미션을 3개 이상 성공해야 방탈출이 가능하다. 경현이와 친구들이 1번 미션을 성공할 확률은 $\frac{5}{6}$, 2번 미션을 성공할 확률은 $\frac{3}{5}$, 3번 미션과 4번 미션은 각각 $\frac{1}{3}$로 같을 경우, 방탈출을 할 수 있는 확률은?(단, 확률의 분자와 분모는 서로소이다)

① $\frac{1}{90}$ ② $\frac{2}{9}$

③ $\frac{83}{270}$ ④ $\frac{13}{45}$

⑤ $\frac{44}{135}$

다음은 연령대별 출퇴근 이용방법에 대한 자료이다. 이에 대한 설명으로 옳지 않은 것은?

〈연령대별 출퇴근 이용방법〉

(단위 : %)

구분	연령대	20대	30대	40대	50대	60대 이상
2015년	도보	7	8	3	9	21
	자전거	3	1	1	1	0
	자가용	11	41	52	64	3
	버스	42	22	28	3	58
	택시	6	10	5	21	1
	지하철	31	18	11	2	17
2020년	도보	11	5	2	10	31
	자전거	5	1	0	1	0
	자가용	14	58	64	71	4
	버스	29	17	22	4	41
	택시	14	13	3	11	2
	지하철	27	6	9	3	22

※ 이용하는 방법이 2가지 이상일 경우, 더 많은 비중을 차지하는 방법으로 한다.
※ 대중교통 : 버스, 택시, 지하철

① 20대의 2015년 대비 2020년 버스와 지하철의 이용률은 감소한 반면, 그 외 방법의 이용률은 증가하였다.
② 모든 연령대에서 각각 2015년과 2020년 출퇴근 이용률이 가장 높은 방법은 동일하다.
③ 2015년과 2020년 대중교통 이용률의 차이는 20대가 30대보다 크다.
④ 2015년과 2020년 모두 40대와 50대의 출퇴근 이용률의 상위 두 개 비율의 합은 80% 이상이다.
⑤ 2015년과 2020년 모두 모든 연령대에서 자전거의 이용비율은 가장 낮다.

04 다음은 2018 ~ 2020년 연도별 각 나라의 출생아 수를 나타낸 표이다. 다음 중 표에 대한 해석으로 옳은 것은?(단, 소수점 이하 셋째 자리에서 반올림한다)

〈국가별 남녀 출생아 수〉

(단위 : 명)

구분	2018년		2019년		2020년	
	남아	여아	남아	여아	남아	여아
한국	224,906	213,514	208,064	198,179	184,308	173,463
싱가포르	21,755	20,430	21,315	19,936	20,408	19,207
브라질	1,512,020	1,440,739	1,435,631	1,367,157	1,473,166	1,400,998
페루	270,774	258,255	267,339	254,927	261,367	250,500
벨기에	62,561	59,713	62,428	59,468	61,179	58,511
독일	378,478	359,097	405,584	386,553	402,517	382,384
그리스	47,294	44,553	47,882	45,016	45,686	42,867
네덜란드	87,427	83,083	88,587	83,933	87,159	82,677
노르웨이	30,242	28,573	30,386	28,504	29,173	27,460
영국	398,760	377,986	397,481	376,905	387,030	367,724

※ (출생아 수)=(남아)+(여아)

※ 출생성비$\left(=\dfrac{(남아)}{(여아)}\times100\right)$는 여아 100명당 남아 수이다.

① 2018 ~ 2020년까지 모든 나라의 출생성비는 지속적으로 감소하였다.
② 싱가포르, 그리스, 노르웨이의 출생성비가 높은 순서는 매년 동일하다.
③ 2018년 대비 2020년 한국의 남아 출생아 수의 감소량은 영국의 남아 출생아 수의 감소량의 3배 이상이다.
④ 2019 ~ 2020년 페루, 벨기에, 그리스의 전년 대비 여아 출생아 수는 감소하는 추세이다.
⑤ 2020년 네덜란드와 영국의 출생성비는 106명 이상이다.

05 다음은 2020년 과목별 사교육비 총액을 나타낸 표이다. 표에 대한 해석으로 〈보기〉에서 옳은 것을 모두 고른 것은?(단, 소수점 이하 셋째 자리에서 반올림한다)

〈과목별 사교육비 총액〉

(단위 : 억 원)

구분	전체	초등학교	중학교	고등학교	일반고
국어	15,013	5,098	2,615	7,300	7,182
영어	61,381	25,797	18,859	16,725	16,239
수학	58,914	16,591	20,112	22,211	21,766
사회·과학	8,503	2,611	2,509	3,383	3,348
논술	6,525	4,201	1,295	1,029	1,017
제2외국어	3,715	2,247	802	666	519
컴퓨터	1,154	728	218	208	122
음악	17,706	12,982	1,896	2,828	2,700
미술	9,119	5,281	856	2,982	2,844
체육	22,524	18,027	2,594	1,903	1,554

※ 일반고는 고등학교의 종류 중 하나이다.

보기

ㄱ. 초등학교의 국어 사교육 금액은 고등학교의 음악과 미술 사교육 금액의 합보다 높다.

ㄴ. 초등학교의 국어, 영어, 수학의 사교육 금액의 합은 고등학교의 국어, 영어, 수학의 사교육 금액의 합보다 낮다.

ㄷ. 전체 대비 일반고의 논술 사교육 금액 비율은 전체 대비 중학교의 컴퓨터 사교육 금액 비율보다 낮다.

ㄹ. 초등학교와 고등학교의 영어 사교육 금액의 차이는 수학 사교육의 금액의 차이보다 낮다.

① ㄱ

② ㄷ

③ ㄱ, ㄴ

④ ㄴ, ㄹ

⑤ ㄱ, ㄷ, ㄹ

06 다음은 코로나19 극복 가능성에 대한 설문조사 결과이다. 자료에 대한 설명으로 옳지 않은 것은?

〈코로나19 극복 가능성에 대한 설문조사 결과〉

(단위 : %)

구분		매우 부정적이다	부정적이다	보통이다	긍정적이다	매우 긍정적이다
성별	남성	9.1	61.2	21.8	6.7	1.2
	여성	11.7	55.6	24.9	6.3	1.5
연령대	10대	2.8	35.2	49.9	11.8	0.3
	20대	4.8	38.2	41.1	10.2	5.7
	30대	11.8	49.2	22.8	13.9	2.3
	40대	14.9	68.2	11.3	3.1	2.5
	50대	17.4	54.2	22.7	4.9	0.8
	60대	17.9	51.2	25.8	4.2	0.9
코로나 감염여부	미확진자	14.2	49.4	26.8	8.4	1.2
	확진자 미완치자	38.2	55.3	1.2	2.7	2.6
	완치자	22.7	33.9	42.8	0.5	0.1
거주	수도권	22.4	45.9	28.1	2.3	1.3
	비수도권	3.2	38.4	55.2	2	1.2

※ 부정적인 반응 : '매우 부정적이다'와 '부정적이다'라는 응답을 포함한다.
※ 긍정적인 반응 : '매우 긍정적이다'와 '긍정적이다'라는 응답을 포함한다.

① 연령대가 높아질수록 '매우 부정적이다'를 선택한 비율이 증가한다.
② 코로나 확진자 중 완치자 수가 미완치자 수의 8배라면 각 응답에서 완치자 수는 미완치자수보다 많다.
③ 30대부터 60대까지 응답 비율이 가장 높은 응답과 가장 낮은 응답은 모두 동일하다.
④ 부정적인 반응 비율의 합과 긍정적인 반응 비율의 합은 모두 남성이 여성보다 높다.
⑤ 비율이 가장 높은 응답과 두 번째로 높은 응답의 차이는 수도권이 비수도권보다 1%p 이상 크다.

07 다음은 2020년 6월부터 10월까지 육량 및 등급별 경락가격에 대한 자료이다. 다음 〈보기〉의 설명 중 자료에 대한 설명으로 옳은 것을 모두 고른 것은?

〈2020년 6 ~ 10월 도매시장 육량 및 등급별 경락가격〉

구분		2020년 06월 두수(두)	경락가격(원/kg)	2020년 07월 두수(두)	경락가격(원/kg)	2020년 08월 두수(두)	경락가격(원/kg)	2020년 09월 두수(두)	경락가격(원/kg)	2020년 10월 두수(두)	경락가격(원/kg)
전체	A	10,775	20,173	9,250	20,590	8,373	21,160	13,805	20,606	8,011	21,162
	B	21,033	18,149	20,243	18,705	20,654	19,167	30,750	18,751	17,705	19,177
	C	10,246	17,032	10,326	17,455	10,002	17,693	15,087	17,217	9,149	17,729
한우	A	10,165	20,814	8,607	21,412	7,948	21,746	13,000	21,262	7,620	21,726
	B	17,775	19,772	17,311	20,300	18,127	20,479	26,565	20,154	15,270	20,642
	C	8,666	18,471	8,610	19,074	8,344	19,275	12,368	18,867	7,516	19,397
젖소	A	24	6,432	16	6,497	16	6,758	37	6,722	32	6,423
	B	738	6,672	619	6,769	503	6,731	788	6,625	602	6,762
	C	619	6,582	615	6,563	573	6,618	814	6,354	574	6,655
육우	A	586	10,123	627	9,828	409	10,447	768	10,332	359	10,526
	B	2,520	10,315	2,313	10,227	2,024	10,637	3,397	10,702	1,833	10,853
	C	961	10,475	1,101	10,547	1,085	11,002	1,905	10,978	1,059	11,166

보기

ㄱ. 한우의 경우, 2020년 7월에 두수가 많은 등급일수록 전월 대비 경락가격의 증가율이 높다.

ㄴ. B등급 젖소의 2020년 6월부터 2020년 9월까지 두수와 경락가격의 전월 대비 증감추이는 동일하다.

ㄷ. 2020년 8월과 10월에 C등급 중 가장 많은 비중을 차지하는 육종은 동일하다.

ㄹ. 조사기간 중 한우와 젖소, 육우 A등급의 경락가격이 가장 낮은 시기는 동일하다.

ㅁ. B등급 한우의 2020년 7월 대비 2020년 9월의 두수 증가율은 45% 이상이다.

① ㄱ, ㄹ
② ㄷ, ㅁ
③ ㄴ, ㄷ
④ ㄹ, ㅁ
⑤ ㄱ, ㄷ

08 다음은 주요 10개국의 2019년과 2020년 부채 현황을 나타낸 자료이다. 이에 대한 설명으로 옳은 것은?

〈국가별 2019년, 2020년 부채 현황〉

(단위 : %)

구분	2020년			2019년		
	GDP 대비 가계부채	GDP 대비 기업부채	GDP 대비 국가부채	GDP 대비 가계부채	GDP 대비 기업부채	GDP 대비 국가부채
한국	96.8	106.8	44.1	92.8	99.8	38.8
영국	85.4	81.2	97.9	82.1	78.8	110.2
홍콩	82.5	94.9	60.2	80.9	105.3	63.1
미국	75.8	72.8	98.8	70.2	73.9	108.2
중국	73.1	150.2	58.1	70.5	152.9	50.8
일본	70.2	119.8	120.2	66.1	101.2	115.9
필리핀	68.1	38.1	42.2	64.0	35.5	37.7
브라질	65.4	45.2	88.8	62.1	46.8	81.2
멕시코	58.7	26.7	37.3	55.8	27.7	33.5
인도	55.5	25.2	28.8	52.3	25.8	30.8

① GDP 대비 가계부채 순위는 2019년과 2020년 동일하다.

② 2019년과 2020년의 GDP 대비 기업부채 비율이 100% 이상인 국가는 동일하다.

③ 2019년 대비 2020년에 GDP 대비 기업부채 비율이 증가한 나라의 수와 감소한 나라의 수는 같다.

④ GDP 대비 국가부채 상위 3개 국가는 2019년과 2020년이 동일하다.

⑤ 2020년 GDP 대비 국가부채가 50% 이하인 국가는 GDP 대비 기업부채도 50% 이하이다.

09 다음은 유명 전자브랜드인 S사와 L사의 2020년 전자제품별 매출액과 순이익을 분석한 자료이다. 자료에 대한 설명으로 옳은 것은?

〈2020년 S사와 L사의 매출액 · 순이익 비교〉

(단위 : 억 원)

구분	S사		L사	
	매출	순이익	매출	순이익
TV	1,200	300	800	124
냉장고	55,200	15,456	76,000	19,152
에어컨	88,400	22,100	94,500	24,570
제습기	25,500	7,395	22,000	4,840
공기청정기	42,200	12,871	78,400	19,600

$$※ \{순이익률(\%)\} = \frac{(순이익)}{(매출액)} \times 100$$

① S사와 L사의 전자제품의 매출액 순위는 동일하다.
② L사의 TV의 순이익률과 냉장고의 순이익률 차이는 10%p 이상이다.
③ S사가 L사보다 매출액이 높은 전자제품은 2가지지만, 순이익이 높은 제품은 1가지이다.
④ S사와 L사가 에어컨을 각각 200만 대, 210만 대 팔았다면, 에어컨 하나의 단가는 S사가 더 높다.
⑤ S사의 공기청정기의 순이익률은 30%를 초과한다.

10 다음은 한국과 미국의 소방직 및 경찰직 공무원의 현황을 나타낸 자료이다. 이에 대한 설명으로 옳지 않은 것은? (단, 소수점 이하 둘째 자리에서 반올림한다)

〈한국과 미국의 소방직 · 경찰직 공무원 현황〉

(단위 : 명)

국가	구분	2018년	2019년	2020년
한국	전체 공무원	875,559	920,291	955,293
	소방직 공무원	39,582	42,229	45,520
	경찰직 공무원	66,523	72,392	79,882
미국	전체 공무원	1,882,428	2,200,123	2,586,550
	소방직 공무원	220,392	282,329	340,594
	경찰직 공무원	452,482	490,220	531,322

① 한국에서 전년 대비 전체 공무원의 증가 인원수는 2019년이 2020년도보다 많다.
② 한국의 소방직 공무원과 경찰직 공무원의 인원수 차이는 매년 감소하고 있다.
③ 2018년 대비 2020년 증가 인원수는, 한국은 소방직 공무원이 경찰직보다 적지만, 미국은 그 반대이다.
④ 미국의 소방직 공무원의 전년 대비 증가율은 2019년이 2020년보다 7.0%p 이상 더 높다.
⑤ 미국 경찰직 공무원이 미국 전체 공무원 중 차지하는 비율은 매년 감소하고 있다.

11 다음은 전자인증서 인증수단 방법 중 선호도를 조사한 자료이다. 다음 자료에 대한 설명 중 옳지 않은 것은?(단, 평균점수는 소수점 이하 첫째 자리에서 반올림한다)

〈전자인증서 인증수단별 선호도 현황〉

(단위 : 점)

구분	실용성	보안성	간편성	유효기간
공인인증서 방식	16	( )	14	1년
ID/PW 방식	18	10	16	없음
OTP 방식	15	18	14	1년 6개월
이메일 및 SNS 방식	18	8	10	없음
생체인증 방식	20	19	18	없음
I-pin 방식	16	17	15	2년

※ 선호도는 실용성, 보안성, 간편성 점수를 합한 값이다.
※ 유효기간이 6개월 이상 1년 이하인 방식은 보안성 점수에 3점을 가산한다.

① 생체인증 방식의 선호도는 OTP 방식과 I-pin 방식 합보다 38점 낮다.
② 실용성 전체 평균점수보다 높은 방식은 총 4가지이다.
③ 유효기간이 '없음'인 인증수단 방식의 간편성 평균점수는 15점이다.
④ 공인인증서 방식의 선호도가 51점일 때, 빈칸에 들어갈 값은 18점이다.
⑤ 유효기간이 '없음'인 인증수단 방식의 실용성 점수는 모두 18점 이상이다.

※ 다음은 2018 ~ 2020년 정육 및 난류의 가격에 대한 자료이다. 자료를 보고 이어지는 질문에 답하시오. **[12~13]**

〈2018 ~ 2020년 정육 및 난류 가격〉

(단위 : 원)

구분		2018년	2019년	2020년
쇠고기(불고기용 100g)	최고가	5,500	6,200	6,400
	최저가	3,500	3,800	4,000
	평균	4,500	5,200	5,500
쇠고기(등심 100g)	최고가	16,500	17,200	18,800
	최저가	12,000	13,500	14,200
	평균	14,500	15,200	16,400
돼지고기(100g)	최고가	3,500	3,800	4,200
	최저가	1,600	2,100	2,400
	평균	2,500	2,800	3,600
닭고기(1kg)	최고가	11,500	12,400	13,800
	최저가	6,500	6,900	7,700
	평균	7,800	8,400	10,800
계란(15구)	최고가	7,800	8,200	9,200
	최저가	3,600	4,000	4,800
	평균	5,800	6,400	7,200

12 다음 중 자료에 대한 설명으로 가장 옳은 것은?

① 2018년 대비 2020년의 평균가가 가장 많이 오른 것은 쇠고기(등심)이다.
② 2019년의 돼지고기의 전년 대비 최저가 증가율은 30% 이하이다.
③ 동일한 규격의 2020년 닭고기 최저가는 돼지고기 최저가 가격보다 높다.
④ 2020년 쇠고기(등심)의 평균가격은 최고가·최저가 평균값보다 낮다.
⑤ 계란의 최고가와 최저가의 차이가 가장 큰 연도는 2019년이다.

13 다음 중 자료에 대한 설명으로 옳지 않은 것은?

① 2018년 돼지고기의 최고가는 최저가의 2배보다 크다.
② 2020년 계란 최저가는 2019년 대비 20% 증가하였다.
③ 2020년 쇠고기(불고기용)의 최저가는 최고가의 60% 미만이다.
④ 쇠고기(불고기용)의 2020년 각 항목별 전년 대비 증가액은 500원 미만이다.
⑤ 2018년 같은 양의 닭고기와 소고기(등심) 평균가격은 15배 이상 차이가 난다.

※ 다음은 코로나19 치료제 A와 B의 효과율을 조사한 자료이다. 자료를 보고 이어지는 질문에 답하시오. [14~15]

〈코로나19 치료제 A 효과율〉

구분	경증환자	중증환자	위중환자
20대	6%	31%	87%
30대	8%	34%	84%
40대	7%	35%	78%
50대	9%	33%	64%
60대	7%	36%	50%

〈코로나19 치료제 B 효과율〉

구분	경증환자	중증환자	위중환자
20대	11%	28%	75%
30대	12%	25%	77%
40대	10%	27%	80%
50대	14%	22%	78%
60대	13%	24%	75%

※ 단순평균 효과율은 해당되는 수치를 모두 합한 값을 수치의 개수로 나눈 값이다.

14 다음 중 자료를 설명한 내용으로 옳지 않은 것은?

① 위중환자 치료에 치료제 A 효과율은 연령대가 높아질수록 낮아진다.
② 치료제 A의 중증환자 효과율은 30% 이상이고, 치료제 B의 중증환자 효과율은 30% 이하이다.
③ 60대 중증환자에게 사용한 치료제 B의 효과율은 위중환자에게 사용한 치료제 B의 효과율의 30% 이상이다.
④ 위중환자에게 사용한 치료제는 A보다 B가 더 효과적이다.
⑤ 치료제 B의 위중환자 단순평균 효과율과 치료제 A의 위중환자 단순평균 효과율의 차이는 5%p 미만이다.

15 다음 중 자료를 설명한 내용으로 옳지 않은 것은?

① 경증환자는 연령에 관계없이 치료제 A보다 B를 접종하는 것이 더 좋다.
② 경증환자 중 치료제 A와 B의 효과율의 차이가 가장 큰 연령대는 60대이다.
③ 치료제 B의 효과율이 가장 낮은 경증환자 연령대와 가장 높은 위중환자 연령대는 동일하다.
④ 60대 경증환자에 사용한 치료제 A의 효과율은 위중환자의 효과율의 14%이다.
⑤ 20대 위중환자 치료에 사용한 치료제 A의 효과율은 B의 1.4배이다.

※ 다음은 20 · 30대의 직업군별 월간 지출현황을 조사한 자료이다. 자료를 보고 이어지는 질문에 답하시오. [16~17]

〈직업군별 월간 지출현황〉

구분	일반회사직	자영업	공무직	연구직	기술직	전문직
월평균소득	380만 원	420만 원	360만 원	350만 원	400만 원	450만 원
월평균지출	323만 원	346.5만 원	270만 원	273만 원	290만 원	333만 원
주거	10%	25%	5%	10%	15%	15%
교통	10%	7%	5%	5.5%	7.5%	12.5%
외식 · 식자재	25%	27.5%	12.5%	10%	7.5%	10%
의류 · 미용	27.5%	7.5%	10.5%	7.5%	5.5%	17.5%
저축	5%	12%	22.5%	17.5%	20%	7.5%
문화생활	15%	5.5%	12%	5%	2.5%	7%
자기계발	2.5%	2.5%	11%	30.5%	27.5%	15.5%
경조사	1%	10.5%	15%	9%	8%	12.5%
기타	4%	2%	6%	6%	6%	2%

16 다음 중 자료에 대한 설명으로 옳지 않은 것은?

① 월평균소득이 가장 높은 직업군은 월평균지출도 가장 높다.

② 일반회사직의 월평균소득 대비 월평균지출이 차지하는 비율은 공무직보다 10%p 높다.

③ 연구직은 다른 직업군 대비 자기계발에 지출하는 비중이 가장 높다.

④ 평균지출 중 저축의 비중은 기술직이 일반회사직의 4배이다.

⑤ 자영업자는 지출의 절반 이상을 주거와 외식 · 식자재에 사용한다.

17 다음 중 자료에 대한 설명으로 옳은 것은?

① 월평균지출이 가장 높은 직업군과 가장 낮은 직업군의 지출액 차이는 월평균소득이 가장 높은 직업군과 가장 낮은 직업군의 소득액 차이의 75.5%이다.

② 전문직의 월평균지출액은 월평균소득액의 75% 이상이다.

③ 전문직을 제외한 타 직업군의 월평균지출액 중 교통이 차지하는 비중은 10% 미만이다.

④ 일반회사직과 전문직의 월평균지출 중 가장 많은 비중을 차지하는 항목은 동일하다.

⑤ 월평균지출 중 문화생활이 차지하는 비율이 큰 순서대로 나열하면 일반회사직, 공무직, 전문직, 연구직, 자영업, 기술직 순서이다.

18 귀하는 미디어 매체별 이용자 분포 자료를 토대로 보고서에 추가할 그래프를 제작하였다. 완성된 보고서를 상사에게 제출하였는데, 그래프 중에서 잘못된 것이 있다고 피드백을 받았다. 귀하가 다음의 자료를 토대로 그래프를 검토할 때 수정이 필요한 것은 무엇인가?

〈미디어 매체별 이용자 분포〉

(단위 : %)

구분		TV	스마트폰	PC/노트북
사례 수		7,000명	6,000명	4,000명
성별	남	49.4	51.7	51.9
	여	50.6	48.3	48.1
연령	10대	9.4	11.2	13.0
	20대	14.1	18.7	20.6
	30대	17.1	21.1	23.0
	40대	19.1	22.2	22.6
	50대	18.6	18.6	15.0
	60세 이상	21.7	8.2	5.8
직업	사무직	20.1	25.6	28.2
	서비스직	14.8	16.6	14.9
	생산직	20.3	17.0	13.4
	학생	13.2	16.8	19.4
	주부	20.4	17.8	18.4
	기타	0.6	0.6	0.6
	무직	10.6	5.6	5.1
소득	상	31.4	35.5	38.2
	중	45.1	49.7	48.8
	하	23.5	14.8	13.0
도시 규모	대도시	45.3	47.5	49.5
	중소도시	37.5	39.6	39.3
	군지역	17.2	12.9	11.2

① 연령대별 스마트폰 이용자 수(단위 : 명)

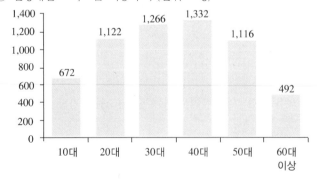

② 성별 매체이용자 수(단위 : 명)

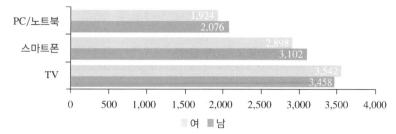

③ 매체별 소득수준 구성비

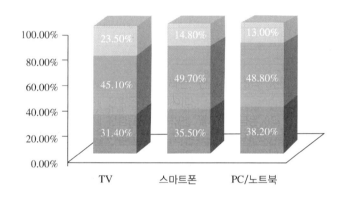

④ TV+스마트폰 이용자의 도시규모별 구성비

⑤ 사무직 이용자의 매체별 구성비

| TV 34.56% | 스마트폰 37.73% | PC/노트북 27.71% |

19 다음은 시간에 따른 A기계의 생산량을 나타낸 자료이다. 시간과 A기계 생산량의 관계가 주어진 자료와 식과 같을 때 ㉠과 ㉡에 들어갈 숫자로 알맞은 것은?

〈시간에 따른 A기계의 생산량〉

시간	1	2	3	4
A기계의 생산량	1	7	㉠	㉡

※ (A기계의 생산량)$= a \times$(시간)$^2 - b$

	㉠	㉡
①	15	30
②	16	31
③	16	32
④	17	31
⑤	17	32

20 다음은 청개구리와 황소개구리의 개체 수 변화에 대한 자료이다. 이와 같은 일정한 변화가 지속될 때 2024년 청개구리와 황소개구리의 개체 수는 몇 마리인가?

〈청개구리·황소개구리 개체 수 변화〉

(단위 : 만 마리)

구분	2016년	2017년	2018년	2019년	2020년
청개구리	5	6	8	12	20
황소개구리	50	47	44	41	38

	청개구리	황소개구리
①	200만 마리	25만 마리
②	200만 마리	26만 마리
③	260만 마리	26만 마리
④	260만 마리	25만 마리
⑤	300만 마리	26만 마리

제2회 최종점검 모의고사

정답 및 해설 p.058

01 A연구소에는 20명의 직원이 근무하고 있으며, 협력업체 B공장에는 41명의 생산직 직원이 근무하고 있다. A연구소 직원의 60%는 남직원이고, A연구소와 B공장 전체 남직원의 40%는 B공장의 생산직 남직원일 때, A연구소의 여직원과 B공장의 생산직 여직원은 모두 몇 명인가?

① 21명 ② 26명
③ 33명 ④ 37명
⑤ 41명

02 방식이 다른 두 종류의 프린터 A, B가 있다. 두 프린터를 동시에 사용하여 100장을 프린트한다고 할 때, A프린터 3대와 B프린터 2대를 사용하면 4분이 걸리고, A프린터 4대와 B프린터 1대를 사용하면 5분이 걸린다. A프린터 2대와 B프린터 3대를 동시에 사용할 때, 100장을 프린트하는 데 걸리는 시간은?(단, 각 프린터마다 1장을 프린트하는 시간은 일정하다)

① 4분 20초 ② 4분
③ 3분 20초 ④ 3분
⑤ 2분 30초

03 다음은 최근 3년간 한국 출발 항공노선의 이용객 수를 나타낸 자료이다. 이에 대해 〈보기〉에서 옳은 것을 모두 고른 것은?(단, 소수점 이하 둘째 자리에서 반올림한다)

〈연간 한국 출발 항공노선의 이용객 수〉

(단위 : 천 명)

구분	2018년	2019년	2020년	전체
한국 → 제주	128	134	154	416
한국 → 중국	252	235	256	743
한국 → 일본	118	122	102	342
한국 → 싱가폴	88	102	133	323
한국 → 독일	75	81	88	244
한국 → 영국	123	111	108	342
한국 → 스페인	288	270	302	860
한국 → 미국	102	145	153	400
한국 → 캐나다	210	198	222	630
한국 → 브라질	23	21	17	61
전체	1,407	1,419	1,535	4,361

보기

㉠ 2018년 대비 2019년 이용객 수가 증가한 항공노선 개수와 감소한 항공노선 개수는 동일하다.
㉡ 2018년부터 2020년까지의 총 이용객 수는 아시아행 – 유럽행 – 아메리카행 순서로 많다.
㉢ 전체 이용객 중 제주행노선 이용객 비율의 전년 대비 차이는 2019년이 2020년보다 높다.
㉣ 2018년부터 2020년까지 이용객 수가 적은 하위 2개의 항공노선은 동일하다.

① ㉠, ㉡
② ㉡, ㉣
③ ㉠, ㉡, ㉢
④ ㉠, ㉡, ㉣
⑤ ㉡, ㉢, ㉣

04 다음은 2010년과 2020년의 제주도 숙박시설에 관한 자료이다. 자료에 대한 설명으로 옳은 것은?(단, 소수점 이하 둘째 자리에서 반올림한다)

<2010년, 2020년 제주도 숙박시설>

구분		개수(개)	평균 이용률(%)	평균 1박 비용	
				성수기(원)	비수기(원)
2010년	게스트하우스	128	7.8	33,000	12,000
	캠핑장	22	11.7	130,000	75,000
	민박	293	16.8	98,000	55,000
	펜션	320	36.5	170,000	120,000
	모텔	168	5.9	77,000	45,000
	호텔	14	21.3	240,000	160,000
2020년	게스트하우스	268	13.2	38,000	15,000
	캠핑장	49	7.5	152,000	89,000
	민박	132	2.7	110,000	60,000
	펜션	242	39.2	260,000	168,000
	모텔	82	1.8	88,000	56,000
	호텔	32	35.6	320,000	220,000

① 2010년 대비 2020년의 게스트하우스 개수의 변화율과 호텔 개수의 변화율의 차이는 19%p를 상회한다.

② 2010년 대비 2020년의 전체 숙박시설의 개수는 증가하였다.

③ 2010년과 2020년의 숙박시설의 평균 이용률 순위는 동일하다.

④ 전체 숙박시설 중 2010년 대비 2020년의 평균 이용률이 증가한 시설과 감소한 시설의 개수는 동일하지 않다.

⑤ 2010년 대비 2020년 성수기 비용의 차이가 가장 큰 시설과 비수기 비용의 차이가 가장 큰 시설은 동일하다.

05 다음은 2018 ~ 2020년 국가별 이산화탄소 배출량을 정리한 표이다. 표에 대한 해석으로 옳지 않은 것을 〈보기〉에서 모두 고른 것은?(단, 소수점 이하 둘째 자리에서 반올림한다)

〈국가별 이산화탄소 배출 현황〉

국가별		2018년		2019년		2020년	
		총량(백만 톤)	1인당(톤)	총량(백만 톤)	1인당(톤)	총량(백만 톤)	1인당(톤)
아시아	한국	582	11.4	589.2	11.5	600	11.7
	중국	9,145.3	6.6	9,109.2	6.6	9,302	6.7
	일본	1,155.7	9.1	1,146.9	9	1,132.4	8.9
북아메리카	캐나다	557.7	15.6	548.1	15.2	547.8	15
	미국	4,928.6	15.3	4,838.5	14.9	4,761.3	14.6
남아메리카	브라질	453.6	2.2	418.5	2	427.6	2
	페루	49.7	1.6	52.2	1.6	49.7	1.5
	베네수엘라	140.5	4.5	127.4	4	113.7	3.6
유럽	체코	99.4	9.4	101.2	9.6	101.7	9.6
	프랑스	299.6	4.5	301.7	4.5	306.1	4.6
	독일	729.7	8.9	734.5	8.9	718.8	8.7
	포르투갈	46.9	4.5	46.4	4.5	50.8	4.9
	스페인	247.1	5.3	237.4	5.1	253.4	5.4
	스위스	37.3	4.5	37.9	4.5	37.1	4.4
	영국	394.1	6.1	372.6	5.7	358.7	5.4

보기

ㄱ. 2018년 이산화탄소 배출 총량이 1,000백만 톤 이상인 국가 중 2020년 전년 대비 이산화탄소 배출 총량이 감소한 국가는 두 곳이다.
ㄴ. 2020년 포르투갈의 이산화탄소 배출 총량의 전년 대비 증감률은 한국의 전년 대비 증감률의 6배 이상이다.
ㄷ. 2018년 아시아 국가의 1인당 이산화탄소 배출량의 평균은 2019년 북아메리카 국가의 1인당 이산화탄소 배출량의 평균보다 많다.
ㄹ. 전년 대비 2020년 1인당 이산화탄소 배출량이 가장 많이 감소한 국가는 베네수엘라이다.

① ㄱ, ㄴ
② ㄴ, ㄷ
③ ㄱ, ㄷ
④ ㄱ, ㄹ
⑤ ㄷ, ㄹ

06 다음은 2020년 시도별 의료인력 현황이다. 다음 〈보기〉의 설명 중 자료에 대한 설명으로 옳지 않은 것을 모두 고른 것은?

〈2020년 시도별 의료인력 현황〉

(단위 : 명)

구분	합계	의사	치과의사	한의사	간호사	약사	물리치료사	작업치료사	사회복지사
전국	414,196	100,241	25,300	20,389	185,853	36,980	35,587	6,258	3,588
서울	103,941	28,746	7,118	4,733	46,034	8,924	6,846	1,087	453
부산	33,393	7,735	1,730	1,627	15,962	2,676	2,755	573	335
대구	22,450	5,552	1,288	1,090	10,073	1,976	1,860	436	175
인천	20,765	4,684	1,211	914	9,504	1,813	2,011	425	203
광주	15,880	3,497	988	726	7,559	1,215	1,493	246	156
대전	14,064	3,545	814	727	6,019	1,222	1,337	286	114
울산	8,150	1,729	501	409	3,961	704	671	102	73
세종	843	239	105	86	142	149	114	1	7
경기	81,651	19,642	5,324	4,072	34,371	8,192	7,575	1,681	794
강원	11,042	2,629	645	505	5,289	967	815	107	85
충북	10,074	2,417	592	589	4,090	1,060	1,089	121	116
충남	12,844	3,089	877	801	5,100	1,401	1,244	176	156
전북	15,647	3,598	899	910	6,853	1,409	1,568	216	194
전남	15,380	3,089	731	783	7,551	1,236	1,676	129	185
경북	17,851	3,587	904	979	8,659	1,582	1,718	181	241
경남	25,142	5,351	1,312	1,217	12,219	2,030	2,331	413	269
제주	5,079	1,112	261	221	2,467	424	484	78	32

※ 수도권은 서울, 경기, 인천이다.

보기

ㄱ. 2020년 물리치료사 대비 작업치료사의 비율은 대구보다 대전이 높다.

ㄴ. 2020년 각 수도권에서 물리치료사의 수는 의사의 수의 35% 이상이다.

ㄷ. 2020년 경북과 전남 모두 의사, 치과의사, 한의사, 간호사를 제외한 의료인력 중 물리치료사가 차지하는 비중이 40% 이상이다.

ㄹ. 2020년부터 2022년까지 강원의 의료인력 수는 매년 동일하고, 울산의 의료인력 수는 매년 전년 대비 10% 증가한다면, 2022년에 울산의 의료인력 수는 강원의 의료인력 수를 초과하게 된다.

① ㄱ, ㄴ

② ㄷ, ㄹ

③ ㄱ, ㄴ, ㄹ

④ ㄱ, ㄷ, ㄹ

⑤ ㄴ, ㄷ, ㄹ

07 다음은 국내 자동차와 주요 국가의 자동차 등록에 대한 자료이다. 자료에 대한 설명으로 옳지 않은 것은?(단, 자동차 1대당 1구수는 소수점 둘째 자리에서 반올림한다)

〈연도별 자동차 등록 대수〉

국가	자동차 등록 대수(만 대)	인구수(만 명)	자동차 1대당 인구수(명)
미국	25,034	30,041	1.2
일본	7,625	12,963	1.7
중국	4,735	134,001	( )
독일	4,412	8,383	1.9
이탈리아	4,162	5,827	1.4
러시아	3,835	14,190	3.7
프랑스	3,726	6,334	1.7
영국	3,612	6,140	( )
스페인	2,864	4,582	1.6
브라질	2,778	19,446	7
멕시코	2,557	10,739	4.2
캐나다	2,134	3,414	1.6
폴란드	1,926	3,852	( )
한국	1,687	4,892	( )

① 중국의 자동차 1대당 인구수는 멕시코의 자동차 1대당 인구수의 6배 이상이다.
② 폴란드의 자동차 1대당 인구수는 2이다.
③ 폴란드의 자동차 1대당 인구수는 러시아와 스페인 전체 인구에서의 자동차 1대당 인구수보다 작다.
④ 한국의 자동차 1대당 인구수는 미국과 일본의 자동차 1대당 인구수의 합과 같다.
⑤ 한국의 자동차 1대당 인구수는 러시아와 스페인 전체 인구에서의 자동차 1대당 인구수보다 작다.

08 다음은 주요 자영업 10가지 업종에 관한 2020년도 자료이다. 이에 대한 설명으로 옳은 것은?(단, 변화율은 증감률의 절댓값으로 비교한다)

<주요 자영업 업종별 지표>

(단위 : 명, %)

구분	창업자 수	폐업자 수	월평균 매출액 증감률	월평균 대출액 증감률	월평균 고용인원
병원 및 의료서비스	1,828	556	6.5	12.8	15
변호사	284	123	1.8	1.2	4
학원	682	402	−3.7	5.8	8
음식점	3,784	1,902	1.3	11.2	6
PC방	335	183	−8.4	1.1	2
여행사	243	184	−6.6	0.4	3
카페	5,740	3,820	2.4	15.4	5
숙박업	1,254	886	−0.7	7.8	2
소매업	2,592	1,384	0.5	4.8	3
농사	562	122	4.1	2.4	1
합계	17,304	9,562	−	−	−

① 창업자 수 상위 세 업종의 창업자 총합은 전체 창업자 수의 절반 이상이다.
② 월평균 매출액 증가율이 가장 높은 업종은 월평균 대출액 증가율 또한 가장 높다.
③ 월평균 고용인원이 가장 적은 업종은 창업자 수와 폐업자 수도 가장 적다.
④ 월평균 매출액 변화율이 가장 높은 업종과 가장 낮은 업종의 변화율의 차이는 6.0%p이다.
⑤ 자영업 업종 중 '카페'는 증감률을 제외한 모든 항목에서 상위 3위 안에 든다.

09 다음은 영희, 철수, 동민, 민수, 희경, 수민 6명의 SNS 대화방에 대한 자료이다. 〈조건〉을 참고할 때, 다음 중 옳은 것은?

〈1대1 SNS 대화방 참여자〉

구분	영희	철수	동민	민수	희경	수민
영희	0	1	0	1	0	0
철수	1	0	1	0	1	1
동민	0	1	0	0	1	0
민수	1	0	0	0	0	1
희경	0	1	1	0	0	0
수민	0	1	0	1	0	0

조건

- SNS에 참여하는 인원이 N명일 때 전체 1대1 대화방 수는 $\dfrac{N(N-1)}{2}$개이다.

- 1대1 대화방 밀도 $= \dfrac{(N명의\ 1대1\ 대화방\ 수)}{(N명일\ 때\ 전체\ 1대1\ 대화방\ 수)}$

① 모두 SNS에 참여할 때 전체 1대1 대화방 수는 14개이다.

② 영희와 수민이가 동민이와 각각 1대1 대화를 추가할 때 밀도는 $\dfrac{2}{5}$이다.

③ 5명이 SNS에 참여한 전체 1대1 대화방 수는 12개이다.

④ 6명의 SNS 1대1 대화방 밀도는 $\dfrac{1}{2}$ 이상이다.

⑤ 병준이가 추가되어 동민, 희경이와 1대1 대화를 할 때 밀도는 낮아진다.

10 다음은 2020년 차종별 1일 평균 주행거리를 정리한 표이다. 표에 대한 해석으로 옳지 않은 것은?

〈2020년 차종별 1일 평균 주행거리〉

(단위 : km/대)

구분	서울	부산	대구	인천	광주	대전	울산	세종
승용차	31.7	34.7	33.7	39.3	34.5	33.5	32.5	38.1
승합차	54.6	61.2	54.8	53.9	53.2	54.5	62.5	58.4
화물차	55.8	55.8	53.1	51.3	57.0	56.6	48.1	52.1
특수차	60.6	196.6	92.5	125.6	114.2	88.9	138.9	39.9
전체	35.3	40.1	37.1	41.7	38.3	37.3	36.0	40.1

※ 항구도시는 '부산, 인천, 울산'이다.
※ 전체 1일 평균 주행거리는 차종별 대수에 비례하여 가중치를 적용한 것이다.

① 세종을 제외한 도시에서 1일 평균 주행거리의 최댓값과 최솟값의 차이가 승합차의 1일 평균 주행거리보다 긴 지역은 5곳 이상이다.

② 차종별 1일 평균 주행거리가 긴 지역일수록 1일 평균 주행거리의 전체도 길다.

③ 특수차종의 1일 평균 주행거리는 세종시가 최하위이지만 승합차는 상위 40%이다.

④ 부산은 모든 차종의 1일 평균 주행거리가 상위 50%이다.

⑤ 세종과 모든 항구도시의 차종별 1일 평균 주행거리를 비교했을 때, 평균 주행거리가 세종이 가장 큰 차종은 없다.

11 다음은 어느 해 개최된 올림픽에 참가한 6개국의 성적이다. 이에 대한 내용으로 옳지 않은 것은?

〈국가별 올림픽 성적〉

(단위 : 명, 개)

국가	참가선수	금메달	은메달	동메달	메달 합계
A	240	4	28	57	89
B	261	2	35	68	105
C	323	0	41	108	149
D	274	1	37	74	112
E	248	3	32	64	99
F	229	5	19	60	84

① 획득한 금메달 수가 많은 국가일수록 은메달 수는 적었다.
② 금메달을 획득하지 못한 국가가 가장 많은 메달을 획득했다.
③ 참가선수의 수가 많은 국가일수록 획득한 동메달 수도 많았다.
④ 획득한 메달의 합계가 큰 국가일수록 참가선수의 수도 많았다.
⑤ 참가선수가 가장 적은 국가의 메달 합계는 전체 6위이다.

※ 다음은 연도별 방송사 평균시청률을 조사한 자료이다. 자료를 보고 이어지는 질문에 답하시오. [12~13]

<연도별 방송사 평균시청률>

(단위 : %)

구분		2016년	2017년	2018년	2019년	2020년
K사	예능	12.4	11.7	11.4	10.8	10.1
	드라마	8.5	9.9	11.5	11.2	12.8
	다큐멘터리	5.1	5.3	5.4	5.2	5.1
	교육	3.2	2.8	3.0	3.4	3.1
S사	예능	7.4	7.8	9.2	11.4	13.1
	드라마	10.2	10.8	11.5	12.4	13.0
	다큐멘터리	2.4	2.8	3.1	2.7	2.6
	교육	2.2	1.8	1.9	2.0	2.1
M사	예능	11.8	11.3	9.4	9.8	10.2
	드라마	9.4	10.5	13.2	12.9	11.7
	다큐멘터리	2.4	2.2	2.3	2.4	2.1
	교육	1.8	2.1	2.0	2.2	2.3

12 다음 중 자료에 대한 설명으로 옳지 않은 것은?

① 2017년부터 2020년까지 S사의 예능 평균시청률은 전년 대비 증가하고 있다.
② M사의 예능과 드라마 평균시청률 증감 추이는 서로 반대이다.
③ 2018년부터 2020년까지 매년 S사 드라마의 평균시청률은 M사 드라마보다 높다.
④ 2020년 K사, S사, M사 드라마 평균시청률에서 M사 드라마가 차지하는 비율은 30% 이상이다.
⑤ 2016년부터 2020년까지 K사의 교육프로그램 평균시청률은 4% 미만이다.

13 다음 중 자료에 대한 설명으로 옳은 것은?

① 2016년부터 2018년까지의 예능 평균시청률 1위는 K사이다.
② 모든 방송사에서 교육프로그램의 평균시청률은 해당방송사의 다른 장르보다 낮다.
③ 2018년 S사의 예능프로그램 평균시청률은 드라마 평균시청률의 85%에 해당된다.
④ K사의 다큐멘터리 시청률은 매년 S사와 M사의 다큐멘터리 시청률을 합한 값보다 높다.
⑤ 2017년까지는 3사 중 S사의 드라마 시청률이 1위였지만, 2018년부터는 M사의 드라마 시청률이 1위이다.

※ 다음은 1980년대부터 2020년까지 연예·방송관련 직업의 연도별 평균데뷔나이를 조사한 자료이다. 자료를 보고 이어지는 질문에 답하시오. **[14~15]**

<연도별 연예·방송관련 직업의 평균데뷔나이>

(단위 : 세)

구분		1980년대	1990년대	2000년대	2010년대	2020년
가수	남성	26	28	25	22	18
	여성	18	20	19	20	21
배우	남성	20	23	24	26	25
	여성	18	22	25	26	28
모델	남성	25	27	26	25	28
	여성	20	21	20	24	23
아나운서	남성	27	29	28	32	30
	여성	26	25	26	27	26
개그맨	남성	27	28	25	30	31
	여성	24	26	27	25	26

※ 단순평균 평균데뷔나이는 해당되는 수치를 모두 합한 값을 수치의 개수로 나눈 나이이다.

14 다음 중 자료에 대한 설명으로 옳지 않은 것은?

① 남성가수의 평균데뷔나이는 1990년대 가장 높다.
② 배우의 단순평균 평균데뷔나이는 매년 높아지고 있다.
③ 남성모델의 평균데뷔나이는 25세 이상이고, 여성모델의 평균데뷔나이는 25세 미만이다.
④ 남자개그맨의 평균데뷔나이가 가장 낮은 해는 여자개그맨의 평균데뷔나이가 가장 높다.
⑤ 여자모델의 2000년대 대비 2020년의 평균데뷔나이 증가율은 여자배우보다 낮다.

15 다음 중 자료에 대한 설명으로 옳은 것은?

① 여성배우의 평균데뷔나이가 남성배우보다 높은 연도는 2000년대뿐이다.
② 연예·방송관련 직업군 중 2010년대 ~ 2020년에 남자 평균데뷔나이가 30대 이상인 직업은 아나운서뿐이다.
③ 여자가수의 1980년대부터 2020년의 단순평균 평균데뷔나이는 20세 미만이다.
④ 1980년대 대비 2020년 평균데뷔나이 증가율은 남자모델이 여자모델보다 높다.
⑤ 2000년대 남자 평균데뷔나이가 가장 높은 직업과 여자 평균데뷔나이가 가장 높은 직업은 동일하다.

※ 다음은 2018 ~ 2020년의 영양소 섭취에 대한 조사를 한 자료이다. 자료를 보고 이어지는 물음에 답하시오. **[16~17]**

<〈3개년 영양소 섭취 비율〉>

(단위 : %)

구분		2018년			2019년			2020년		
		미달	적정	과잉	미달	적정	과잉	미달	적정	과잉
성별	남성	8.5	75.5	16	7.6	76	16.4	5.5	77.5	17
	여성	25	70	5	36	53	11	44	32	24
연령대별	영유아	11.2	82	6.8	12.9	85	2.1	3.5	94	2.5
	청소년	3.4	76.8	19.8	2.1	76.7	21.2	0.8	64.6	34.6
	성인	15.5	81	3.5	20.2	75	4.8	24.5	69.5	6
	노인	14.5	44	41.5	24.1	41	34.9	23.2	42.5	34.3

16 다음 중 자료에 대한 설명으로 적절하지 않은 것은?

① 해가 지날수록 여성의 영양소 섭취 양극화 현상은 심해지고 있다.

② 2020년 '미달'이라고 응답한 여성의 수는 남성의 8배이다.

③ 연도별로 2019 ~ 2020년에 전년 대비 '적정'이라고 응답한 영유아와 성인 비율의 증감추이는 반대이다.

④ 제시된 자료는 청소년의 영양섭취율이 증가하고 있다는 기사를 뒷받침해줄 수 있다.

⑤ 2020년에 영양섭취가 '미달'이라고 응답한 노인의 비율은 2018년의 1.6배이다.

17 다음 〈보기〉 중 옳은 것을 모두 고른 것은?

> **보기**
>
> ㉠ 제시된 기간 동안 해가 지날수록 남성의 영양소 섭취 중 '미달'에 해당하는 비율만 감소하고 있다.
> ㉡ 2019년 응답자 수가 300명이고, 그 중 남성이 100명이라면 '적정'이라고 응답한 남성과 여성의 인원 차는 20명이다.
> ㉢ 성인의 '미달'이라고 응답한 비율과 '과잉'이라고 응답한 비율의 차는 증가하고 있다.

① ㉠

② ㉠, ㉡

③ ㉠, ㉢

④ ㉡, ㉢

⑤ ㉠, ㉡, ㉢

18 다음은 2020년도 신재생에너지 산업통계 자료이다. 이를 그래프로 나타낸 자료 중 올바르지 않은 것은?

〈신재생에너지원별 산업 현황〉

(단위 : 억 원)

구분	기업체 수(개)	고용인원(명)	매출액	내수	수출액	해외공장매출	투자액
태양광	127	8,698	75,637	22,975	33,892	18,770	5,324
태양열	21	228	290	290	0	0	1
풍력	37	2,369	14,571	5,123	5,639	3,809	583
연료전지	15	802	2,837	2,143	693	0	47
지열	26	541	1,430	1,430	0	0	251
수열	3	46	29	29	0	0	0
수력	4	83	129	116	13	0	0
바이오	128	1,511	12,390	11,884	506	0	221
폐기물	132	1,899	5,763	5,763	0	0	1,539
합계	493	16,177	113,076	49,753	40,743	22,579	7,966

① 신재생에너지원별 기업체 수(단위 : 개)

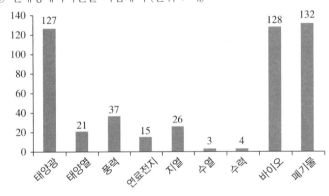

② 신재생에너지원별 고용인원(단위 : 명)

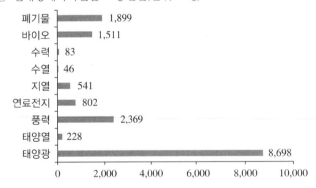

③ 신재생에너지원별 고용인원 비율

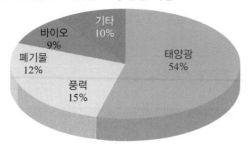

④ 신재생에너지원별 내수 현황(단위 : 억 원)

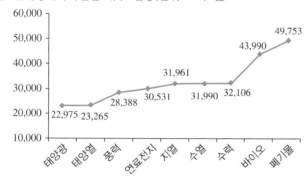

⑤ 신재생에너지원별 해외공장매출 비율

19 다음은 2017 ~ 2019년 동안 네 국가의 관광 수입 및 지출을 나타낸 표이다. 2018년 관광수입이 가장 많은 국가와 가장 적은 국가의 2019년 관광지출 대비 관광수입 비율의 차이는 얼마인가?(단, 소수점 이하 둘째 자리에서 반올림한다)

〈국가별 관광 수입 및 지출〉

(단위 : 백만 달러)

구분	관광수입			관광지출		
	2017년	2018년	2019년	2017년	2018년	2019년
한국	15,214	17,300	13,400	25,300	27,200	30,600
중국	44,969	44,400	32,600	249,800	250,100	257,700
홍콩	36,150	32,800	33,300	23,100	24,100	25,400
인도	21,013	22,400	27,400	14,800	16,400	18,400

① 25.0%p
② 27.5%p
③ 28.3%p
④ 30.4%p
⑤ 31.1%p

20 다음은 A유산균과 B유산균의 유통기한을 확인하기 위해 상온에서 방치하고 그 수를 확인하는 실험을 하였다. 다음과 같이 일정하게 수가 감소하였다면 9달이 경과한 후 유산균의 수는 각각 몇 억 CFU인가?

〈유산균 수 변화〉

(단위 : 억 CFU)

구분	1달 후	2달 후	3달 후	4달 후	5달 후
A유산균	100	98	94	88	80
B유산균	90	88	86	84	82

	A유산균	B유산균
①	27억 CFU	73억 CFU
②	27억 CFU	74억 CFU
③	28억 CFU	73억 CFU
④	28억 CFU	74억 CFU
⑤	29억 CFU	73억 CFU

제**3**회 **최종점검 모의고사**

정답 및 해설 p.066

01 A사원과 B사원이 함께 일하면 이틀 만에 마칠 수 있는 일이 있다. A사원이 1일 동안 작업한 후 나머지를 B사원이 4일 동안 작업하여 마쳤다고 할 때, B사원이 이 일을 혼자 하면 며칠이 걸리는가?

① 4일   ② 5일

③ 6일   ④ 7일

⑤ 8일

02 철수는 아래와 같은 길을 따라 A에서 C까지 최단거리로 이동을 하려고 한다. 이때, 최단거리로 이동을 하는 동안 점 B를 지나며 이동하는 경우의 수는?

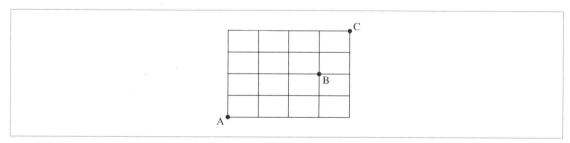

① 12가지   ② 15가지

③ 24가지   ④ 28가지

⑤ 30가지

03 다음은 연령대별 삶의 만족도에 대해 조사한 자료이다. 자료에 대한 〈보기〉의 설명 중 옳은 것을 모두 고르면?

〈연령대별 삶의 만족도〉

(단위 : %)

구분	매우만족	만족	보통	불만족	매우불만족
10대	8	11	34	28	19
20대	3	13	39	28	17
30대	5	10	36	39	10
40대	11	17	48	16	8
50대	14	18	42	23	3

※ 긍정적인 답변 : 매우만족, 만족, 보통
※ 부정적인 답변 : 불만족, 매우불만족

보기

㉠ 연령대가 높아질수록 '매우불만족'이라고 응답한 비율은 낮아진다.
㉡ 모든 연령대에서 '매우만족'과 '만족'이라고 응답한 비율이 가장 낮은 연령대는 20대이다.
㉢ 모든 연령대에서 긍정적인 답변을 한 비율은 50% 이상이다.
㉣ 50대에서 '불만족' 또는 '매우불만족'이라고 응답한 비율은 '만족' 또는 '매우만족'이라고 응답한 비율의 80% 이하이다.

① ㉠, ㉢
② ㉠, ㉣
③ ㉡, ㉢
④ ㉡, ㉣
⑤ ㉢, ㉣

04 다음은 출생, 사망 추이를 나타낸 자료이다. 다음 중 자료에 대한 해석으로 옳지 <u>않은</u> 것은?

〈출생, 사망 추이〉

구분		2014년	2015년	2016년	2017년	2018년	2019년	2020년
출생아 수(명)		490,543	472,761	435,031	448,153	493,189	465,892	444,849
사망자 수(명)		244,506	244,217	243,883	242,266	244,874	246,113	246,942
기대수명(년)		77.44	78.04	78.63	79.18	79.56	80.08	80.55
수명(년)	남자	73.86	74.51	75.14	75.74	76.13	76.54	76.99
	여자	80.81	81.35	81.89	82.36	82.73	83.29	83.77

① 출생아 수는 2014년 이후 감소하다가 2017년, 2018년에 증가 이후 다시 감소하고 있다.

② 2015년부터 2020년까지의 전년 대비 기대수명은 증가하고 있다.

③ 남자와 여자의 수명은 매년 5년 이상의 차이를 보이고 있다.

④ 매년 출생아 수는 사망자 수보다 20만 명 이상 더 많으므로 매년 총 인구는 20만 명 이상씩 증가한다고 볼 수 있다.

⑤ 여자의 수명과 기대수명의 차이는 2018년이 가장 적다.

05 다음은 영농자재구매사업에 관한 자료이다. 다음 중 자료에 대한 설명으로 옳은 것은?

〈영농자재구매사업의 변화 양상〉

(단위 : %)

구분	비료	농약	농기계	면세 유류	종자 / 종묘	배합 사료	일반 자재	자동차	합계
1970년	74.1	12.6	5.4	0.0	3.7	2.5	1.7	0.0	100
1980년	59.7	10.8	8.6	0.0	0.5	12.3	8.1	0.0	100
1990년	48.5	12.7	19.6	0.3	0.2	7.1	11.6	0.0	100
2000년	30.6	9.4	7.3	7.8	0.7	31.6	12.6	0.0	100
2010년	31.1	12.2	8.5	13.0	0.0	19.2	16.0	0.0	100
2020년	23.6	11.0	4.3	29.7	0.0	20.5	10.8	0.1	100

① 일반자재는 10년 단위로 사용량이 증가하였다.

② 영농자재구매 중 비료는 항상 가장 높은 비율을 차지하였다.

③ 배합사료와 농기계는 조사연도마다 증가와 감소를 교대로 반복하였다.

④ 2020년 이후 자동차의 비율이 가장 크게 증가할 것이다.

⑤ 면세유류는 1990년부터 감소한 적이 없다.

06 다음은 A ~ E 5개국의 경제 및 사회 지표 자료이다. 자료에 대한 설명 중 옳지 않은 것은?

<주요 5개국의 경제 및 사회 지표>

구분	1인당 GDP(달러)	경제성장률(%)	수출(백만 달러)	수입(백만 달러)	총인구(백만 명)
A	27,214	2.6	526,757	436,499	50.6
B	32,477	0.5	624,787	648,315	126.6
C	55,837	2.4	1,504,580	2,315,300	321.8
D	25,832	3.2	277,423	304,315	46.1
E	56,328	2.3	188,445	208,414	24.0

※ (총 GDP)=(1인당 GDP)×(총인구)

① 경제성장률이 가장 큰 나라가 총 GDP는 가장 작다.
② 총 GDP는 가장 큰 나라가 가장 작은 나라보다 10배 이상 더 크다.
③ 5개국 중 수출과 수입에 있어서 규모에 따라 나열한 순위는 서로 일치한다.
④ A국이 E국보다 총 GDP가 더 크다.
⑤ 1인당 GDP에 따른 순위와 총 GDP에 따른 순위는 서로 일치한다.

07 다음은 세계 주요 터널 화재 사고 A ~ F에 관한 자료이다. 이에 대한 설명으로 옳은 것은?

<세계 주요 터널 화재 사고 통계>

사고	터널 길이(km)	화재 규모(MW)	복구 비용(억 원)	복구 기간(개월)	사망자(명)
A	50.5	350	4,200	6	1
B	11.6	40	3,276	36	39
C	6.4	120	72	3	12
D	16.9	150	312	2	11
E	0.2	100	570	10	192
F	1.0	20	18	8	0

※ 사고 비용=복구 비용+사망자 수×5억 원

① 터널 길이가 길수록 사망자가 많다.
② 화재 규모가 클수록 복구 기간이 길다.
③ 사고 A를 제외하면 복구 기간이 길수록 복구 비용이 크다.
④ 사망자가 30명 이상인 사고를 제외하면 화재 규모가 클수록 복구 비용이 크다.
⑤ 사망자가 가장 많은 사고 E는 사고 비용도 가장 크다.

08 다음은 전국 시도의 인구 천 명당 지방자치단체 공무원 현원에 대한 자료이다. 다음 중 옳은 설명은?

〈시·도별 인구 천 명당 지방자치단체 공무원 현원〉

(단위 : 명)

시도별	2015년	2016년	2017년	2018년	2019년	2020년
전국	5.54	5.58	5.62	5.65	5.75	5.87
서울특별시	4.55	4.61	4.64	4.61	4.75	4.97
부산광역시	4.60	4.67	4.75	4.85	4.95	5.08
대구광역시	4.44	4.48	4.58	4.66	4.78	4.88
인천광역시	4.79	4.76	4.50	4.58	4.64	4.66
광주광역시	4.59	4.63	4.77	4.76	4.92	4.98
대전광역시	4.50	4.52	4.60	4.66	4.74	4.84
울산광역시	4.63	4.66	4.65	4.81	4.96	5.05
세종특별자치시	–	8.53	9.08	8.13	7.15	6.23
경기도	3.65	3.69	3.75	3.77	3.85	3.92
강원도	10.47	10.53	10.55	10.54	10.80	11.08
충청북도	7.80	7.85	7.98	8.07	8.17	8.33
충청남도	7.99	7.96	8.03	8.07	8.08	8.15
전라북도	8.33	8.42	8.44	8.51	8.66	8.87
전라남도	10.27	10.30	10.32	10.42	10.65	10.82
경상북도	8.82	8.94	9.12	9.13	9.24	9.41
경상남도	6.65	6.71	6.67	6.69	6.71	6.83
제주특별자치도	8.64	8.54	8.43	8.41	8.36	8.37

① 2019년 인구 천 명당 지방자치단체 공무원 수의 전년 대비 증가율은 충청북도가 충청남도보다 높다.

② 2016년부터 2020년까지 전년 대비 인천광역시와 제주특별자치도의 인구 천 명당 지방자치단체 공무원 수의 증감 추이는 동일하다.

③ 경상북도와 경상남도의 인구 천 명당 지방자치단체 공무원 수가 각각 두 번째로 적었던 해는 동일하다.

④ 강원도의 인구 천 명당 지방자치단체 공무원 수는 2020년에 2015년 대비 10% 이상 증가하였다.

⑤ 2016년부터 2018년까지 서울특별시 공무원 수가 전국 공무원 수에서 차지하는 비율은 매년 감소하였다.

09 다음은 A지역의 곡물 재배면적 및 생산량을 정리한 자료이다. 이에 대한 설명으로 옳은 것은?

〈A지역의 곡물 재배면적 및 생산량〉

(단위 : ha, 백 톤)

구분		2016년	2017년	2018년	2019년	2020년
미곡	재배면적	1,148	1,100	998	1,118	1,164
	생산량	15,276	14,145	13,057	15,553	18,585
맥류	재배면적	1,146	773	829	963	1,034
	생산량	7,347	4,407	4,407	6,339	7,795
두류	재배면적	450	283	301	317	339
	생산량	1,940	1,140	1,143	1,215	1,362
잡곡	재배면적	334	224	264	215	208
	생산량	1,136	600	750	633	772
서류	재배면적	59	88	87	101	138
	생산량	821	1,093	1,228	1,436	2,612

① 잡곡의 생산량이 가장 적은 해와 잡곡의 재배면적이 가장 적은 해는 같다.
② 2016년부터 2020년까지 재배면적은 잡곡이 서류의 2배 이상이다.
③ 두류의 생산량이 가장 많은 해에 재배면적이 가장 큰 곡물은 맥류이다.
④ 2018년부터 2020년까지 미곡과 두류의 전년 대비 생산량 증감 추이는 동일하다.
⑤ 2016년부터 2020년까지 매년 생산량은 두류가 잡곡보다 많다.

10 다음은 2011년부터 2020년까지 연도별 감자 재배면적 및 생산량을 나타낸 표이다. 표에 대한 해석으로 다음 중 옳지 않은 것은?

〈연도별 감자 재배면적 및 생산량〉

(단위 : ha, 톤)

구분	봄감자			고랭지감자			가을감자		
	재배면적	10a당 생산량 (kg)	생산량	재배면적	10a당 생산량 (kg)	생산량	재배면적	10a당 생산량 (kg)	생산량
2011년	16,302	2,415	393,632	3,801	3,668	139,423	4,810	1,739	83,652
2012년	19,126	2,392	457,584	3,784	2,509	94,944	3,894	1,789	69,674
2013년	17,424	2,396	417,433	3,793	3,332	126,371	3,713	1,716	63,730
2014년	20,977	2,722	571,024	3,751	2,963	111,125	2,702	1,676	45,289
2015년	15,596	2,772	432,342	2,975	3,647	108,500	2,901	1,713	49,690
2016년	14,545	2,526	367,363	3,403	3,875	131,867	2,286	1,685	38,508
2017년	15,259	2,580	393,670	3,579	3,407	121,927	3,162	1,267	40,073
2018년	14,943	2,152	321,518	3,244	3,049	98,895	2,787	1,663	46,342
2019년	15,819	2,435	385,244	3,462	2,652	91,811	4,121	1,723	71,010
2020년	18,150	2,567	465,948	3,844	3,634	139,676	4,835	1,654	79,981

※ 1ha=100a

※ 10a당 생산량은 소수점 이하 첫째 자리에서 반올림한다.

※ 봄감자, 고랭지감자, 가을감자 이외의 다른 감자는 없다.

① 2011년부터 2020년까지 매년 봄감자는 가을감자보다 4배 이상 생산되었다.

② 감자 생산효율이 높은 순서는 매년 '고랭지감자 – 봄감자 – 가을감자' 순서로 동일하다.

③ 2014년부터 2017년까지 고랭지감자의 재배면적이 넓을수록 10a당 생산량도 많아졌다.

④ 2017년부터 2019년까지 전년 대비 모든 감자의 10a당 생산량 평균은 감소하는 추세이다.

⑤ 2011년부터 2020년까지 봄감자가 가장 많이 생산된 연도의 고랭지감자와 가을감자의 재배면적 차이는 1,049ha 이다.

11 다음은 각종 암환자의 육식률 대비 사망률을 나타내는 자료이다. 자료에 대한 설명으로 옳지 않은 것은?

〈각종 암 환자의 육식률 대비 사망률〉

암 구분	육식률 80% 이상	육식률 50% 이상 80% 미만	육식률 30% 이상 50% 미만	육식률 30% 미만	채식률 100%
전립선암	42%	33%	12%	5%	8%
신장암	62%	48%	22%	11%	5%
대장암	72%	64%	31%	15%	8%
방광암	66%	52%	19%	12%	6%
췌장암	68%	49%	21%	8%	5%
위암	85%	76%	27%	9%	4%
간암	62%	48%	21%	7%	3%
구강암	52%	42%	18%	11%	10%
폐암	48%	41%	17%	13%	11%
난소암	44%	37%	16%	14%	7%

※ '육식률 30% 미만'에는 '채식률 100%'가 속하지 않는다.

① '육식률 80% 이상'의 사망률과 '채식률 100%'에서의 사망률의 차이가 가장 큰 암은 '위암'이다.
② '육식률 80% 이상'에서의 사망률이 50% 미만인 암과 '육식률 50% 이상 80% 미만'에서 사망률이 50% 이상인 암의 수는 동일하다.
③ 채식률이 100%여도 육식하는 사람보다 사망률이 항상 낮지 않다.
④ '육식률 30% 이상' 구간에서의 사망률이 1위인 암은 모두 동일하다.
⑤ '채식률 100%'에서 사망률이 10%를 초과하는 암은 '폐암'뿐이다.

※ 다음은 연령대별 평균 TV시청시간을 조사한 자료이다. 자료를 보고 이어지는 질문에 답하시오. **[12~13]**

〈연령대별 평균 TV시청시간〉

(단위 : 시간)

구분	평일		주말	
	오전	오후	오전	오후
10대 미만	2.2	3.8	2.5	5.2
10대	0.8	1.7	1.5	3.4
20대	0.9	1.8	2.2	3.2
30대	0.3	1.5	1.8	2.2
40대	1.1	2.5	3.2	4.5
50대	1.4	3.8	2.5	4.6
60대	2.6	4.4	2.7	4.7
70대	2.4	5.2	3.1	5.2
80대 이상	2.5	5.3	3.2	5.5

※ 구분 : 청년층(20대), 장년층(30 · 40대), 중년층(50 · 60대), 노년층(70대 이후)

※ (장년층의 단순 평균 TV시청시간)$=\dfrac{(30대\ 평균\ TV시청시간)+(40대\ 평균\ TV시청시간)}{2}$

    – 중년층, 노년층도 동일한 방식으로 계산한다.

※ (평일/주말 단순 평균 TV시청시간)$=\dfrac{(오전\ 평균\ TV시청시간)+(오후\ 평균\ TV시청시간)}{2}$

---

12 다음 중 자료에 대한 해석으로 옳은 것은?

① 10대 미만의 평일 오전 · 오후 평균 TV시청시간의 차는 1시간 30분이다.

② 30대 이후부터는 연령대가 높아질수록 평일 오후 평균 TV시청시간은 감소하고 주말 오후 평균 TV시청시간은 증가한다.

③ 주말 오전 장년층의 단순 평균 TV시청시간은 중년층보다 적다.

④ 청년층의 주말 단순 평균 TV시청시간은 평일의 2.2배이다.

⑤ 전 연령대에서 평일은 오후에 TV를 시청하는 시간이 길었지만, 주말에는 오전에 TV를 시청하는 시간이 길었다.

---

13 다음 〈보기〉 중 옳은 것을 모두 고르면?

> **보기**
>
> ㉠ 10대 미만의 평일 오전 평균 TV시청시간은 주말 오전 평균시청시간의 90% 미만이다.
> ㉡ 10대와 20대의 평일 오후 평균 TV시청시간의 차는 5분 미만이다.
> ㉢ 평일 오전 평균 TV시청시간이 가장 많은 연령대의 주말 단순 평균 TV시청시간은 4시간 이상이다.
> ㉣ 장년층 · 중년층 · 노년층 중 단순 평균 TV시청시간이 평일 오전과 오후의 차가 가장 큰 연령층은 노년층이다.

① ㉠, ㉡   ② ㉠, ㉣

③ ㉢, ㉣   ④ ㉠, ㉡, ㉢

⑤ ㉠, ㉢, ㉣

※ 다음은 2020년 법 관련 정보 획득처에 대한 설문조사 자료이다. 이어지는 질문에 답하시오. [14~15]

〈2020년 법 관련 정보 획득처〉

(단위 : %)

대구분	소구분	사례수 (명)	TV/ 라디오	신문/ 잡지	포털 사이트	SNS	주위 사람	법원 인터넷 시스템	없음	기타
성별	남자	1,701	69.0	26.1	59.8	19.2	40.3	42.8	0.3	42.5
	여자	1,740	75.4	22.7	55.0	17.0	46.9	37.7	1.1	44.1
최종 학력별	중졸 이하	548	90.0	33.4	20.6	2.6	72.2	18.3	4.0	58.8
	고졸	1,427	74.8	24.6	59.0	18.9	46.4	37.8	0.2	38.4
	대졸 이상	1,466	63.2	20.0	69.5	23.0	30.2	50.8	0.0	42.3
직업별	사무직	686	60.5	18.8	69.2	23.3	30.7	54.0	0.0	43.5
	서비스/판매직	1,078	68.2	24.7	62.0	19.1	40.7	42.3	0.2	42.9
	기능직/단순노무	576	82.8	26.4	51.1	13.8	50.3	33.9	1.1	40.4
	학생	146	55.2	9.7	80.0	32.8	36.0	49.9	0.0	36.6
	주부	668	82.6	25.5	46.0	10.0	54.6	29.4	0.9	47.1
	기타	6	55.4	10.0	67.7	10.0	82.5	31.4	0.0	42.9
	무직	281	79.9	38.2	38.3	12.3	49.8	32.7	3.7	45.1
이념 성향별	보수	944	80.1	35.1	43.4	13.6	53.5	29.1	1.0	44.1
	중도	1,434	72.1	22.0	61.1	18.6	40.3	42.4	0.6	42.1
	진보	847	62.9	15.7	66.8	21.9	38.1	48.0	0.6	46.0
	관심 없음	216	75.8	22.6	56.4	18.7	44.1	44.1	0.9	37.3
재판 관련 경험별	있다	473	75.2	23.0	60.3	18.2	34.3	40.0	0.4	44.0
	없다	2,968	71.8	24.6	56.9	18.0	45.1	39.5	0.8	43.1

※ 동일한 인원을 대상으로 하여 성별, 최종 학력별, 직업별, 이념성향별, 재판 관련 경험별 구분에 따른 응답비율을 정리하였다.
※ 응답인원 별로, "해당 수단을 통해 정보를 얻는가?"하는 물음에, '그렇다'고 대답한 인원의 비율이다.

14 다음 중 위 자료에 대한 설명으로 옳은 것은?

① 중졸 이하 학력의 응답인원 중 TV/라디오를 통해 법 관련 정보를 얻는 사람의 수는 500명 이상이다.

② 법 관련 정보를 얻는 곳이 따로 없다고 응답한 사람의 수는 보수 성향보다 중도 성향에서 더 많다.

③ 재판 관련 경험이 없는 사람들 중 SNS를 이용하여 법 관련 정보를 얻는 사람의 수는 550명 미만이다.

④ 신문/잡지를 이용해 법 관련 정보를 얻는다고 응답한 사람의 수는 대졸 이상 학력이면서 그렇다고 대답한 인원들이 중도 성향이며 그렇다고 응답한 인원보다 많다.

⑤ 사무직 응답인원 수는 전체 응답인원의 30% 이상이다.

15 다음 중 자료에 대한 설명으로 옳지 않은 것을 〈보기〉에서 모두 고르면?

> **보기**
>
> ㄱ. 재판 관련 경험이 있다고 답한 인원 중 법원 인터넷 시스템을 통해 법 관련 정보를 얻는 사람은 200명 이상이다.
>
> ㄴ. 학생 중 포털사이트를 이용해 법 관련 정보를 얻는다고 답한 응답인원 수보다 주부 중 SNS를 이용하여 법 관련 정보를 얻는다고 답한 응답인원의 수가 더 많다.
>
> ㄷ. 전체 응답인원 중 포털사이트를 통해 법 관련 정보를 얻는 응답인원의 수는 주위사람을 통해 법 관련 정보를 얻는 응답인원의 수보다 많다.

① ㄱ

② ㄷ

③ ㄱ, ㄴ

④ ㄱ, ㄷ

⑤ ㄴ, ㄷ

※ 다음은 주요 직업별 종사자 총 2만 명을 대상으로 주 평균 여가시간을 조사한 자료이다. 자료를 보고 이어지는 물음에 답하시오. [16~17]

<주요 직업별 주 평균 여가시간>

구분	1시간 미만	1시간 이상 3시간 미만	3시간 이상 5시간 미만	5시간 이상	응답자 수
일반회사직	22%	45%	20%	13%	4,400명
자영업자	36%	35%	25%	4%	1,800명
공교육직	4%	12%	39%	45%	2,800명
사교육직	36%	35%	25%	4%	2,500명
교육 외 공무직	32%	28%	22%	18%	3,800명
연구직	69%	1%	7%	23%	2,700명
의료직	52%	5%	2%	41%	2,000명

16 다음 중 자료에 대한 설명으로 옳지 않은 것은?

① 응답자 중 교육에 종사하는 사람이 차지하는 비율은 27% 미만이다.
② 일반회사직과 자영업자 종사자 모두 주 평균 여가시간이 '1시간 이상 3시간 미만'이라고 응답한 인원이 가장 많다.
③ 공교육직 종사자의 응답 비율이 높은 순서로 나열한 것과 교육 외 공무직 종사자의 응답 비율이 높은 순서로 나열한 것은 반대의 추이를 보인다.
④ 연구직 종사자와 의료직 종사자의 응답 비율의 차가 가장 큰 응답 시간은 '5시간 이상'이다.
⑤ '3시간 이상 5시간 미만'에 가장 많이 응답한 직업군은 없다.

17 다음 <보기> 중 자료에 대한 설명으로 옳은 것을 모두 고르면?

> **보기**
>
> ㉠ 전체 응답자 중 공교육직 종사자가 차지하는 비율은 연구직 종사자가 차지하는 비율보다 1.5%p 더 높다.
> ㉡ 공교육직 종사자의 응답비율이 가장 높은 구간의 응답자 수는 사교육직 종사자의 응답비율이 가장 높은 구간의 응답자 수의 1.5배이다.
> ㉢ '5시간 이상'이라고 응답한 교육 외 공무직 종사자의 응답비율은 연구직 종사자의 응답비율보다 낮지만, 응답자 수는 더 많다.

① ㉠
② ㉡
③ ㉢
④ ㉠, ㉡
⑤ ㉡, ㉢

18 다음은 2014년부터 2019년까지 교원 1인당 학생 수이다. 자료를 참고하여 연도별 변화율을 그래프로 나타낸 것으로 적절하지 않은 것은?

〈교원 1인당 학생 수〉

(단위 : 명)

구분	2014년	2015년	2016년	2017년	2018년	2019년
유치원	13.4	13.4	13.3	12.9	12.3	11.9
초등학교	14.9	14.9	14.6	14.5	14.5	14.6
중학교	15.2	14.3	13.3	12.7	12.1	11.7
고등학교	13.7	13.2	12.9	12.4	11.5	10.6
일반대학	25.2	24.6	24.2	23.6	23.6	23.7

※ 당해 증가율＝(당해연도 수－전년도 수)÷전년도 수×100

① 유치원 증가율

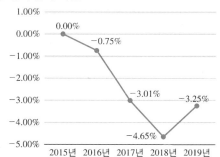

② 초등학교 증가율

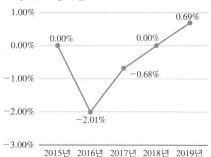

③ 일반대학 증가율

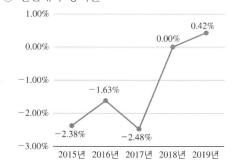

④ 중학교 증가율

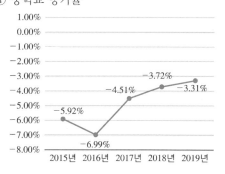

⑤ 고등학교 증가율

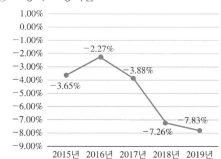

19 다음은 발사이즈에 따른 평균 키를 나타낸 자료이다. 평균 키와 발사이즈의 관계가 주어진 자료와 같을 때 ㉠과 ㉡에 들어갈 숫자로 알맞은 것은?

발사이즈(mm)	230	235	240	245
평균 키(cm)	151	㉠	158	㉡

〈발사이즈에 따른 평균 키〉

※ (평균 키)$= a \times$(발사이즈)$- b$

	㉠	㉡
①	154	161
②	154.5	161.5
③	155	162
④	155.5	162.5
⑤	156	163

20 A음료 회사는 이온 음료를 생산한다. 다음과 같은 규칙으로 생산할 때, 처음으로 생산량이 만대를 넘는 것은 몇 년도인가?

(단위 : 대)

구분	2015년	2016년	2017년	2018년
생산량	3	7	19	55

① 2021년   ② 2022년
③ 2023년   ④ 2024년
⑤ 2025년

GSAT 다음 관문은 인성검사와 면접이다. 본 파트에서는 인성검사와 면접 기출 질문을 수록하여 삼성그룹 입사 준비를 한 권으로 끝낼 수 있도록 하였다. 인성검사의 핵심은 일관적인 답변으로 신속하면서도 일관성 있게 답을 체크해나가는 연습이 필요하다. 이에 2단계에 걸친 인성검사와 답안지, 분석표를 수록하였고 이에 따라 결과를 분석할 수 있게 하였다. 면접의 경우 삼성그룹은 직무면접, 창의성 면접, 임원면접을 통해 최종적으로 신입사원을 선발한다. 면접 유형별 진행 방식과 유의사항, 최신 면접 기출 질문을 수록하였다.

CHAPTER 01　인성검사

CHAPTER 02　면접

PART **4**

인성검사 · 면접

인성검사

1 인성검사의 개요

1. 인성검사의 의의

인성검사는 1943년 미국 미네소타 대학교의 임상심리학자 Hathaway 박사와 정신과 의사 Mckinley 박사가 제작한 MMPI(Minnesota Multiphasic Personality Inventory)를 원형으로 한 다면적 인성검사를 말한다.

다면적이라 불리는 것은 여러 가지 정신적인 증상들을 동시에 측정할 수 있도록 고안되어 있기 때문이다. 풀이하자면, 개인이 가지고 있는 다면적인 성격을 많은 문항수의 질문을 통해 수치로 나타내는 것이다. 그렇다면 성격이란 무엇인가?

성격은 일반적으로 개인 내부에 있는 특징적인 행동과 생각을 결정해 주는 정신적·신체적 체제의 역동적 조직이라고 말할 수 있으며, 환경에 적응하게 하는 개인적인 여러 가지 특징과 행동양식의 잣대라고 정의할 수 있다. 다시 말하면, 성격이란 한 개인이 환경적 변화에 적응하는 특징적인 행동 및 사고유형이라고 할 수 있으며, 인성검사란 그 개인의 행동 및 사고유형을 서면을 통해 수치적·언어적으로 기술하거나 예언해 주는 도구라 할 수 있다.

신규채용 또는 평가에 활용하는 인성검사로 MMPI 원형을 그대로 사용하는 기업도 있지만, 대부분의 기업에서는 MMPI 원형을 기준으로 연구, 조사, 정보수집, 개정 등의 과정을 통해서 자체 개발한 유형을 사용하고 있다.

인성검사의 구성은 여러 가지 하위 척도로 구성되어 있는데, MMPI 다면적 인성검사의 척도를 살펴보면 기본 척도가 8개 문항으로 구성되어 있고, 2개의 임상 척도와 4개의 타당성 척도를 포함, 총 14개 척도로 구성되어 있다. 캘리포니아 심리검사(CPI; California Psychological Inventory)의 경우는 48개 문항, 18개의 척도로 구성되어 있다.

2. 인성검사의 해석단계

해석단계는 첫 번째, 각 타당성 및 임상 척도에 대한 피검사자의 점수를 검토하는 방법으로 각 척도마다 피검사자의 점수가 정해진 범위에 속하는지 여부를 검토하게 된다.

두 번째, 척도별 연관성에 대한 분석으로 각 척도에서의 점수범위가 의미하는 것과 그것들이 나타낼 가설들을 종합하고, 어느 특정 척도의 점수를 근거로 하여 다른 척도들에 대한 예측을 시도하게 된다.

세 번째, 척도 간의 응집 또는 분산을 찾아보고 그에 따른 해석적 가설을 형성하는 과정으로 두 개 척도 간의 관계만을 가지고 해석하게 된다.

네 번째, 매우 낮은 임상 척도에 대한 검토로서, 일부 척도에서 낮은 점수가 특별히 의미 있는 경우가 있기 때문에 신중히 다뤄지게 된다.

다섯 번째, 타당성 및 임상 척도에 대한 형태적 분석으로서, 타당성 척도들과 임상 척도들 전체의 형태적 분석이다. 주로 척도들의 상승도와 기울기 및 굴곡을 해석해서 피검사자에 대한 종합적이고 총체적인 추론적 해석을 하게 된다.

2 척도구성

1. MMPI 척도구성

(1) 타당성 척도

타당성 척도는 피검사자가 검사에 올바른 태도를 보였는지, 또 피검사자가 응답한 검사문항들의 결론이 신뢰할 수 있는 결론인가를 알아보는 라이스케일(허위척도)이라 할 수 있다. 타당성 4개 척도는 잘못된 검사태도를 탐지하게 할 뿐만 아니라, 임상 척도와 더불어 검사 이외의 행동에 대하여 유추할 수 있는 자료를 제공해 줌으로써, 의미있는 인성요인을 밝혀주기도 한다.

〈타당성 4개 척도구성〉

무응답 척도 (?)	무응답 척도는 피검사자가 응답하지 않은 문항과 '그렇다'와 '아니다'에 모두 답한 문항들의 총합이다. 척도점수의 크기는 다른 척도점수에 영향을 미치게 되므로, 빠뜨린 문항의 수를 최소로 줄이는 것이 중요하다.
허구 척도 (L)	L 척도는 피검사자가 자신을 좋은 인상으로 나타내 보이기 위해 하는 고의적이고 부정직하며 세련되지 못한 시도를 측정하는 허구 척도이다. L 척도의 문항들은 정직하지 못하거나 결점들을 고의적으로 감춰 자신을 좋게 보이려는 사람들의 장점마저도 부인하게 된다.
신뢰성 척도 (F)	F 척도는 검사문항에 빗나간 방식의 답변을 응답하는 경향을 평가하기 위한 척도로 정상적인 집단의 10% 이하가 응답한 내용을 기준으로 일반 대중의 생각이나 경험과 다른 정도를 측정한다.
교정 척도 (K)	K 척도는 분명한 정신적인 장애를 지니면서도 정상적인 프로파일을 보이는 사람들을 식별하기 위한 것이다. K 척도는 L 척도와 유사하게 거짓답안을 확인하지만 L 척도보다 더 미세하고 효과적으로 측정한다.

(2) 임상 척도

임상 척도는 검사의 주된 내용으로써 비정상 행동의 종류를 측정하는 10가지 척도로 되어 있다. 임상 척도의 수치는 높은 것이 좋다고 해석하는 경우도 있지만, 개별 척도별로 해석을 참고하는 경우가 대부분이다.

건강염려증(Hs) Hypochondriasis	개인이 말하는 신체적 증상과 이러한 증상들이 다른 사람을 조정하는 데 사용되고 있지는 않은지 여부를 측정하는 척도로서, 측정내용은 신체의 기능에 대한 과도한 집착 및 이와 관련된 질환이나 비정상적인 상태에 대한 불안감 등이다.
우울증(D) Depression	개인의 비관 및 슬픔의 정도를 나타내는 기분상태의 척도로서, 자신에 대한 태도와 타인과의 관계에 대한 태도, 절망감, 희망의 상실, 무력감 등을 원인으로 나타나는 활동에 대한 흥미의 결여, 불면증과 같은 신체적 증상 및 과도한 민감성 등을 표현한다.
히스테리(Hy) Hysteria	현실에 직면한 어려움이나 갈등을 회피하는 방법인 부인기제를 사용하는 경향 정도를 진단하려는 것으로서 특정한 신체적 증상을 나타내는 문항들과 아무런 심리적·정서적 장애도 가지고 있지 않다고 주장하는 것을 나타내는 문항들의 두 가지 다른 유형으로 구성되어 있다.
반사회성(Pd) Psychopathic Deviate	가정이나 일반사회에 대한 불만, 자신 및 사회와의 격리, 권태 등을 주로 측정하는 것으로서 반사회적 성격, 비도덕적인 성격 경향 정도를 알아보기 위한 척도이다.
남성-여성특성(Mf) Masculinity-Femininity	직업에 관한 관심, 취미, 종교적 취향, 능동·수동성, 대인감수성 등의 내용을 담고 있으며, 흥미형태의 남성특성과 여성특성을 측정하고 진단하는 검사이다.
편집증(Pa) Paranoia	편집증을 평가하기 위한 것으로서 정신병적인 행동과 과대의심, 관계망상, 피해망상, 과대망상, 과민함, 비사교적 행동, 타인에 대한 불만감 같은 내용의 문항들로 구성되어 있다.
강박증(Pt) Psychasthenia	병적인 공포, 불안감, 과대근심, 강박관념, 자기 비판적 행동, 집중력 곤란, 죄책감 등을 검사하는 내용으로 구성되어 있으며, 주로 오랫동안 지속된 만성적인 불안을 측정한다.
정신분열증(Sc) Schizophrenia	정신적 혼란을 측정하는 척도로서 가장 많은 문항에 내포하고 있다. 이 척도는 별난 사고방식이나 행동양식을 지닌 사람을 판별하는 것으로서 사회적 고립, 가족관계의 문제, 성적 관심, 충동억제불능, 두려움, 불만족 등의 내용으로 구성되어 있다.
경조증(Ma) Hypomania	정신적 에너지를 측정하는 것으로서, 사고의 다양성과 과장성, 행동영역의 불안정성, 흥분성, 민감성 등을 나타낸다. 이 척도가 높으면 무엇인가를 하지 않고는 못 견디는 정력적인 사람이다.
내향성(Si) Social Introversion	피검사자의 내향성과 외향성을 측정하기 위한 척도로서, 개인의 사회적 접촉 회피, 대인관계의 기피, 비사회성 등의 인성요인을 측정한다. 이 척도의 내향성과 외향성은 어느 하나가 좋고 나쁨을 나타내는 것이 아니라, 피검사자가 어떤 성향의 사람인가를 알아내는 것이다.

2. CPI 척도구성

〈18 척도〉

지배성 척도 (Do)	강력하고 지배적이며, 리더십이 강하고 대인관계에서 주도권을 잡는 지배적인 사람을 변별하고자 하는 척도이다.
지위능력 척도 (Cs)	현재의 개인 자신의 지위를 측정하는 것이 아니라, 개인의 내부에 잠재되어 있어 어떤 지위에 도달하게끔 하는 자기 확신, 야심, 자신감 등을 평가하기 위한 척도이다.
사교성 척도 (Sy)	사교적이고 활달하며 참여기질이 좋은 사람과, 사회적으로 자신을 나타내기 싫어하고 참여기질이 좋지 않은 사람을 변별하고자 하는 척도이다.
사회적 태도 척도 (Sp)	사회생활에서의 안정감, 활력, 자발성, 자신감 등을 평가하기 위한 척도로서, 사교성과 밀접한 관계가 있다. 고득점자는 타인 앞에 나서기를 좋아하고, 타인의 방어기제를 공격하여 즐거움을 얻고자 하는 성격을 가지고 있다.
자기수용 척도 (Sa)	자신에 대한 믿음, 자신의 생각을 수용하는 자기확신감을 가지고 있는 사람을 변별하기 위한 척도이다.
행복감 척도 (Wb)	근본 목적은 행복감을 느끼는 사람과 그렇지 않은 사람을 변별해 내는 척도 검사이지만, 긍정적인 성격으로 가장하기 위해서 반응한 사람을 변별해 내는 타당성 척도로서의 목적도 가지고 있다.
책임감 척도 (Re)	법과 질서에 대해서 철저하고 양심적이며 책임감이 강해 신뢰할 수 있는 사람과 인생은 이성에 의해서 지배되어야 한다고 믿는 사람을 변별하기 위한 척도이다.
사회성 척도 (So)	사회생활에서 이탈된 행동이나 범죄의 가능성이 있는 사람을 변별하기 위한 척도로서 범죄자 유형의 사람은 정상인보다 매우 낮은 점수를 나타낸다.
자기통제 척도 (Sc)	자기통제의 유무, 충동, 자기중심에서 벗어날 수 있는 통제의 적절성, 규율과 규칙에 동의하는 정도를 측정하는 척도로서, 점수가 높은 사람은 지나치게 자신을 통제하려 하며, 낮은 사람은 자기 통제가 잘 안되므로 충동적이 된다.
관용성 척도 (To)	침묵을 지키고 어떤 사실에 대하여 성급하게 판단하기를 삼가고 다양한 관점을 수용하려는 사회적 신념과 태도를 재려는 척도이다.
좋은 인상 척도 (Gi)	타인이 자신에 대해 어떻게 반응하는가, 타인에게 좋은 인상을 주었는가에 흥미를 느끼는 사람을 변별하고, 자신을 긍정적으로 보이기 위해 솔직하지 못한 반응을 하는 사람을 찾아내기 위한 타당성 척도이다.
추종성 척도 (Cm)	사회에 대한 보수적인 태도와 생각을 측정하는 척도검사이다. 아무렇게나 적당히 반응한 피검사자를 찾아내는 타당성 척도로서의 목적도 있다.
순응을 위한 성취 척도 (Ac)	강한 성취욕구를 측정하기 위한 척도로서 학업성취에 관련된 동기요인과 성격요인을 측정하기 위해서 만들어졌다.
독립성을 통한 성취 척도 (Ai)	독립적인 사고, 창조력, 자기실현을 위한 성취능력의 정도를 측정하는 척도이다.
지적 능률 척도 (Ie)	지적 능률성을 측정하기 위한 척도이며, 지능과 의미 있는 상관관계를 가지고 있는 성격특성을 나타내는 항목을 제공한다.
심리적 예민성 척도 (Py)	동기, 내적 욕구, 타인의 경험에 공명하고 흥미를 느끼는 정도를 재는 척도이다.
유연성 척도 (Fx)	개인의 사고와 사회적 행동에 대한 유연성, 순응성 정도를 나타내는 척도이다.
여향성 척도 (Fe)	흥미의 남향성과 여향성을 측정하기 위한 척도이다.

③ 인성검사 시 유의사항

(1) 충분한 휴식으로 불안을 없애고 정서적인 안정을 취한다. 심신이 안정되어야 자신의 마음을 표현할 수 있다.

(2) 생각나는 대로 솔직하게 응답한다. 자신을 너무 과대포장하지도, 너무 비하하지 않도록 한다. 답변을 꾸며서 하면 앞뒤가 맞지 않게끔 구성돼 있어 불리한 평가를 받게 되므로 솔직하게 답하도록 한다.

(3) 검사문항에 대해 지나치게 골똘히 생각해서는 안 된다. 지나치게 몰두하면 엉뚱한 답변이 나올 수 있으므로 불필요한 생각은 삼간다.

(4) 인성검사는 대개 문항수가 많기에 자칫 건너뛰는 경우가 있는데, 가능한 모든 문항에 답해야 한다. 응답하지 않은 문항이 많을 경우 평가자가 정확한 평가를 내리지 못해 불리한 평가를 받을 수 있기 때문이다.

④ 인성검사 모의연습

1. 1단계 검사

※ 다음 질문내용을 읽고 본인에 해당하는 응답의 '예', '아니요'에 ○표 하시오. [1~140]

번호	질문	응답	
1	조심스러운 성격이라고 생각한다.	예	아니요
2	사물을 신중하게 생각하는 편이라고 생각한다.	예	아니요
3	동작이 기민한 편이다.	예	아니요
4	포기하지 않고 노력하는 것이 중요하다.	예	아니요
5	일주일의 예정을 만드는 것을 좋아한다.	예	아니요
6	노력의 여하보다 결과가 중요하다.	예	아니요
7	자기주장이 강하다.	예	아니요
8	장래의 일을 생각하면 불안해질 때가 있다.	예	아니요
9	소외감을 느낄 때가 있다.	예	아니요
10	훌쩍 여행을 떠나고 싶을 때가 자주 있다.	예	아니요
11	대인관계가 귀찮다고 느낄 때가 있다.	예	아니요
12	자신의 권리를 주장하는 편이다.	예	아니요
13	낙천가라고 생각한다.	예	아니요
14	싸움을 한 적이 없다.	예	아니요
15	자신의 의견을 상대에게 잘 주장하지 못한다.	예	아니요
16	좀처럼 결단하지 못하는 경우가 있다.	예	아니요
17	하나의 취미를 오래 지속하는 편이다.	예	아니요
18	한 번 시작한 일은 끝을 맺는다.	예	아니요
19	행동으로 옮기기까지 시간이 걸린다.	예	아니요
20	다른 사람들이 하지 못하는 일을 하고 싶다.	예	아니요
21	해야 할 일은 신속하게 처리한다.	예	아니요

번호	질문	응답	
22	병이 아닌지 걱정이 들 때가 있다.	예	아니요
23	다른 사람의 충고를 기분 좋게 듣는 편이다.	예	아니요
24	다른 사람에게 의존적이 될 때가 많다.	예	아니요
25	타인에게 간섭받는 것은 싫다.	예	아니요
26	의식 과잉이라는 생각이 들 때가 있다.	예	아니요
27	수다를 좋아한다.	예	아니요
28	잘못된 일을 한 적이 한 번도 없다.	예	아니요
29	모르는 사람과 이야기하는 것은 용기가 필요하다.	예	아니요
30	끙끙거리며 생각할 때가 있다.	예	아니요
31	다른 사람에게 항상 움직이고 있다는 말을 듣는다.	예	아니요
32	매사에 얽매인다.	예	아니요
33	잘하지 못하는 게임은 하지 않으려고 한다.	예	아니요
34	어떠한 일이 있어도 출세하고 싶다.	예	아니요
35	막무가내라는 말을 들을 때가 많다.	예	아니요
36	신경이 예민한 편이라고 생각한다.	예	아니요
37	쉽게 침울해한다.	예	아니요
38	쉽게 싫증을 내는 편이다.	예	아니요
39	옆에 사람이 있으면 싫다.	예	아니요
40	토론에서 이길 자신이 있다.	예	아니요
41	친구들과 남의 이야기를 하는 것을 좋아한다.	예	아니요
42	푸념을 한 적이 없다.	예	아니요
43	남과 친해지려면 용기가 필요하다.	예	아니요
44	통찰력이 있다고 생각한다.	예	아니요
45	집에서 가만히 있으면 기분이 우울해진다.	예	아니요
46	매사에 느긋하고 차분하게 매달린다.	예	아니요
47	좋은 생각이 떠올라도 실행하기 전에 여러모로 검토한다.	예	아니요
48	누구나 권력자를 동경하고 있다고 생각한다.	예	아니요
49	몸으로 부딪혀 도전하는 편이다.	예	아니요
50	당황하면 갑자기 땀이 나서 신경 쓰일 때가 있다.	예	아니요
51	친구들이 진지한 사람으로 생각하고 있다.	예	아니요
52	감정적으로 될 때가 많다.	예	아니요
53	다른 사람의 일에 관심이 없다.	예	아니요
54	다른 사람으로부터 지적받는 것은 싫다.	예	아니요
55	지루하면 마구 떠들고 싶어진다.	예	아니요
56	부모에게 불평을 한 적이 한 번도 없다.	예	아니요
57	내성적이라고 생각한다.	예	아니요
58	돌다리도 두들기고 건너는 타입이라고 생각한다.	예	아니요
59	굳이 말하자면 시원시원하다.	예	아니요
60	나는 끈기가 강하다.	예	아니요
61	전망을 세우고 행동할 때가 많다.	예	아니요

PART 4 인성검사 · 면접

번호	질문	응답	
62	일에는 결과가 중요하다고 생각한다.	예	아니요
63	활력이 있다.	예	아니요
64	항상 천재지변을 당하지는 않을까 걱정하고 있다.	예	아니요
65	때로는 후회할 때도 있다.	예	아니요
66	다른 사람에게 위해를 가할 것 같은 기분이 든 때가 있다.	예	아니요
67	진정으로 마음을 허락할 수 있는 사람은 없다.	예	아니요
68	기다리는 것에 짜증내는 편이다.	예	아니요
69	친구들로부터 줏대 없는 사람이라는 말을 듣는다.	예	아니요
70	사물을 과장해서 말한 적은 없다.	예	아니요
71	인간관계가 폐쇄적이라는 말을 듣는다.	예	아니요
72	매사에 신중한 편이라고 생각한다.	예	아니요
73	눈을 뜨면 바로 일어난다.	예	아니요
74	난관에 봉착해도 포기하지 않고 열심히 해본다.	예	아니요
75	실행하기 전에 재확인할 때가 많다.	예	아니요
76	리더로서 인정을 받고 싶다.	예	아니요
77	어떤 일이 있어도 의욕을 가지고 열심히 하는 편이다.	예	아니요
78	다른 사람의 감정에 민감하다.	예	아니요
79	다른 사람들이 남을 배려하는 마음씨가 있다는 말을 한다.	예	아니요
80	사소한 일로 우는 일이 많다.	예	아니요
81	반대에 부딪혀도 자신의 의견을 바꾸는 일은 없다.	예	아니요
82	누구와도 편하게 이야기할 수 있다.	예	아니요
83	가만히 있지 못할 정도로 침착하지 못할 때가 있다.	예	아니요
84	다른 사람을 싫어한 적은 한 번도 없다.	예	아니요
85	그룹 내에서는 누군가의 주도하에 따라가는 경우가 많다.	예	아니요
86	차분하다는 말을 듣는다.	예	아니요
87	스포츠 선수가 되고 싶다고 생각한 적이 있다.	예	아니요
88	모두가 싫증을 내는 일에도 혼자서 열심히 한다.	예	아니요
89	휴일은 세부적인 예정을 세우고 보낸다.	예	아니요
90	완성된 것보다 미완성인 것에 흥미가 있다.	예	아니요
91	잘하지 못하는 것이라도 자진해서 한다.	예	아니요
92	가만히 있지 못할 정도로 불안해질 때가 많다.	예	아니요
93	자주 깊은 생각에 잠긴다.	예	아니요
94	이유도 없이 다른 사람과 부딪힐 때가 있다.	예	아니요
95	타인의 일에는 별로 관여하고 싶지 않다고 생각한다.	예	아니요
96	무슨 일이든 자신을 가지고 행동한다.	예	아니요
97	유명인과 서로 아는 사람이 되고 싶다.	예	아니요
98	지금까지 후회를 한 적이 없다.	예	아니요
99	의견이 다른 사람과는 어울리지 않는다.	예	아니요
100	무슨 일이든 생각해 보지 않으면 만족하지 못한다.	예	아니요
101	다소 무리를 하더라도 피로해지지 않는다.	예	아니요

번호	질문	응답	
102	굳이 말하자면 장거리 주자에 어울린다고 생각한다.	예	아니요
103	여행을 가기 전에는 세세한 계획을 세운다.	예	아니요
104	능력을 살릴 수 있는 일을 하고 싶다.	예	아니요
105	성격이 시원시원하다고 생각한다.	예	아니요
106	굳이 말하자면 자의식 과잉이다.	예	아니요
107	자신을 쓸모없는 인간이라고 생각할 때가 있다.	예	아니요
108	주위의 영향을 받기 쉽다.	예	아니요
109	지인을 발견해도 만나고 싶지 않을 때가 많다.	예	아니요
110	다수의 반대가 있더라도 자신의 생각대로 행동한다.	예	아니요
111	번화한 곳에 외출하는 것을 좋아한다.	예	아니요
112	지금까지 다른 사람의 마음에 상처준 일이 없다.	예	아니요
113	다른 사람에게 자신이 소개되는 것을 좋아한다.	예	아니요
114	실행하기 전에 재고하는 경우가 많다.	예	아니요
115	몸을 움직이는 것을 좋아한다.	예	아니요
116	나는 완고한 편이라고 생각한다.	예	아니요
117	신중하게 생각하는 편이다.	예	아니요
118	커다란 일을 해보고 싶다.	예	아니요
119	계획을 생각하기보다 빨리 실행하고 싶어한다.	예	아니요
120	작은 소리도 신경 쓰인다.	예	아니요
121	나는 자질구레한 걱정이 많다.	예	아니요
122	이유도 없이 화가 치밀 때가 있다.	예	아니요
123	융통성이 없는 편이다.	예	아니요
124	나는 다른 사람보다 기가 세다.	예	아니요
125	다른 사람보다 쉽게 우쭐해진다.	예	아니요
126	다른 사람을 의심한 적이 한 번도 없다.	예	아니요
127	어색해지면 입을 다무는 경우가 많다.	예	아니요
128	하루의 행동을 반성하는 경우가 많다.	예	아니요
129	격렬한 운동도 그다지 힘들어하지 않는다.	예	아니요
130	새로운 일에 처음 한 발을 좀처럼 떼지 못한다.	예	아니요
131	앞으로의 일을 생각하지 않으면 진정이 되지 않는다.	예	아니요
132	인생에서 중요한 것은 높은 목표를 갖는 것이다.	예	아니요
133	무슨 일이든 선수를 쳐야 이긴다고 생각한다.	예	아니요
134	다른 사람이 나를 어떻게 생각하는지 궁금할 때가 많다.	예	아니요
135	침울해지면서 아무 것도 손에 잡히지 않을 때가 있다.	예	아니요
136	어린 시절로 돌아가고 싶을 때가 있다.	예	아니요
137	아는 사람을 발견해도 피해버릴 때가 있다.	예	아니요
138	굳이 말하자면 기가 센 편이다.	예	아니요
139	성격이 밝다는 말을 듣는다.	예	아니요
140	다른 사람이 부럽다고 생각한 적이 한 번도 없다.	예	아니요

2. 2단계 검사

※ 다음 질문내용을 읽고 A, B 중 해당되는 곳에 ○표 하시오. [1~36]

번호	질문	응답	
1	A 사람들 앞에서 잘 이야기하지 못한다. B 사람들 앞에서 이야기하는 것을 좋아한다.	A	B
2	A 엉뚱한 생각을 잘한다. B 비현실적인 것을 싫어한다.	A	B
3	A 친절한 사람이라는 말을 듣고 싶다. B 냉정한 사람이라는 말을 듣고 싶다.	A	B
4	A 예정에 얽매이는 것을 싫어한다. B 예정이 없는 상태를 싫어한다.	A	B
5	A 혼자 생각하는 것을 좋아한다. B 다른 사람과 이야기하는 것을 좋아한다.	A	B
6	A 정해진 절차에 따르는 것을 싫어한다. B 정해진 절차가 바뀌는 것을 싫어한다.	A	B
7	A 친절한 사람 밑에서 일하고 싶다. B 이성적인 사람 밑에서 일하고 싶다.	A	B
8	A 그때그때의 기분으로 행동하는 경우가 많다. B 미리 행동을 정해두는 경우가 많다.	A	B
9	A 다른 사람과 만났을 때 화제로 고생한다. B 다른 사람과 만났을 때 화제에 부족함이 없다.	A	B
10	A 학구적이라는 인상을 주고 싶다. B 실무적이라는 인상을 주고 싶다.	A	B
11	A 친구가 돈을 빌려달라고 하면 거절하지 못한다. B 본인에게 도움이 되지 않는 차금은 거절한다.	A	B
12	A 조직 안에서는 독자적으로 움직이는 타입이라고 생각한다. B 조직 안에서는 우등생 타입이라고 생각한다.	A	B
13	A 문장을 쓰는 것을 좋아한다. B 이야기하는 것을 좋아한다.	A	B
14	A 직감으로 판단한다. B 경험으로 판단한다.	A	B
15	A 다른 사람이 어떻게 생각하는지 신경 쓰인다. B 다른 사람이 어떻게 생각하든 신경 쓰지 않는다.	A	B
16	A 틀에 박힌 일은 싫다. B 절차가 정해진 일을 좋아한다.	A	B
17	A 처음 사람을 만날 때는 노력이 필요하다. B 처음 사람을 만나는 것이 아무렇지도 않다.	A	B
18	A 꿈을 가진 사람에게 끌린다. B 현실적인 사람에게 끌린다.	A	B

번호	질문	응답	
19	A 어려움에 처한 사람을 보면 동정한다.	A	B
	B 어려움에 처한 사람을 보면 원인을 생각한다.		
20	A 느긋한 편이다.	A	B
	B 시간을 정확히 지키는 편이다.		
21	A 회합에서는 소개를 받는 편이다.	A	B
	B 회합에서는 소개를 하는 편이다.		
22	A 굳이 말하자면 혁신적이라고 생각한다.	A	B
	B 굳이 말하자면 보수적이라고 생각한다.		
23	A 지나치게 합리적으로 결론짓는 것은 좋지 않다.	A	B
	B 지나치게 온정을 표시하는 것은 좋지 않다.		
24	A 융통성이 있다.	A	B
	B 자신의 페이스를 잃지 않는다.		
25	A 사람들 앞에 잘 나서지 못한다.	A	B
	B 사람들 앞에 나서는 데 어려움이 없다.		
26	A 상상력이 있다는 말을 듣는다.	A	B
	B 현실적이라는 이야기를 듣는다.		
27	A 다른 사람의 의견에 귀를 기울인다.	A	B
	B 자신의 의견을 밀어붙인다.		
28	A 틀에 박힌 일은 너무 딱딱해서 싫다.	A	B
	B 방법이 정해진 일은 안심할 수 있다.		
29	A 튀는 것을 싫어한다.	A	B
	B 튀는 것을 좋아한다.		
30	A 굳이 말하자면 이상주의자이다.	A	B
	B 굳이 말하자면 현실주의자이다.		
31	A 일을 선택할 때에는 인간관계를 중시하고 싶다.	A	B
	B 일을 선택할 때에는 일의 보람을 중시하고 싶다.		
32	A 임기응변에 능하다.	A	B
	B 계획적인 행동을 중요하게 여긴다.		
33	A 혼자 꾸준히 하는 것을 좋아한다.	A	B
	B 변화가 있는 것을 좋아한다.		
34	A 가능성에 눈을 돌린다.	A	B
	B 현실성에 눈을 돌린다.		
35	A 매사에 감정적으로 생각한다.	A	B
	B 매사에 이론적으로 생각한다.		
36	A 스케줄을 짜지 않고 행동하는 편이다.	A	B
	B 스케줄을 짜고 행동하는 편이다.		

3. 답안지

(1) 1단계 검사

1	15	29	43	57	71	85	99	113	127
예 아니요	예 아니요	예 아니요	예 아니요	예 아니요	예 아니요	예 아니요	예 아니요	예 아니요	예 아니요
2	16	30	44	58	72	86	100	114	128
예 아니요	예 아니요	예 아니요	예 아니요	예 아니요	예 아니요	예 아니요	예 아니요	예 아니요	예 아니요
3	17	31	45	59	73	87	101	115	129
예 아니요	예 아니요	예 아니요	예 아니요	예 아니요	예 아니요	예 아니요	예 아니요	예 아니요	예 아니요
4	18	32	46	60	74	88	102	116	130
예 아니요	예 아니요	예 아니요	예 아니요	예 아니요	예 아니요	예 아니요	예 아니요	예 아니요	예 아니요
5	19	33	47	61	75	89	103	117	131
예 아니요	예 아니요	예 아니요	예 아니요	예 아니요	예 아니요	예 아니요	예 아니요	예 아니요	예 아니요
6	20	34	48	62	76	90	104	118	132
예 아니요	예 아니요	예 아니요	예 아니요	예 아니요	예 아니요	예 아니요	예 아니요	예 아니요	예 아니요
7	21	35	49	63	77	91	105	119	133
예 아니요	예 아니요	예 아니요	예 아니요	예 아니요	예 아니요	예 아니요	예 아니요	예 아니요	예 아니요
8	22	36	50	64	78	92	106	120	134
예 아니요	예 아니요	예 아니요	예 아니요	예 아니요	예 아니요	예 아니요	예 아니요	예 아니요	예 아니요
9	23	37	51	65	79	93	107	121	135
예 아니요	예 아니요	예 아니요	예 아니요	예 아니요	예 아니요	예 아니요	예 아니요	예 아니요	예 아니요
10	24	38	52	66	80	94	108	122	136
예 아니요	예 아니요	예 아니요	예 아니요	예 아니요	예 아니요	예 아니요	예 아니요	예 아니요	예 아니요
11	25	39	53	67	81	95	109	123	137
예 아니요	예 아니요	예 아니요	예 아니요	예 아니요	예 아니요	예 아니요	예 아니요	예 아니요	예 아니요
12	26	40	54	68	82	96	110	124	138
예 아니요	예 아니요	예 아니요	예 아니요	예 아니요	예 아니요	예 아니요	예 아니요	예 아니요	예 아니요
13	27	41	55	69	83	97	111	125	139
예 아니요	예 아니요	예 아니요	예 아니요	예 아니요	예 아니요	예 아니요	예 아니요	예 아니요	예 아니요
14	28	42	56	70	84	98	112	126	140
예 아니요	예 아니요	예 아니요	예 아니요	예 아니요	예 아니요	예 아니요	예 아니요	예 아니요	예 아니요

(2) 2단계 검사

1	5	9	13	17	21	25	29	33
A B	A B	A B	A B	A B	A B	A B	A B	A B
2	6	10	14	18	22	26	30	34
A B	A B	A B	A B	A B	A B	A B	A B	A B
3	7	11	15	19	23	27	31	35
A B	A B	A B	A B	A B	A B	A B	A B	A B
4	8	12	16	20	24	28	32	36
A B	A B	A B	A B	A B	A B	A B	A B	A B

4. 분석표

(1) 1단계 검사

합계	척도		0	1	2	3	4	5	6	7	8	9	10
합계 1	행동적 측면	사회적 내향성 (합계 1)											
합계 2		내성성 (합계 2)											
합계 3		신체활동성 (합계 3)											
합계 4		지속성 (합계 4)											
합계 5		신중성 (합계 5)											
합계 6	의욕적 측면	달성의욕 (합계 6)											
합계 7		활동의욕 (합계 7)											
합계 8	정서적 측면	민감성 (합계 8)											
합계 9		자책성 (합계 9)											
합계 10		기분성 (합계 10)											
합계 11		독자성 (합계 11)											
합계 12		자신감 (합계 12)											
합계 13		고양성 (합계 13)											
합계 14	타당성	신뢰도 (합계 14)											

(2) 2단계 검사

합계	척도		0	1	2	3	4	5	6	7	8	9	
합계 15	성격 유형	흥미관심 방향 (합계 15)											외향
합계 16		사물에 대한 견해 (합계 16)											감각
합계 17		판단의 방법 (합계 17)											사고
합계 18		사회에 대한 접근 방법 (합계 18)											판단

PART 4 인성검사·면접

5. 채점방식

(1) 1단계 검사

① 답안지에 '예', '아니요'를 체크한다.

② 답안지의 문제번호 줄 1, 15, 29, 43, 57, 71, 85, 99, 113, 127 중 '예'에 체크한 개수의 합계를 '합계 1'란에 숫자로 기입한다.

③ 위와 같이 문제번호 줄 2, 16, 30, 44, 58, 72, 86, 100, 114, 128 중 '예'에 체크한 개수의 합계를 '합계 2'란에 기입한다.

④ 마찬가지로 문제번호 줄 14까지 이렇게 '예'에 체크한 개수의 합계를 차례대로 '합계 14'란까지 숫자로 기입한다.

⑤ 집계는 각각 10문제씩 한다.

⑥ 집계가 끝나면 집계결과를 분석표에 옮겨 적는다.

(2) 2단계 검사

① 답안지의 문제번호 줄 1, 5, 9, 13, 17, 21, 25, 29, 33의 'B'에 ○표 체크한 개수의 합계를 '합계 15'란에 숫자로 기입한다.

② 마찬가지로 문제번호 줄 4까지 이렇게 'B'에 ○표 체크한 개수의 합계를 차례대로 '합계 18'란까지 숫자로 기입한다.

③ 집계는 각각 옆으로 9문제씩 한다.

④ 집계가 끝나면 집계결과를 분석표에 옮겨 적는다.

6. 결과 분석

(1) 1단계 검사

① '합계 1'에서부터 '합계 5'까지는 성격 특성을 나타내는 어떠한 행동적 특징이 있는지 나타낸다.
즉, 행동적 측면은 행동으로 나타내기 쉬운 경향을 나타내는 것이다. 행동적인 경향은 겉모습으로도 금방 알 수 있기 때문에 면접에서 다루어지기 쉬운 부분이다.

② '합계 6'과 '합계 7'은 의욕적인 측면을 나타낸다. 의욕적 측면은 의욕이나 활력을 나타내는 것이다. 인재를 채용하는 조직에 있어 의욕적인 사람은 열심히 일할 가능성이 높기 때문에 중요한 측면이라고 할 수 있다.

③ '합계 8'에서부터 '합계 13'까지는 정서적인 측면을 나타내는데, 이는 사회에서의 적응력이나 감정의 안정도를 나타내고 있다. 조직 내에서의 업무나 인간관계에 원활하게 적응할 수 있는지 등을 측정하는 것이다.

④ '합계 14'는 라이스케일, 즉 타당성 척도로서 허위성을 나타낸다. 업무상의 과실을 얼버무리거나 자신을 잘 보이게 하기 위해 거짓말을 하는 정도를 측정하는 것이다.

⑤ '합계 1'에서 '합계 13'까지는 평가치가 높을수록 측정된 특성 경향이 강하다는 것을 나타낸다.
'합계 14'는 평가치가 높을수록 응답에 대한 신뢰성이 낮고, 평가치가 낮을수록 응답에 대한 신뢰성이 높다는 의미이다.

(2) 2단계 검사

① 2단계 검사는 성격유형에 관한 부분으로, 개인의 성향을 분류하기 위한 요소이다. 성격유형이 채용 여부에 직접 영향을 주는 일은 다소 적지만, 장래에 이동이나 승진 시 자료로 이용될 가능성이 있는 항목이다.

② 평가치는 높고 낮음을 나타내는 것이 아니라, 피검사자의 성향이 어느 방면에 치우쳐 있는가를 판단하는 것이다. 예를 들어, '흥미관심'의 평가치가 9인 경우 외향적인 경향이 강하고, 2인 경우에는 내향적인 경향이 강하다고 할 수 있다. 평가치가 4 또는 5일 경우에는 어느 한 성향으로 치우쳐 있지 않고 중립적인 성향을 가지고 있다고 볼 수 있다.

5 인성검사 결과로 알아보는 예상 면접 질문

인성검사는 특히 면접 질문과 관련성이 높은 부분이다. 면접관은 지원자의 인성검사 결과를 토대로 질문을 하게 된다. 그렇다고 해서 자신의 성격을 꾸미는 것은 바람직하지 않다. 실제 시험은 매우 복잡하여 전문가라 해도 일정 성격을 유지하면서 답변을 하는 것이 불가능하기 때문이다. 따라서 인성검사는 솔직하게 임하되 인성검사 모의연습으로 자신의 성향을 정확히 파악하고 아래 예상 면접질문을 참고하여, 자신의 단점은 보완하면서 강점은 어필할 수 있는 답변을 준비하도록 하자.

1. 사회적 내향성 척도

(1) 득점이 낮은 사람

- 자기가 선택한 직업에 대해 어떤 인상을 가지고 있습니까?
- 부모님을 객관적으로 봤을 때 어떻게 생각합니까?
- 당사의 사장님 성함을 알고 있습니까?

> 수다스럽기 때문에 내용이 없다는 인상을 주기 쉽다. 질문의 요지를 파악하여 논리적인 발언을 하도록 유의하자. 한 번에 많은 것을 이야기하려 하면 요점이 흐려지게 되므로 내용을 정리하여 간결하게 발언한다.

(2) 득점이 높은 사람

- 친구들에게 있어 당신은 어떤 사람입니까?
- 특별히 무언가 묻고 싶은 것이 있습니까?
- 친구들의 상담을 받는 쪽입니까?

> 높은 득점은 마이너스 요인이다. 면접에서 보완해야 하므로 자신감을 가지고 끝까지 또박또박 주위에도 들릴 정도의 큰 소리로 말하도록 하자. 절대 얼버무리거나 기어들어가는 목소리는 안 된다.

2. 내성성 척도

(1) 득점이 낮은 사람

- 학생시절에 후회되는 일은 없습니까?
- 학생과 사회인의 차이는 무엇이라고 생각합니까?
- 당신이 가장 흥미를 가지고 있는 것에 대해 이야기해 주십시오.

답변 내용을 떠나 일단 평소보다 천천히 말하자. 생각나는 대로 말해버리면 이야기가 두서없이 이곳저곳으로 빠져 부주의하고 경솔하다는 인식을 줄 수 있으므로 머릿속에서 내용을 정리하고 이야기하도록 유의하자. 응답은 가능한 간결하게 한다.

(2) 득점이 높은 사람

- 인생에는 무엇이 중요하다고 생각합니까?
- 좀 더 큰소리로 이야기해 주십시오.

과도하게 긴장할 경우 불필요한 생각을 하게 되어 반응이 늦어버리면 곤란하다. 특히 새로운 질문을 받았는데도 했던 대답을 재차 하거나 하면 전체 흐름을 저해하게 되므로 평소부터 이러한 습관을 의식하면서 적절한 타이밍의 대화를 하도록 하자.

3. 신체활동성 척도

(1) 득점이 낮은 사람

- 휴일은 어떻게 보냅니까?
- 학창시절에 무엇에 열중했습니까?

졸업논문이나 영어회화, 컴퓨터 등 학생다움이나 사회인으로서 도움이 되는 것에 관심을 가지고 있는 것을 적극 어필한다. 이미 면접담당자는 소극적이라고 생각하고 있기 때문에 말로 적극적이라고 말해도 성격프로필의 결과와 모순되므로 일부러 꾸며 말하지 않는다.

(2) 득점이 높은 사람

- 제대로 질문을 듣고 있습니까?
- 희망하는 직종으로 배속되지 않으면 어떻게 하겠습니까?

일부러 긴장시키고 반응을 살피는 경우가 있다. 활동적이지만 침착함이 없다는 인상을 줄 수 있으므로 머릿속에 생각을 정리하는 습관을 들이자. 행동할 때도 마찬가지로, 편하게 행동하는 것은 플러스 요인이지만, 반사적인 언동이 많으면 마이너스가 되므로 주의한다.

4. 지속성 척도

(1) 득점이 낮은 사람

- 일에 활용할 수 있을 만한 자격이나 특기, 취미가 있습니까?
- 오랫동안 배운 것에 대해 들려주십시오.

금방 싫증내서 오래 지속하지 못하는 것은 마이너스다. 쉽게 포기하고 내팽개치는 사람은 어느 곳에서도 필요로 하지 않는다는 것을 상기한다. 면접을 보는 동안과 마찬가지로, 대기 시간에도 주의하여 차분하지 못한 동작을 하지 않도록 한다.

(2) 득점이 높은 사람

- 이런 것도 모릅니까?
- 이 직업에 맞지 않는 것은 아닙니까?

짓궂은 질문을 받으면 감정적이 되거나 옹고집을 부릴 가능성이 있다. 냉정하고 침착하게 받아넘겨야 한다. 비슷한 경험을 쌓으면 차분하게 응답할 수 있게 되므로 모의면접 등의 기회를 활용한다.

5. 신중성 척도

(1) 득점이 낮은 사람

- 당신에게 부족한 것은 어떤 점입니까?
- 결점을 극복하기 위해 어떻게 노력하고 있습니까?

질문의 요지를 잘못 받아들이거나, 불필요한 이야기까지 하는 등 대답에 일관성이 없으면 마이너스다. 직감적인 언동을 하지 않도록 평소부터 논리적으로 생각하는 습관을 키우자.

(2) 득점이 높은 사람

- 주위 사람에게 욕을 들으면 어떻게 하겠습니까?
- 출세하고 싶습니까?
- 제 질문에 대한 답이 아닙니다.

예상외의 질문에 답이 궁해지거나 깊이 생각하게 되면 역시나 신중이 지나쳐 결단이 늦다는 인상을 주게 된다. 주위의 상황을 파악하고 발언하려는 나머지 반응이 늦어지고, 집단면접 등에서 시간이 걸리게 되면 행동이 느리다는 인식을 주게 되므로 주의한다.

6. 달성의욕 척도

(1) 득점이 낮은 사람

- 인생의 목표를 들려주십시오.
- 입사하면 무엇을 하고 싶습니까?
- 지금까지 목표를 향해 노력하여 달성한 적이 있습니까?

결과에 대한 책임감이 낮다, 지시에 따르기만 할 뿐 주체성이 없다는 인상을 준다면 매우 곤란하다. 목표의식이나 의욕의 유무, 주위 상황에 휩쓸리는 경향 등에 대해 물어오면 의욕이 낮다는 인식을 주지 않도록 목표를 향해 견실하게 노력하려는 자세를 강조하자.

(2) 득점이 높은 사람

- 도박을 좋아합니까?
- 다른 사람에게 지지 않는다고 말할 수 있는 것이 있습니까?

행동이 따르지 않고 말만 앞선다면 평가가 나빠진다. 목표나 이상을 바라보고 노력하지 않는 것은 한 번의 도박으로 일확천금을 노리는 것과 같다는 것을 명심하고 자신이 어떤 목표를 이루기 위해 노력한 경험이 있는지 미리 생각해서 행동적인 부분을 어필하는 답변을 하도록 하자.

7. 활동의욕 척도

(1) 득점이 낮은 사람

- 어떤 일을 할 때 주도적으로 이끄는 편입니까?
- 신념이나 신조에 대해 말해 주십시오.
- 질문의 답이 다른 사람과 똑같습니다.

의표를 찌르는 질문을 받더라도 당황하지 말고 수비에 강한 면을 어필하면서 무모한 공격을 하기보다는 신중하게 매진하는 성격이라는 점을 강조할 수 있는 답을 준비해 두자.

(2) 득점이 높은 사람

- 친구들로부터 어떤 성격이라는 이야기를 듣습니까?
- 협동성이 있다고 생각합니까?

사고과정을 전달하지 않으면 너무 막무가내이거나, 경박하고 생각 없이 발언한다는 인식을 줄 수 있으므로 갑자기 결론을 내리거나 단숨에 본인이 하고 싶은 말만 하는 것은 피하자.

8. 민감성 척도

(1) 득점이 낮은 사람

- 좌절한 경험에 대해 이야기해 주십시오.
- 당신이 약하다고 느낄 때는 어떤 때입니까?

구체적으로 대답하기 어려운 질문이나 의도를 알기 어려운 질문을 통해 감수성을 시험하게 된다. 냉정하게 자기분석을 하여 독선적이지 않은 응답을 하자.

(2) 득점이 높은 사람

- 지금까지 신경이 예민하다는 이야기를 들은 적이 있습니까?
- 채용되지 못하면 어떻게 하시겠습니까?
- 당신의 성격에서 고치고 싶은 부분이 있습니까?

예민한 성격이라는 부분을 마음에 두고 있으면 직접적인 질문을 받았을 때 당황하게 된다. 신경이 예민하다기보다 세세한 부분도 눈에 잘 들어오는 성격이라고 어필하자.

9. 자책성 척도

(1) 득점이 낮은 사람

- 학생시절을 통해 얻은 것은 무엇이라고 생각합니까?
- 자기 자신을 분석했을 때 좋아하는 면은 무엇입니까?

낙관적인 것은 면접관이 이미 알고 있으므로 솔직한 부분이나 신념을 가지고 의의가 있는 삶을 살고 있다는 점을 어필하자.

(2) 득점이 높은 사람

- 곤란한 상황에 어떻게 대처하겠습니까?
- 실수한 경험과 그 실수에서 얻은 교훈을 들려주십시오.

좋지 않은 쪽으로 생각해서 불필요하게 긴장하면 더욱 사태가 악화된다. 쉽게 비관하는 성격이므로, 면접을 받는 동안은 면접담당자의 눈을 보며 밝게 응답하고, 말끝을 흐리지 않고 또박또박 말하도록 유의하자. 또한 '할 수 없다.', '자신이 없다.' 등의 발언이 많으면 평가가 떨어지므로 평소부터 부정적인 말을 사용하지 않도록 긍정적으로 사고하는 습관을 들여야 한다.

면접

삼성그룹은 '창의·열정·소통의 가치창조인(열정과 몰입으로 미래에 도전하는 인재, 학습과 창의로 세상을 변화시키는 인재, 열린 마음으로 소통하고 협업하는 인재)'을 인재상으로 내세우며, 이에 적합한 인재를 채용하기 위하여 면접전형을 시행하고 있다.

2019년 이전에는 '인성검사 – 직무면접 – 창의성 면접 – 임원면접' 순서로 시행되었지만 2020년부터 코로나19로 인해 비대면 오프라인 면접으로 진행되며, 직무역량 면접은 프레젠테이션(PT)을 하던 방식에서 질의응답 형식으로 대체되었다. 또한 창의성 면접을 시행하지 않으며 대신 수리논리와 추리 2영역을 평가하는 약식 GSAT를 30분간 실시한다.

1. 약식 GSAT

구분	문항 수	제한시간
수리논리	10문항	30분
추리	15문항	

2. 직무면접

구분	인원수	면접 시간
면접관	3명	30분 내외
지원자	1명	

- 1분 자기소개
- 해당 직무 지원동기
- 직무와 관련한 자신의 역량
- 전공관련 용어
- 마지막으로 하고 싶은 말

3. 임원면접

구분	인원수	면접 시간
면접관	3명	30분 내외
지원자	1명	

- 졸업은 언제 하였는가?
- 졸업하고 취업 준비는 어떻게 하고 있는지 말해 보시오.
- 경쟁력을 쌓기 위해 어떤 것들을 준비했는지 말해 보시오.
- 학점이 낮은데 이유가 무엇인가?
- 면접 준비는 어떻게 했는지 말해 보시오.
- 다른 지원자와 차별되는 자신만의 강점이 무엇인가?
- 살면서 가장 치열하게, 미친 듯이 몰두하거나 노력했던 경험을 말해 보시오.
- 자신이 리더이고, 모든 것을 책임지는 자리에 있다. 본인은 A프로젝트가 맞다고 생각하고 다른 모든 팀원은 B프로젝트가 맞다고 생각할 때 어떻게 할 것인가?
- 마지막으로 하고 싶은 말은 무엇인가?

1 2020년 하반기 ~ 2019년 상반기

1. PT 면접

- TV 두께를 얇게 하는 방안
- SSD와 HDD의 차이점
- 고체역학
- 진동
- 열전달
- 열역학
- 기어 토크 각속도
- 통신기밀보호법
- 시각 장애인에 한하여 안마사 자격을 인정받을 수 있도록 하는 법이 법원의 위헌 판결에 따라 폐지되었다. 이에 시각장애인들은 이를 강력히 규탄하여 자살 시위까지 하고 있다. 과연 일반인의 직업 선택권이 우선인가? 장애인들의 배려가 우선인가?
- 정부와 기업은 신재생 에너지의 비중을 확대하고자 한다. 환경적으로 혜택이 있다는 선입견에도 불구하고 수반되는 부수적인 환경 문제가 발생하는 상황이다. 태양 전지판 압축 기술이 새롭게 자사 R&D 부서를 통해 발명되었다. 이러한 상황에서 환경 문제를 최소화하고 신재생 에너지의 효율을 극대화 할 수 있는 방안을 제시해 보시오.
- (전세계 스마트폰 교체 주기 증가 양상 자료 주어진 후) 스마트폰 교체 주기는 늘어나고 신제품 출시는 앞당겨지고 있다. 이에 대해 상하반기 신제품 출시에 대한 매출 증대 방안을 제시해 보시오.

- (실패한 기존 S사와 L사의 매출 증대 방안 제시 후) 중국 시장에서의 시장 점유율 확대 방안을 제시해 보시오.
- S펜의 사용률을 증가시킬 방안을 제시해 보시오.
- (삼성물산의 브랜드 사업을 담당하는 A, B 사업부의 지역, 제품 단가, 종류 등을 도표로 제시한 후) A와 B 사업부를 통합하는 것이 좋은지, 아니면 지금처럼 별도 운영하는 것이 좋은지 영어로 발표하시오.
  → (앞 문제 연장선상에서) 그렇다면 어떤 제품을 추가하여 판매하면 좋겠는지를 한국어로 4분 동안 발표하시오.

2. 창의성 면접

- 트렌드 기술에 대해 설명
- 공유 경제 서비스에 대한 문제와 솔루션 제시(제시어 : 책임, 공유, 스마트폰 등)

3. 임원 면접(인성 면접)

- 회사에 대한 가치관
- 과외 경험이 없는데 잘 할 수 있는가?
- 전역을 아직 못 했는데 이후 일정에 다 참여할 수 있겠는가?
- 자동차 회사를 가도 될 것 같은데 왜 삼성SDI 면접에 오게 되었나?
- Backlash를 줄이는 방법에 대해 설명해 보시오.
- 전공에 대해서 말해 보시오.
- 취미가 노래 부르기인데 정말 노래를 잘 하는가?
- 가족 구성원이 어떻게 되는가?
- 동생과 싸우지는 않는가?
- 학점이 낮은데 왜 그런가?
- 학교를 8년 다녔는데 왜 이렇게 오래 다녔는가?
- 영어 점수가 토익은 괜찮은데 오픽이 낮다. 우리 회사는 영어를 많이 쓰는데 어떻게 할 것인가?
- 우리 회사에 대해 아는 것을 말해 보시오.
- 우리 회사에서 하고 싶은 일은 무엇인가?
- 프로젝트를 진행 중 의견충돌 시 어떻게 대처할 것인가?
- 지원한 직무와 관련해서 준비해온 것을 말해 보시오.
- 지원자가 현재 부족한 점은 무엇이고 어떻게 채워나갈 것인가?
- 회사와 관련하여 관심 있는 기술이 있으면 설명해 보시오.
- 우리 회사가 지원자를 뽑아야 하는 이유를 말해 보시오.
- 간단히 1분간 자기소개를 해 보시오.
- 성격의 장단점을 말해 보시오.
- 자격증 등 취업을 위해 준비한 사항이 있다면 말해 보시오.

- 입사하게 되면 일하고 싶은 분야는 어디인지 말해 보시오.
- 여행하면서 가장 인상 깊었던 곳은?
- 입사 희망 동기를 말해 보시오.
- 교환학생으로 다른 학교를 가서 어떤 수업을 들었는지 말해 보시오.
- 본인이 최근에 이룬 버킷리스트는 무엇이고 가장 하고 싶은 버킷리스트는 무엇인가?
- 좋아하는 삼성 브랜드는 무엇인가?
- 스트레스는 어떻게 푸는가?
- 회사에서 나이 많은 어른들과 함께 일해야 하는데 잘할 수 있겠는가?
- 다른 회사에 지원 하였다면 어떤 직무로 지원하였는가?
- 일탈을 해본 적이 있는가?
- 인생에서 실패한 경험이 있는가?
- 회사에서는 실패의 연속일텐데 잘 할 수 있겠는가?
- 이름이 유명한 사람과 동일해서 좋은 점과 나쁜 점이 있었을 것 같은데 무엇이 있었는지 말해 보시오.
- 봉사활동은 어떻게 시작하게 된 건지 말해 보시오.
- 스마트폰에 관심이 많은데 어떻게 관심을 가지게 된 건지 말해 보시오.

② 2018년 하반기 ~ 2017년 하반기

1. PT 면접

- 반도체의 개념과 원리
- 다이오드
- MOSFET
- 알고리즘
- NAND FLASH 메모리와 관련된 이슈
- 공정에 대한 기본적인 지식, 공정과 연관된 Factor, 현재 공정 수준으로 문제점을 해결할 수 있는 방안
- 현재 반도체 기술의 방향, 문제점 및 해결방안

2. 창의성 면접

- 기업의 사회적 책임
- 본인이 작성한 글과 주제에 대한 질문 및 응용, 그리고 발전 방향에 대한 질문
- 본인의 경험 중 가장 창의적이었던 것에 대해 말해 보시오.
- 존경하는 인물이 있는가?

3. 임원 면접(인성 면접)

- 자기소개
- 대외활동 경험
- 직무 수행에 있어서 자신의 강점은 무엇인가?
- 지원동기
- 출신 학교 및 학과를 지원한 이유는 무엇인가?
- (대학 재학 중 이수한 비전공 과목을 보고) 해당 과목을 이수한 이유는 무엇인가?
- (인턴경험이 있는 지원자에게) 인턴 기간 동안 무엇을 배웠는가?
- 회사에 어떤 식으로 기여할 수 있는가?
- 목 놓아 울어본 적이 있는가?
- 선의의 거짓말을 해본 적이 있는가?
- 학점이 낮은 이유가 무엇인가?
- 자신의 성격에 대해 말해 보시오.
- 지원한 부서와 다른 부서로 배치될 경우 어떻게 하겠는가?
- 상사가 본인이 싫어하는 업무를 지속적으로 지시한다면 어떻게 하겠는가?
- (해병대 출신 지원자에게) 해병대에 지원한 이유는 무엇인가?
- 친구들은 본인에 대해 어떻게 이야기하는가?
- 좌우명이 있는가? 있다면 그것이 좌우명인 이유는 무엇인가?
- 대학생활을 열심히 한 것 같은데 그 이유가 무엇인가?

③ 2017년 상반기

1. PT 면접

- 실리콘
- 포토고정
- 집적도
- 자율주행차의 경쟁력에 대해 말하시오.
- 공진주파수와 임피던스의 개념에 대해 설명하시오.
- 보의 처짐을 고려했을 때 유리한 단면형상을 설계하시오.
- Object Orientation Programming에 대해 설명하시오.
- DRAM과 NAND의 구조원리와 미세공정한계에 대해 설명하시오.
- 공정(8대공정 및 관심있는 공정)에 대해 설명하시오.
- LCD, 광학소재, 광학필름의 활용 방법을 다양하게 제시하시오.
- 특정 제품의 마케팅 방안에 대해 설명하시오.
- 갤럭시 S8과 관련한 이슈

2. 창의성 면접

- 창의적인 생각을 평소에 하고 사는가?
- 창의성을 발휘해 본 작품이 있는가?
- 감성마케팅
- 폐수 재이용에 대한 자신의 견해를 말하시오.

3. 임원 면접

- 자신의 약점은 무엇이며, 그것을 극복하기 위해 어떤 노력을 했는가?
- 무노조 경영에 대한 자신의 생각을 말하시오.
- 삼성을 제외하고 좋은 회사와 나쁜 회사의 예를 들어 말하시오.
- 우리 사회가 정의롭다고 생각하는가?
- 존경하는 인물은 누구인가?
- 삼성전자의 사회공헌활동에 대해 알고 있는가?
- 삼성전자의 경제적 이슈에 대해 말하시오.
- 삼성화재 지점 관리자에게 가장 필요한 역량은 무엇이라 생각하는가?
- 가장 열심히 했던 학교 활동은 무엇인가?
- 다른 직무로 배정된다면 어떻게 하겠는가?
- 기업의 사회적 역할에 대해 말하시오.

4 2016년 하반기

1. PT 면접

- 야드 내 발전소 점검 일정이 연휴기간 중으로 잡혀 있는데 공정지연으로 인해 업무는 계속 해야 하는 상황이다. 비범용 발전기라 어디서 빌리기도 힘들뿐더러 빌리는 기간도 한참 걸리며 안전성의 문제도 있다. 담당자라면 어떻게 할지 설명하시오.
  - 예시 : 공정지연 만회에 대한 비용이 발전소 점검 중 다른 방안을 가져오는 비용보다 더 크므로 우선 공정진행을 해야 한다.
- 삼성의 UX를 평가해 보시오.
- Risk Assessment에 대해 설명하시오.
- 하만 인수에 따른 해당 시장 진입전략에 대해 어떻게 생각하는가?
- 열전달 중, 대류 전도 복사에 대해 설명하시오.
- V-NAND 발전과정에 대해 설명하시오.

- 공정 미세화가 진행되면서, 캐패시터에서 전자가 누수되는 현상 때문에 개선책이 필요하다. 어떤 식의 개선점이 필요한지 말하시오.
- BJT가 형성되어 전자가 떨어져 나가는 현상을 설명하시오.
- 대기업의 SSM 동네 슈퍼가 상생할 수 있는 방법에 대해 설명하시오.
- 데이터센터를 이전하게 되었다. 서버를 이전하는 데 고려할 사항에 대해 설명하시오.
- FPSO에 대해 설명하시오.
- 해양플랜트가 온쇼어와 다른 점에 대해 설명하시오.
- 공정이 밀릴 때 해결법에 대해 설명하시오.
- LNG선에서 산화되어 폐기되는 가스를 최소화하는 방안에 대해 설명하시오.
- 골프공이 더 멀리 날아가는 이유에 대해서 설명해 보시오.
- 해양로봇산업의 발전방향과 응용분야에 대해 설명하시오.
- 생산관리가 무엇이며 생산관리에서 가장 중요한 것이 무엇인지 설명하시오.
- OOP에 대해 설명하시오.
- SOLID에 대해 설명하시오.
- SSD의 구동원리에 대해서 설명하고 셀에 데이터를 저장하는 방법을 설명하시오.
- OP amp에 대해 설명하시오.
- Level Shifter에 대해 설명하시오.
- 디지털회로 파워소모공식에 대해 설명하시오.

2. 창의성 면접

- 현재가 2030년이라고 가정했을 때, 공공장소에서 사람들이 휴대폰을 충전하는 모습이 사라졌다. 압력, 온도, 관성 등을 이용하여 어떻게 해결할 것인가?
- 지금 세대의 과학기술로 보아 우리의 미래에 어떤 과학기술이 좋을지 설명하시오.
- 공장 주민들의 과도한 민원에 대해 어떻게 대응할 것인가?
- 전동기 공장라인 주변에서 휴대전화가 잘 작동하지 않는다. 원인과 해결방안을 설명하시오.
- 앞으로 전화기는 어떻게 될 것 같은가?
- 업무를 할 때 효율적인 방법과 안정적인 방법 중 어떤 방법을 택할 것인가?
- 현재 시국상 언론에 노출되는 삼성을 볼 때 대기업들이 윤리적으로 올바르다고 생각하는가?
- 기술적 이슈 말고 사회적 이슈는 무엇이 있는가?
- 선의의 거짓말을 어떻게 생각하는가?
- 글로벌 시대에 대한 자신의 생각을 말하시오.
- 삼성의 보완점을 제시하시오.
- 상사가 회사의 이익에 반하는 행동을 했을 때 어떻게 하겠는가?
- 자신에게 리더십이 있다고 생각하는가? 있다면 그것을 구체적으로 설명하시오.
- 고객 불만에 대해서 어떻게 대응할 것인가?
- 정직에 대해서 어떻게 생각하는가?
- 삼성에 대한 루머가 인터넷에 돌고 있다. 어떻게 대처하겠는가?
- 수익과 사회공헌 중 무엇이 중요하다고 생각하는가?

3. 임원 면접

- 사용하는 SNS는 무엇이고, 그 SNS를 사용하는 이유는 무엇인가?
- 입사 후 하고 싶은 업무는 무엇인가?
- 본인의 특기와 그에 대한 노하우는 무엇인가?
- 왜 이 직종을 선택하였는가? 다른 직종은 마음에 없었는가?
- 지원동기는 무엇인가?
- 가장 힘들었던 기억은 무엇인가?
- 왜 당신을 채용해야 하는지 면접관을 설득하시오.
- 일탈해 본 경험이 있다면 그 경험에 대해 말해 보시오.
- 본인이 지원직무에 잘 맞다고 생각하는 이유는 무엇인가?
- 당신이 가장 존경하는 인물은 누구인가? 어떤 이유에서 존경하는가?
- 어떠한 제품을 개발하고 싶은가?
- 창의적으로 문제를 해결한 경험이 있는가?
- 다른 사람들과 문제를 해결할 때 어떻게 진행하는가?
- 본인은 동기부여를 어떠한 식으로 하는가?
- 실패했다가 극복하고 일어섰던 경험에 대해 말해 보시오.
- 공백기간 동안 무엇을 했는가?
- 만약 면접에서 떨어지면 어떻게 할 것인가?
- 지원한 다른 회사에 합격 또는 불합격한 경험이 있는가? 그 회사와의 차이는 무엇인가?
- 스트레스를 많이 받는 편인가? 스트레스를 받으면 어떻게 해소하는가?
- 끈기 있게 무언가를 시도해 본 경험이 있는가?
- 나라가 시끄러운데 이 사태에 대해 어떻게 생각하나?

5 2016년 상반기

1. PT 면접

[PT 질문]
- LED 관련 문제
  - OLED의 기본 구조와 동작 원리에 대해 설명하시오.
  - 픽셀(화소)에 대한 개념을 설명하고 크기를 계산하시오.
- 신호처리, 통신 관련 문제
  - SSD와 Interface 간의 Data 통신에 있어서 오류를 검출하는 방법
- 멀티채널과 옴니채널의 개념과 차이점에 대해 설명하시오.
- 크레인이 선박에도 있고 해안에도 있을 때, 계류되어 있는 선박에서 가장 빠르게 화물을 하역할 수 있는 방법은 무엇인가?
- EF가 기업을 인수할 때 부채를 사용하는 이유는 무엇인가?
- 이자율의 관점에서 기업 발행 채권 A와 B의 차이에 대해 설명하시오.

- 공정에 대해서 아는 대로 설명하시오.
- 생산에 차질이 생겼을 때, 어떤 행동을 취하겠는가?
- 방금 발표한 실험의 원리에 대해 설명하시오.
- 영어로 서류 작성이 가능한가?

2. 창의성 면접

[창의성 질문]
- 제시된 주제와 예시 2가지를 이용해 답변하시오.
  - 주제 : 지금까지 살아오면서 창의적으로 무엇인가 개발하였거나, 불편한 점을 개선해 보았던 경험
  - 예시1 : 신경과학자들이 장기의 움직임을 근육처럼 의지로 통제할 수 있는 약품을 개발하였다.
  - 예시2 : 예로부터 창의성이 뛰어난 위인들은 대체적으로 괴짜 기질이 있었다.
- 2017년 휴대폰 판매량에 대해 예측해 보시오.
- VR 등 최신 IT 기술을 활용한 마케팅 방안을 제시하시오.
- 새로운 서비스 또는 제품을 제안하시오.

[개별 질문]
- 지원자의 대답이 창의적이지 않다고 생각하는데 반론할 수 있겠는가?
- 지금 발표한 것 외에 다른 창의적인 활동에 대해 사례를 들어 설명하시오.

3. 임원 면접

- 경험했던 일 중 가장 힘들었던 일은 무엇인가?
- 가장 인상 깊은 프로젝트는 무엇인가?
- 해봤던 봉사활동에 대해 말해 보시오.
- 창의성을 발휘한 경험에 대해 말해 보시오.
- 새로운 분야에 도전한 적이 있는가?
- 가장 최근에 본 책이나 영화는 무엇인가?
- 학점이 낮은 이유는 무엇인가?
- 공백기는 어떻게 보냈는가?
- 존경하는 인물은 누구인가?
- 친인척 중 영업을 제안하는 사람의 부탁을 들어 줄 것인가?
- 보험 영업에 대한 인식이 안 좋은 경우가 있는데 어떻게 생각하는가?
- 최근 삼성에 관한 기사 중 가장 삼성다운 기사 1개와 삼성답지 않은 기사 1개를 설명해 보시오.
- 지원한 회사의 사업 분야에 대해 말해 보시오.

- 전공과 관련하여 회사에 어떤 기여를 할 수 있는가?
- 해당 직무를 선택한 이유는 무엇인가?
- 서류에서 눈에 띄는 점이 보이지 않는데 왜 당신을 뽑아야 하는가?
- 자사 외에 어떤 회사에 지원했는가?
- 목표가 무엇인가?
- 입사 후 하고 싶은 일에 대해 말해 보시오.

⑥ 2015년 하반기

1. PT 면접

[PT 질문]
- 생산공정관리 관련 문제
  - 생산공정관리 중 문제가 발생하여 조치해야 한다. A, B 두 가지 안 중 각각의 손실이 a, b라면 어떠한 조치를 하는 것이 적절한가?
- 스마트 조선소 관련 문제
- LCC의 열, 기계적 충격으로 Crack이 생기는 문제를 외부 Termination 관점에서 해결해 보시오.

[개별 질문]
- 자기소개를 해 보시오.
- 이 주제를 선정하여 발표한 이유가 무엇인가?
- 마지막으로 하고 싶은 말을 해 보시오.

2. 창의성 면접

[창의성 질문]
- 연관성이 없는 A, B 상황을 제시하고, 두 상황을 연결지어 해석하시오.
- 손자의 병과 할아버지에 대한 상황을 제시하고, 주어진 조건이 들어가도록 해결책을 제시하시오.
- 2030년에는 지하철역과 같은 곳에서 분실물 관리센터가 없어진다. 그 이유를 기술적인 관점에서 설명해 보시오.

[개별 질문]
- 자기소개를 해 보시오.
- 자신의 경험 중 창의성을 발휘했던 경험에 대해 말해 보시오.

3. 임원 면접

- 지원한 동기가 무엇인가?
- 동아리 활동 경험이 있는가?
- 그러한 동아리에 가입하게 된 동기가 무엇인가?
- 동아리 활동을 하면서 느낀 점이 있다면 무엇인가?
- 동아리 활동 경험이 회사 생활에 도움이 된다고 생각하는가?
- 도전적인 시도를 했던 경험이 있는가?
- 인턴 활동을 하게 된 계기가 무엇인가?
- 미국 회사와 한국 회사의 차이점이 무엇이라고 생각하는가?
- 자신의 강점은 무엇이라고 생각하는가?
- 회사가 당신을 뽑아야 하는 이유를 말해 보시오.
- 지원한 직무와 관련된 경험과 힘들었던 점을 말해 보시오.
- 기업의 사회적 책임에 대한 본인의 생각을 말해 보시오.
- 입사 후 포부를 말해 보시오.
- 마지막으로 하고 싶은 말을 해 보시오.

7 2015년 상반기 ~ 2013년 상반기

1. PT 면접

- 프로젝트를 하게 된 계기는? 어떤 역할을 수행했는가?
- OLED에 대해 말해 보시오.
- 리더십과 인성 중 더 중요하다고 생각하는 것은 무엇인가?
- 노조에 대한 생각을 말해 보시오.
- 삼성이 왜 자신을 뽑아야 한다고 생각하는가?
- 삼성SDS에 언제부터 입사하고 싶었는가?
- 동아리 활동 경험이 있다면 말해 보시오.
- 지금까지 살아오면서 가장 열정적으로 했던 일이 있다면 말해 보시오.
- 가지고 있는 자격증이 없는데 왜 없는가?
- 면접관이 보기엔 인간관계가 좋지 않아 보이는데 실제로는 어떠한가?
- (에세이 관련 질문) 제출한 에세이에 PM이 된다고 했는데 PM의 역할은 무엇인가?
- 아베노믹스 관련 문제
  - 아베노믹스 관련 보고서 내용을 영어로 정리하여 발표하시오.
  - 아베노믹스가 한국경제에 미칠 영향에 대해 영어로 정리하여 발표하시오.
  - 삼성물산인으로서 현 상황에서 수익을 창출할 방법을 모색하시오.

- 자신의 역량과 삼성생명서비스의 미래에 대해 말해 보시오.
- 공정에 문제가 생겼을 경우 창의적으로 해결하는 방법을 말해 보시오.
- 삼성코닝정밀소재의 기판유리 특성 관련 문제
  - 유리에서 비정질과 결정질 차이를 온도−부피 그래프를 그려 설명하시오.
  - 왜 TFT−LCD 기판유리에 소다라임 유리를 사용하지 않고 무알칼리 유리를 사용하는가?
  - PV 커버유리가 가져야 하는 기본특성을 제시하고, 추가적으로 가져야 하는 특성을 제안해 보시오.
  - 자신의 학과 전공 이수과목을 소개하고, 이를 어떻게 현업에 적용할 것인지와 비전을 제시하시오.

2. 임원면접

- 최근에 가장 열정적으로 임했던 일이 있는가?
- 존경하는 인물로 ○○을 쓴 이유가 무엇인가?
- 상사가 자사 휴대폰으로 바꾸라고 했을 때 어떻게 하겠는가?
- 후배가 잘못을 했는데, 그것이 내가 가르친 것이라면 어떻게 하겠는가?
- 본인이 생각하는 좋은 회사란 어떤 것인가?
- 졸업학점이 낮은데 이유가 무엇인가?
- 지원부서가 아닌 다른 곳으로 배치된다면 어떻게 하겠는가?
- 입사한다면 어떤 역량을 펼칠 수 있는가?
- 인턴 근무 당시 어떤 일을 했는가?
- 대외활동 때 팀원 간 불화를 미리 막지 못한 이유는 무엇인가?
- 여기서 떨어진다면 어떻게 할 것인가?
- 실패한 경험을 말해보고, 그 경험을 통해 배운 점은 무엇인가?
- 학점이 높은데 왜 여길 지원했는가?
- 여기서 어떤 일을 하고 싶은가?
- 삼성전자가 고쳐야 할 점은?
- 자기소개, 성격의 장단점, 가족소개를 합쳐서 간단히 말해 보시오.
- 지원을 한 이유는 무엇인가?
- 자기소개서에 썼던 프로젝트에 대해서 설명해 보시오.
- 삼성에 입사 후, 이루고 싶은 개인의 꿈은?
- 어학연수에 돈을 펑펑 쓰는 친구들이 부럽지 않았나?
- 메모리사업부에 지원한 동기는 무엇인가?
- 자신의 특기와 그 이유에 대해 말해 보시오.
- 입사 후 포부를 영어로 말해 보시오.
- 학점이 좋은데 대학원에 진학할 생각은 없었나?
- 대학원 진학을 하지 않고 취업을 하는 이유는 무엇인가?
- 기업이 사회적 책임이 있다고 보는가? 그렇다면 그 이유는 무엇인가?
- 상사가 부당한 일을 시킬 때 어떻게 할 것인가?

- 인생의 가치관이 무엇인가?
- IQ가 몇인가?
- 자신의 장점과 단점은 무엇인가?
- 봉사활동을 한 적이 있는가?
- 왜 직장을 다닌다고 생각하는가?

I wish you the best of luck!

앞선 정보 제공! 도서 업데이트

언제, 왜 업데이트될까?

도서의 학습 효율을 높이기 위해 자료를 추가로 제공할 때!
기업체 인적성검사의 변동사항 발생 시 정보 공유를 위해!
기업체 채용 및 시험 관련 중요 이슈가 생겼을 때!

01 시대에듀 도서
www.sdedu.co.kr/book
홈페이지 접속

02 상단 카테고리
「도서업데이트」
클릭

03 해당
기업명으로
검색

참고자료, 시험 개정사항 등 정보 제공으로 학습효율을 높여 드립니다.

온라인 모의고사와 함께하는 삼성직무적성검사

GSAT

온라인 시험정보 및 응시 Tip ● 8개년(2021~2014년) 최신기출+모의고사 3회분 ● 전 회차 모의고사 온라인 연습서비스 제공

수리논리
무료삼성특강

2021년 상반기 최신기출문제 복원 및 분석

정답 및 해설

(주)시대고시기획

PART 1

최신
기출문제

2021년 상반기 최신기출문제

01	02	03	04	05	06	07	08	09	10	11								
②	②	③	④	④	③	①	②	④	④	④								

01 정답 ②

스마트패드만 구입한 고객의 수를 x명, 스마트패드와 스마트폰을 모두 구입한 고객의 수를 y명이라고 하자.

스마트폰만 구입한 고객은 19명이고, S사에서 스마트패드와 스마트폰을 구매한 고객은 총 69명이므로 $x+y+19=69$이다.

한 달 동안 S사의 매출액은 4,554만 원이므로 $80\times x+91\times y+17\times19=4,554$이다.

두 식을 정리하여 연립하면 다음과 같다.

$x+y=50$ … ㉠

$80x+91y=4,231$ … ㉡

㉡$-80\times$㉠ → $x=29$, $y=21$

따라서 스마트패드와 스마트폰을 모두 구입한 고객의 수는 21명이다.

02 정답 ②

20대, 30대, 40대 직원 수를 각각 a, b, c명이라고 하자.

20대가 30대의 50%이므로 $a=b\times50\%=b\times\dfrac{1}{2}$이다.

40대가 30대보다 15명이 많으므로 $c=b+15$이다.

총 직원의 수는 100명이므로 $a+b+c=100$이고, 앞서 구한 식을 이용하여 b에 관한 식으로 만들면 $b\times\dfrac{1}{2}+b+b+15=100$이다.

따라서 $b=34$이므로 30대 직원은 총 34명이다.

03 정답 ③

투자금	100억 원	
주식 종류	A	B
수익률	10%	6%
수익금	7억 원	

100억 원을 A와 B에 분산투자하므로 A에 투자하는 금액을 x억 원이라고 하고, B에 투자하는 금액을 y억 원이라 하자.

$x+y=100$

→ $y=100-x$

A의 수익률 10%, B의 수익률 6%로 7억 원의 수익을 내면 다음과 같다.

$x\times10\%+(100-x)\times6\%=7$

→ $0.1x+0.06(100-x)=7$

→ $10x+6(100-x)=700$

$$\rightarrow 10x+600-6x=700$$
$$\rightarrow 4x=100$$
$$\rightarrow x=25$$

따라서 7억 원의 수익을 내기 위해서 A에 투자할 금액은 25억 원이다.

04 　정답　④

고급반 가, 나, 다 수업은 이어서 개설되므로 하나의 묶음으로 생각한다. 고급반 가, 나, 다 수업이 하나의 묶음 안에서 개설되는 경우의 수는 3!가지이다.

초급반 A, B, C수업은 이어서 개설되지 않으므로 6개 수업을 순차적으로 개설하는 방법은 다음과 같은 두 가지 경우가 있다.

| 초급반 A, B, C | 고급반 가, 나, 다 | 초급반 A, B, C | 초급반 A, B, C |
| 초급반 A, B, C | 초급반 A, B, C | 고급반 가, 나, 다 | 초급반 A, B, C |

두 가지 경우에서 초급반 A, B, C수업의 개설 순서를 정하는 경우의 수는 3!가지이다.
따라서 6개 수업을 순차적으로 개설하는 경우의 수는 $3! \times 2 \times 3! = 72$가지이다.

05 　정답　④

• 전체 경우

구분	1년	2년	3년
조장 가능 인원	6명	5명(첫 번째 연도 조장 제외)	5명(두 번째 연도 조장 제외)

연임이 불가능할 때 3년 동안 조장을 뽑는 경우의 수는 $6 \times 5 \times 5$가지이다.

• A가 조장을 2번 하는 경우

구분	1년	2년	3년
조장	1명(A)	5명(A 제외 5명 중 1명)	1명(A)

연임은 불가능하므로 3년 동안 A가 조장을 2번 할 수 있는 경우는 첫 번째와 마지막에 조장을 하는 경우이다. 그러므로 A가 조장을 2번 하는 경우의 수는 $1 \times 5 \times 1$가지이다.

$$\therefore \frac{1 \times 5 \times 1}{6 \times 5 \times 5} = \frac{1}{30}$$

06 　정답　③

인천과 세종의 여성공무원 비율은 다음과 같다.

• 인천 : $\frac{10,500}{20,000} \times 100 = 52.5\%$

• 세종 : $\frac{2,200}{4,000} \times 100 = 55\%$

따라서 비율 차이는 $55 - 52.5 = 2.5\%$p이다.

오답분석
① 남성 공무원 수가 여성 공무원 수보다 많은 지역은 서울, 경기, 부산, 광주, 대전, 울산, 강원, 경상, 제주로 총 9곳이다.
② 광역시의 남성 공무원 수와 여성 공무원 수의 차이는 다음과 같다.
　• 인천 : $10,500-9,500=1,000$명　　　　　　　• 부산 : $7,500-5,000=2,500$명
　• 대구 : $9,600-6,400=3,200$명　　　　　　　• 광주 : $4,500-3,000=1,500$명
　• 대전 : $3,000-1,800=1,200$명　　　　　　　• 울산 : $2,100-1,900=200$명
　따라서 차이가 가장 큰 광역시는 대구이다.

④ 수도권(서울, 경기, 인천)과 광역시(인천, 부산, 대구, 광주, 대전, 울산)의 공무원 수는 다음과 같다.
  - 수도권 : 25,000+15,000+20,000=60,000명
  - 광역시 : 20,000+12,500+16,000+7,500+4,800+4,000=64,800명
  따라서 차이는 64,800−60,000=4,800명이다.
⑤ 제주지역의 전체공무원 중 남성 공무원의 비율은 $\frac{2,800}{5,000} \times 100 = 56\%$이다.

07 정답 ①

대부분의 업종에서 2019년 1분기보다 2019년 4분기의 영업이익이 더 높지만, 철강업에서는 2019년 1분기(10,740억 원)가 2019년 4분기(10,460억 원)보다 높다.

오답분석

② 2020년 1분기 영업이익이 전년 동기(2019년 1분기) 대비 영업이익보다 높은 업종은 다음과 같다.
  - 반도체(40,020 → 60,420)
  - 통신(5,880 → 8,880)
  - 해운(1,340 → 1,660)
  - 석유화학(9,800 → 10,560)
  - 항공(−2,880 → 120)
③ 2020년 1분기 영업이익이 적자가 아닌 업종 중 영업이익이 직전 분기(2019년 4분기) 대비 감소한 업종은 건설(19,450 → 16,410), 자동차(16,200 → 5,240), 철강(10,460 → 820)이다.
④ 2019년 1, 4분기에 흑자였다가 2020년 1분기에 적자로 전환된 업종은 디스플레이, 자동차부품, 조선, 호텔로 4개이다.
⑤ 항공업은 2019년 1분기(−2,880억 원)와 4분기(−2,520억 원) 모두 적자였다가 2020년 1분기(120억 원)에 흑자로 전환되었다.

08 정답 ②

제시된 식으로 응시자와 합격자 수를 계산하였을 때 다음과 같다.

구분	2016년	2017년	2018년	2019년	2020년
응시자	2,810	2,660	2,580	2,110	2,220
합격자	1,310	1,190	1,210	1,010	1,180

응시자 중 불합격자 수는 응시자에서 합격자 수를 빼준 값으로 연도별 알맞은 수치는 다음과 같다.
- 2016년 : 2,810−1,310=1,500명
- 2017년 : 2,660−1,190=1,470명
- 2018년 : 2,580−1,210=1,370명
- 2019년 : 2,110−1,010=1,100명
- 2020년 : 2,220−1,180=1,040명
제시된 수치는 접수자에서 합격자 수를 뺀 값으로 옳지 않은 그래프이다.

오답분석

① 미응시자 수는 접수자 수에서 응시자 수를 제외한 값이다.
  - 2016년 : 3,540−2,810=730명
  - 2017년 : 3,380−2,660=720명
  - 2018년 : 3,120−2,580=540명
  - 2019년 : 2,810−2,110=700명
  - 2020년 : 2,990−2,220=770명

09 정답 ④

(운동시간)=1일 때, (운동효과)=4이므로

$4 = a \times 1 - b^2$ ··· (가)

(운동시간)=2일 때, (운동효과)=62이므로

$62 = a \times 2 - \dfrac{b^2}{2}$ ··· (나)

(가)와 (나)를 연립하면

2(가)−(나) → $a=40$, $b^2=36$

→ (운동효과)$=40\times$(운동시간)$-\dfrac{36}{(운동시간)}$

(운동시간)=3일 때

(운동효과)$=40\times3-\dfrac{36}{3}=108=$㉠

(운동시간)=4일 때

(운동효과)$=40\times4-\dfrac{36}{4}=151=$㉡

따라서 ㉠=108, ㉡=151이다.

10 정답 ④

A제품과 B제품 매출액의 증감 규칙은 다음과 같다.

• A제품

$$100 \quad 101 \quad 103 \quad 107 \quad 115$$
$$+1 \quad +2 \quad +4 \quad +8$$

$+2^0$, $+2^1$, $+2^2$, $+2^3$, ···인 수열이다.

2020년을 기준으로 n년 후의 A제품 매출액은 $115+\sum\limits_{k=1}^{n}2^{k+3}$억 원이다.

• B제품

$$80 \quad 78 \quad 76 \quad 74 \quad 72$$
$$-2 \quad -2 \quad -2 \quad -2$$

앞의 항에 -2를 하는 수열이다.

2020년을 기준으로 n년 후의 B제품 매출액은 $72-2n$억 원이다.

2020년을 기준으로 n년 후 두 제품의 매출액의 합은 $(115+\sum\limits_{k=1}^{n}2^{k+3}+72-2n)$억 원이다.

300억 원을 초과하는 연도를 구하라고 하였으므로 $115+\sum\limits_{k=1}^{n}2^{k+3}+72-2n>300$인 n값을 구한다.

$115+\sum\limits_{k=1}^{n}2^{k+3}+72-2n>300$ → $187+2^4\sum\limits_{k=1}^{n}2^{k-1}-2n>300$ → $187+2^4\times\dfrac{2^n-1}{2-1}-2n>300$ → $187+2^4\times2^n-16-2n>300$

→ $16\times2^n-2n>129$

n	$16\times2^n-2n$
1	30
2	60
3	122
4	248

따라서 2020년을 기준으로 4년 후에 매출액이 300억 원을 초과하므로 2024년이다.

11 정답 ④

A기계와 B기계 생산대수의 증감 규칙은 다음과 같다.

• A기계

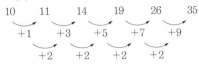

앞의 항에 $+3$을 하는 등차수열이다.

• B기계

10   11   14   19   26   35

    $+1$ $+3$ $+5$ $+7$ $+9$

      $+2$ $+2$ $+2$ $+2$

주어진 수열의 계차는 공차가 $+2$인 등차수열이다.

2025년의 A기계 생산량은 $35+5\times3=50$대이고, B기계 생산량은 $35+\sum\limits_{k=1}^{5}(9+2k)=35+9\times5+2\times\dfrac{5\times6}{2}=110$대이다.

따라서 A기계와 B기계의 총 생산량은 $50+110=160$대이다.

2020년 하반기 최신기출문제

01	02	03	04	05	06	07	08	09	10
③	②	④	③	②	②	④	⑤	③	⑤

01 정답 ③

주어진 정보를 표로 나타내고 미지수를 설정한다.

구분	소금물 1		소금물 2		섞은 후
농도	25%	+	10%	=	$\frac{55}{y}\times100$
소금의 양	$200\times\frac{25}{100}=50\text{g}$		$x\times0.1\text{g}$		55g
소금물의 양	200g		xg		yg

섞기 전과 섞은 후의 소금의 양과 소금물의 양으로 다음과 같이 식을 세울 수 있다.

$50+x\times0.1=55$

$200+x=y$

계산하면 $x=50$, $y=250$이다.

문제에서 섞은 후의 소금물의 농도를 구하라고 하였으므로 $\frac{55}{y}\times100=\frac{55}{250}\times100=22\%$이다.

02 정답 ②

(이익)=(할인가)−(원가)이므로 이익이 생산비용보다 같거나 많아야 손해를 보지 않을 수 있다.

S사에서 생산하는 A상품의 개수를 x개라고 하면 다음과 같다.

(A상품 1개당 할인가)=300×(1−25%)=225원

(A상품 1개당 이익)=(A상품 1개당 할인가)−(A상품 1개당 원가)=225−200=25원

(생산비용)=10억 원=1,000,000,000원

(A상품 x개의 이익)≥(생산비용)

$25\times x\geq1{,}000{,}000{,}000$

$\rightarrow x\geq40{,}000{,}000$

따라서 A상품을 4천만 개 이상 생산해야 손해를 보지 않는다.

03 정답 ④

20억 원을 투자하였을 때 기대수익은 (원가)×(기대수익률)로 구할 수 있다. 기대수익률은 {(수익률)×(확률)의 합}으로 구할 수 있으므로 기대수익은 (원가)×{(수익률)×(확률)의 합}이다.

$20\times\{10\%\times50\%+0\%\times30\%+(-10\%)\times20\%\}=0.6$억 원이다. 따라서 기대수익은 0.6억 원=6,000만 원이다.

(원가)+(수익)을 구하여 마지막에 (원가)를 빼서 (수익)을 구하는 방법도 있다.

{(원가)+(수익)}은 $20 \times (110\% \times 50\% + 100\% \times 30\% + 90\% \times 20\%) = 20.6$억 원이다. 따라서 기대수익은 $20.6 - 20 = 0.6$억 원$=6,000$만 원이다.

04 정답 ③

일의 양을 1이라고 하고 A, B, C가 각자 혼자 일을 하였을 때 걸리는 기간을 각각 a, b, c일이라고 하면 다음과 같다.

- A가 혼자 하루에 할 수 있는 일의 양 : $\dfrac{1}{a}$
- B가 혼자 하루에 할 수 있는 일의 양 : $\dfrac{1}{b}$
- C가 혼자 하루에 할 수 있는 일의 양 : $\dfrac{1}{c}$

A, B, C 모두 혼자 일했을 때의 능률과 함께 일을 하였을 때의 능률이 같다고 하였으므로 다음과 같다.

- A, B, C가 하루에 할 수 있는 일의 양 : $\dfrac{1}{a} + \dfrac{1}{b} + \dfrac{1}{c} = \dfrac{1}{6}$ ⋯㉠
- A, B가 하루에 할 수 있는 일의 양 : $\dfrac{1}{a} + \dfrac{1}{b} = \dfrac{1}{12}$ ⋯㉡
- B, C가 하루에 할 수 있는 일의 양 : $\dfrac{1}{b} + \dfrac{1}{c} = \dfrac{1}{10}$ ⋯㉢

B가 혼자 일을 하였을 때 걸리는 기간을 구하는 문제이므로 ㉠, ㉡, ㉢을 다음과 같이 연립할 수 있다.

- ㉡+㉢ → $\dfrac{1}{a} + \dfrac{2}{b} + \dfrac{1}{c} = \dfrac{1}{12} + \dfrac{1}{10} = \dfrac{11}{60}$
- (㉡+㉢)−㉠ → $\dfrac{1}{a} + \dfrac{2}{b} + \dfrac{1}{c} - \left(\dfrac{1}{a} + \dfrac{1}{b} + \dfrac{1}{c} \right) = \dfrac{11}{60} - \dfrac{1}{6}$ → $\dfrac{1}{b} = \dfrac{1}{60}$

따라서 B가 혼자 일을 하면 60일이 걸린다.

05 정답 ②

총 9장의 손수건을 구매했으므로 B손수건 3장을 제외한 나머지 A, C, D손수건은 각각 $\dfrac{9-3}{3} = 2$장씩 구매하였다. 먼저 3명의 친구들에게 서로 다른 손수건을 3장씩 나눠 줘야하므로 B손수건을 1장씩 나눠준다. 나머지 A, C, D손수건을 서로 다른 손수건으로 2장씩 나누면 (A, C), (A, D), (C, D)로 묶을 수 있다. 이 세 묶음을 3명에게 나눠주는 방법은 $3! = 3 \times 2 = 6$가지가 나온다. 따라서 친구 3명에게 종류가 다른 손수건 3장씩 나눠주는 경우의 수는 6가지이다.

06 정답 ②

A사와 B사로부터 동일한 양의 부품을 공급받는다고 하였으므로 x개라고 하자.

	A사	B사
개수	x	x
불량률	0.1%	0.2%
선별률	50%	80%

S사가 선별한 A사 부품의 개수는 $x \times 50\%$개, B사 부품의 개수는 $x \times 80\%$개다.
S사가 선별한 부품 중 불량품의 개수는 A사는 $x \times 50\% \times 0.1\%$개, B사는 $x \times 80\% \times 0.2\%$개다.
S사가 선별한 부품 중 불량품의 개수는 $x \times 50\% \times 0.1\% + x \times 80\% \times 0.2\%$개이므로 하자가 있는 제품이 B사 부품일 확률은 다음과 같다.

$$\dfrac{x \times 80\% \times 0.2\%}{x \times 50\% \times 0.1\% + x \times 80\% \times 0.2\%} = \dfrac{x \times 80 \times 0.2}{x \times 50 \times 0.1 + x \times 80 \times 0.2} = \dfrac{16}{5+16} = \dfrac{16}{21}$$

07 정답 ④

지방 전체 주택 수의 10%(1,115×0.1=111.5만 호) 이상을 차지하는 수도권 외(지방) 지역은 부산, 경북, 경남이다. 이 중 지방 주택보급률인 109%보다 낮은 지역은 부산(103%)이며, 부산의 주택보급률과 전국 주택보급률의 차이는 약 104−103=1%p이다.

오답분석

① 전국 주택보급률(104%)보다 낮은 지역은 수도권(서울, 인천, 경기), 지방에는 부산, 대전이 있다.
② 수도권 외(지방) 지역 중 주택 수가 가장 적은 지역은 12만 호인 세종이며, 세종의 주택보급률 109%보다 높은 지역은 '울산, 강원, 충북, 충남, 전북, 전남, 경북, 경남'으로 여덟 곳이다.
③ 가구 수가 주택 수보다 많은 지역은 주택보급률이 100% 미만인 서울이며, 전국에서 가구 수가 두 번째로 많다.
⑤ 주택 수가 가구 수의 1.1배 이상인 지역은 주택보급률이 110% 이상 지역을 말한다. '울산, 강원, 충북, 충남, 전북, 전남, 경북, 경남'에서 가구 수가 세 번째로 적은 지역인 충북의 주택보급률은 지방 주택보급률보다 약 113−109=4%p 높다.

08 정답 ⑤

ㄷ. 출산율은 2017년까지 계속 증가하였으며, 2018년에는 감소하였다.
ㄹ. 출산율과 남성 사망률의 차이는 2014년부터 2018년까지 각각 18.2%p, 20.8%p, 22.5%p, 23.7%p, 21.5%p로 2017년이 가장 크다.

오답분석

ㄱ. 2014년 대비 2018년의 전체 인구수의 증감률은 $\dfrac{12{,}808-12{,}381}{12{,}381}\times100 ≒ 3.4\%$이다.

ㄴ. 가임기 여성의 비율과 출산율은 서로 증감 추이가 다르다.

09 정답 ③

ⓒ 전체 인구수는 계속하여 증가하고 있다.
ⓔ 여성 사망률이 가장 높았던 해는 7.8%로 2017년이다.
ⓜ 2018년은 출산율이 계속 증가하다가 감소한 해이다.

10 정답 ⑤

첫 항은 220개이고 n시간($n≥1$) 경과할 때마다 2^{n-1}개가 증가한다. n시간 경과했을 때의 세포 수를 a_n개라고 하면

$a_n=220+\displaystyle\sum_{k=1}^{n}2^{k-1}$ 이고 $\displaystyle\sum_{k=1}^{n}2^{k-1}=\dfrac{2^n-1}{2-1}=2^n-1$이므로 $a_n=220+2^n-1=219+2^n$이다.

따라서 9시간 경과 후인 a_9는 $219+2^9=731$개이다.

01	02	03	04	05	06	07	08	09	
③	⑤	②	④	⑤	③	③	①	①	

01 정답 ③

처음 5% 소금물의 양을 xg이라고 하자.

$$\frac{\frac{5}{100} \times x + 40}{x + 40} \times 100 = 25$$

→ $5x + 4,000 = 25x + 1,000$

→ $20x = 3,000$

→ $x = 150$

02 정답 ⑤

욕조에 물을 가득 채웠을 때 물의 양을 1이라고 하면 A는 1분에 $\frac{1 \times 75\%}{18} = \frac{0.75}{18}$ 만큼 채울 수 있고 B는 1분에 $\frac{0.75}{18} \times 1.5$만큼 채울 수 있다.

A가 15분간 욕조를 채운 양은 $\frac{0.75}{18} \times 15$이다. 욕조를 가득 채우기까지 남은 양은 $1 - \frac{0.75}{18} \times 15$이다.

따라서 남은 양을 B가 채웠을 때 걸리는 시간은 $\dfrac{1 - \frac{0.75}{18} \times 15}{\frac{0.75}{18} \times 1.5} = \dfrac{18 - 0.75 \times 15}{0.75 \times 1.5} = \dfrac{18 - 11.25}{1.125} = \dfrac{6.75}{1.125} = 6$분이다.

03 정답 ②

대리는 X프로젝트와 Z프로젝트를 선택할 수 있으며, 사원은 Y프로젝트와 Z프로젝트를 선택할 수 있으므로, 대리와 사원은 한 사람당 2가지의 선택권이 있다. 대리 2명, 사원 3명이 프로젝트를 선택하여 진행하는 경우의 수는 $(2 \times 2) \times (2 \times 2 \times 2) = 2^2 \times 2^3 = 2^5 = 32$가지이다.

04 정답 ④

A가 목적지까지 이동하는 거리와 걸리는 시간을 계산하면 다음과 같다.

• 이동거리 : $0.8\text{km} + 4.8\left(= 36 \times \frac{8}{60}\right)\text{km} = 5.6\text{km}$

• 소요시간 : 12분+8분=20분

따라서 자전거를 이용해 같은 시간 동안 같은 경로로 이동할 때 평균 속력은 $5.6 \div 20 = 0.28$km/분이다.

05 정답 ⑤

X경로의 거리를 x km, Y경로의 거리를 y km, A의 이동 속력을 r km/h, B의 이동 속력은 z km/h라 하자.

$$\frac{x}{r} = \frac{x}{z} + 1 \quad \cdots \text{(i)}$$

$$\frac{x}{r} + 1 = \frac{y}{z} \quad \cdots \text{(ii)}$$

$x + 160 = y$이므로 (ii)에 대입하면 $\frac{x}{r} + 1 = \frac{x+160}{z}$ 이고,

(i)와 연립하면 $\frac{x}{z} + 1 + 1 = \frac{x+160}{z} \rightarrow \frac{x}{z} + 2 = \frac{x}{z} + \frac{160}{z} \rightarrow 2 = \frac{160}{z} \rightarrow z = 80$이다.

06 정답 ③

영희는 철수보다 높은 수가 적힌 카드를 뽑는 경우는 다음과 같다.

구분	철수	영희
카드에 적힌 수	1	$2 \sim 9$
	2	$3 \sim 9$
	…	…
	8	9

따라서 영희가 철수보다 큰 수가 적힌 카드를 뽑는 모든 경우의 수는 1부터 8까지의 합이므로 $\frac{8 \times 9}{2} = 36$가지이다.

07 정답 ③

이벤트에 당첨될 확률은 다음과 같다.

- 처음 주사위를 던져서 당첨이 될 확률 : $\frac{1}{6}$

- 처음 주사위를 던져서 5, 6이 나오고, 가위바위보를 하여 당첨될 확률 : $\frac{2}{6} \times \frac{1}{3}$

- 처음 주사위를 던져서 5, 6이 나오고, 가위바위보를 하여 비겨서 다시 가위바위보를 하여 당첨될 확률 : $\frac{2}{6} \times \frac{1}{3} \times \frac{1}{3}$

$$\therefore \frac{1}{6} + \frac{2}{6} \times \frac{1}{3} + \frac{2}{6} \times \frac{1}{3} \times \frac{1}{3} = \frac{17}{54}$$

08 정답 ①

작년 직원 중 안경을 쓴 사람을 x명, 안경을 쓰지 않은 사람을 y명이라고 하면 $x + y = 45$이므로 $y = 45 - x$이다.
또한 올해는 작년보다 $58 - 45 = 13$명 증가하였으므로 다음과 같다.

$x \times 0.2 + (45 - x) \times 0.4 = 13$

$\rightarrow -0.2x = 13 - 45 \times 0.4$

$\rightarrow -0.2x = -5$

$\rightarrow x = 25$

따라서 올해 입사한 사람 중 안경을 쓴 사람의 수는 $x \times 0.2 = 25 \times 0.2 = 5$명이다.

X조건에서 Z세균은 계차가 피보나치 수열로 번식한다. 따라서 (A)=1,090+680=1,770이다.

구분	1일차	2일차	3일차	4일차	5일차	6일차	7일차	8일차	9일차	10일차
X조건에서의 Z세균	10	30	50	90	150	250	410	670	1,090	(A)
계차		20	20	40	60	100	160	260	420	680	

Y조건에서 Z세균은 전날의 2배로 번식한다. 따라서 (B)=1×2^9=512이다.

구분	1일차	2일차	3일차	4일차	5일차	6일차	7일차	8일차	9일차	10일차
Y조건에서의 Z세균	1	1×2^1	1×2^2	1×2^3	1×2^4	1×2^5	1×2^6	1×2^7	1×2^8	(B)

2019년 하반기 최신기출문제

01	02	03	04	05	06	07			
①	⑤	③	④	⑤	⑤	②			

01 정답 ①

전체 일의 양을 1이라고 할 때 A, B, C직원이 각각 1분 동안 혼자 할 수 있는 일의 양을 각각 a, b, c라고 하자.

$a = \dfrac{1}{120}$

$a + b = \dfrac{1}{80} \rightarrow b = \dfrac{1}{80} - \dfrac{1}{120} = \dfrac{1}{240}$

$b + c = \dfrac{1}{60} \rightarrow c = \dfrac{1}{60} - \dfrac{1}{240} = \dfrac{1}{80}$

$a + b + c = \dfrac{1}{120} + \dfrac{1}{240} + \dfrac{1}{80} = \dfrac{2+1+3}{240} = \dfrac{1}{40}$ 이므로 A, B, C직원이 함께 건조기 1대의 모터를 교체하는 데 걸리는 시간은 40분이다.

02 정답 ⑤

작년에 입사한 남자 신입사원 수를 x명, 여자 신입사원 수를 y명이라고 하자.

$x + y = 55 \cdots \bigcirc$

$1.5x + 0.6y = 60 \cdots \bigcirc$

$\bigcirc$과 $\bigcirc$을 연립하면 $x = 30$, $y = 25$

따라서 올해 여자 신입사원 수는 $25 \times 0.6 = 15$명이다.

03 정답 ③

A는 8일마다 $\dfrac{1}{2}$씩 포장할 수 있으므로 24일 후에 남은 물품의 수는 다음과 같다.

처음	8일 후	16일 후	24일 후
512개	256개	128개	64개

B가 처음 받은 물품의 개수를 x개라고 하자. 24일 후에 B에게 남은 물품의 개수는 64개이고 2일마다 $\dfrac{1}{2}$씩 포장하므로 24일 동안 12번을 포장한다.

$x \times \left(\dfrac{1}{2}\right)^{12} = 64 \rightarrow x \times 2^{-12} = 2^6 \rightarrow x = 2^{6+12}$

따라서 B는 처음에 2^{18}개의 물품을 받았다.

04 정답 ④

동전을 던져서 앞면이 나오는 횟수를 x회, 뒷면이 나오는 횟수를 y회라고 하자.

$x+y=5 \cdots \text{㉠}$

0에서 출발하여 동전의 앞면이 나오면 $+2$만큼 이동하고, 뒷면이 나오면 -1만큼 이동하므로

$2x-y=4 \cdots \text{㉡}$

㉠과 ㉡을 연립하면 $x=3$, $y=2$

동전의 앞면이 나올 확률과 뒷면이 나올 확률은 각각 $\dfrac{1}{2}$이다.

따라서 동전을 던져 수직선 위의 A가 4로 이동할 확률은 $_5C_3\left(\dfrac{1}{2}\right)^3\left(\dfrac{1}{2}\right)^2=\dfrac{5}{16}$이다.

05 정답 ⑤

3월의 개체 수는 1월과 2월의 개체 수를 합한 것과 같고, 4월의 개체 수는 2월과 3월을 합한 것과 같다. 즉, 물고기의 개체 수는 피보나치수열로 증가하고 있다.

n을 월이라고 하고 A물고기의 개체 수를 a_n이라고 하자.

$a_1=1$, $a_2=1$, $a_n=a_{n-1}+a_{n-2}\,(n\geq3)$

구분	1월	2월	3월	4월	5월	6월	7월	8월	9월	10월	11월	12월
개체 수	1	1	2	3	5	8	13	21	34	55	89	144

따라서 12월의 A물고기 수는 144마리이다.

06 정답 ⑤

ㄱ. 2017년 대비 2019년 의사 수의 증가율은 $\dfrac{11.40-10.02}{10.02}\times100≒13.77\%$이며, 간호사 수의 증가율은 $\dfrac{19.70-18.60}{18.60}\times100≒5.91\%$이다. 따라서 의사 수의 증가율은 간호사 수의 증가율보다 $13.77-5.91=7.86\%\text{p}$ 높다.

ㄷ. 2010~2014년 동안 의사 한 명당 간호사 수를 구하면 다음과 같다.

- 2010년 : $\dfrac{11.06}{7.83}≒1.41$명
- 2011년 : $\dfrac{11.88}{8.45}≒1.40$명
- 2012년 : $\dfrac{12.05}{8.68}≒1.38$명
- 2013년 : $\dfrac{13.47}{9.07}≒1.48$명
- 2014년 : $\dfrac{14.70}{9.26}≒1.58$명

따라서 2014년도의 의사 한 명당 간호사 수가 약 1.58명으로 가장 많다.

ㄹ. 2013~2016년까지 간호사 수 평균은 $\dfrac{13.47+14.70+15.80+18.00}{4}≒15.49$만 명이다.

오답분석

ㄴ. 2011~2019년 동안 전년 대비 의사 수 증가량이 2천 명 이하인 해는 2014년이다. 2014년의 의사와 간호사 수의 차이는 $14.7-9.26=5.44$만 명이다.

07 정답 ②

중국의 의료 빅데이터 예상 시장 규모의 전년 대비 성장률을 구하면 다음과 같다.

구분	2015년	2016년	2017년	2018년	2019년	2020년	2021년	2022년	2023년	2024년
성장률(%)	–	56.3	90.0	60.7	93.2	64.9	45.0	35.0	30.0	30.0

따라서 ②의 그래프가 적절하다.

01	02	03	04	05	06	07			
①	③	④	④	②	⑤	③			

01 정답 ①

1팀에 속한 사람이 모두 만나 한 번씩 경기하는 횟수는 $5+4+3+2+1=15$번이고, 마찬가지로 2팀에 속한 사람이 경기하는 횟수는 $6+5+4+3+2+1=21$번이다.

각 팀의 1, 2위가 본선에 진출하여 경기하는 횟수는 2명씩 준결승 경기 각각 2번, 결승전 1번, 3·4위전 1번으로 총 4번이다.

따라서 경기를 관람하는 데 필요한 총 비용은 $(21+15)\times20,000+4\times30,000=720,000+120,000=840,000$원이다.

02 정답 ③

A는 0, 2, 3을 뽑았으므로 320이 만들 수 있는 가장 큰 세 자리 숫자이다. 이처럼 5장 중 3장의 카드를 뽑는데 카드의 순서를 고려하지 않고 뽑는 전체 경우의 수는 $_5C_2=10$가지이다.

B가 이기려면 4가 적힌 카드를 뽑거나 1, 2, 3의 카드를 뽑아야 한다.

4가 적힌 카드를 뽑는 경우의 수는 4가 한 장을 차지하고 나머지 2장의 카드를 뽑아야 하므로 $_4C_2=6$가지이고, 1, 2, 3카드를 뽑는 경우는 1가지이다.

따라서 B가 이길 확률은 $\dfrac{7}{10}\times100=70\%$이다.

03 정답 ④

O사원이 걸어간 거리는 $1.8\times0.25=0.45$km이고, 자전거를 탄 거리는 $1.8\times0.75=1.35$km이다. 3km/h와 30km/h를 각각 분단위로 환산하면 각각 0.05km/분, 0.5km/분이다. 이를 기준으로 이동시간을 계산하면 O사원이 걸은 시간은 $\dfrac{0.45}{0.05}=9$분이고, 자전거를 탄 시간은 $\dfrac{1.35}{0.5}=2.7$분이다. 즉, 총 이동시간은 $9+2.7=11.7$분이고, 0.7분을 초로 환산하면 $0.7\times60=42$초이다. 따라서 O사원이 출근하는 데 걸린 시간은 11분 42초이다.

04 정답 ④

증발하기 전 농도가 15%인 소금물의 양을 xg이라고 하자. 이 소금물의 소금의 양은 $0.15x$g이고, 5% 증발했으므로 증발한 후의 소금물의 양은 $0.95x$g이다. 또한, 농도가 30%인 소금물의 소금의 양은 $200\times0.3=60$g이다.

$\dfrac{0.15x+60}{0.95x+200}=0.2 \rightarrow 0.15x+60=0.2(0.95x+200) \rightarrow 0.15x+60=0.19x+40 \rightarrow 0.04x=20 \rightarrow x=500$

따라서 증발 전 농도가 15%인 소금물의 양은 500g이다.

05 정답 ②

A금붕어, B금붕어가 팔리는 일을 n일이라고 하고, 남은 금붕어의 수를 각각 a_n, b_n이라고 하자.

A금붕어는 하루에 121마리씩 감소하고 있으므로 $a_n = 1,675 - 121(n-1) = 1,796 - 121n$이다.

$1,796 - 121 \times 10 = 1,796 - 1,210 = 586$

10일 차에 남은 A금붕어는 586마리이다.

B금붕어는 매일 3, 5, 9, 15, …마리씩 감소하고 있고, 계차의 차는 2, 4, 6, …이다.

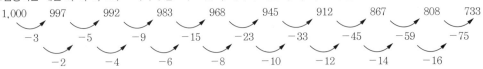

10일 차에 남은 B금붕어는 733마리이다.

따라서 A금붕어는 586마리, B금붕어는 733마리가 남았다.

06 정답 ⑤

강수량의 증감 추이를 나타내면 다음과 같다.

1월	2월	3월	4월	5월	6월	7월	8월	9월	10월	11월	12월
−	증가	감소	증가	감소	증가	증가	감소	감소	감소	감소	증가

이와 동일한 추이를 보이는 그래프는 ⑤이다.

오답분석

① 증감 추이는 같지만 4월의 강수량이 50mm 이하로 표현되어 있다.

07 정답 ③

ⓛ 국가채권 중 조세채권의 전년 대비 증가율은 다음과 같다.

- 2015년 : $\dfrac{30-26}{26} \times 100 = 15.4\%$

- 2017년 : $\dfrac{38-34}{34} \times 100 = 11.8\%$

따라서 조세채권의 전년 대비 증가율은 2017년에 비해 2015년이 높다.

ⓒ 융자회수금의 국가채권과 연체채권의 총합이 가장 높은 해는 142조 원으로 2017년이다. 연도별 경상 이전수입의 국가채권과 연체채권의 총합을 구하면 각각 15, 15, 17, 18조 원이므로 2017년이 가장 높다.

오답분석

ⓐ 2014년 총 연체채권은 27조 원으로 2016년 총 연체채권의 80%인 $36 \times 0.8 = 28.8$조 원보다 작다.

ⓔ 2014년 대비 2017년 경상 이전수입 중 국가채권의 증가율은 $\dfrac{10-8}{8} \times 100 = 25\%$이며, 경상 이전수입 중 연체채권의 증가율은 $\dfrac{8-7}{7} \times 100 = 14.3\%$로 국가채권 증가율이 더 높다.

2018년 하반기 최신기출문제

01	02	03	04	05	06				
③	③	④	①	⑤	④				

01 정답 ③

8팀이 리그전으로 경기를 하려면 $_8C_2 = \dfrac{8 \times 7}{2} = 28$번의 경기를 해야 한다.

또한, 상위 4개 팀이 토너먼트로 경기를 할 경우 준결승전 2번, 결승전 1번을 해야 하므로 경기는 3번 진행된다.

따라서 모든 경기를 보기 위해 티켓에 들어가는 비용은 28×1만 원+3×2만 원=34만 원이다.

02 정답 ③

어떤 프로젝트를 진행하는 일의 양을 1이라고 하고, B사원이 혼자 프로젝트를 시작해서 끝내기까지의 시간을 x시간이라고 하면, 2시간 동안 A사원과 B사원이 함께 한 일의 양은 $\left(\dfrac{1}{4} + \dfrac{1}{x}\right) \times 2$이고, A가 40분 동안 혼자서 한 일의 양은 $\dfrac{1}{4} \times \dfrac{40}{60}$이다. 따라서 식을 세우면 다음과 같다.

$$\left(\dfrac{1}{4} + \dfrac{1}{x}\right) \times 2 + \dfrac{1}{4} \times \dfrac{40}{60} = 1 \rightarrow \dfrac{x+4}{2x} + \dfrac{1}{4} \times \dfrac{2}{3} = 1 \rightarrow \dfrac{x+4}{2x} = \dfrac{5}{6} \rightarrow 4x = 24$$

$\therefore x = 6$

따라서 B가 혼자서 프로젝트를 수행했을 때 끝내기까지 걸리는 시간은 6시간이다.

03 정답 ④

A세포와 B세포의 배양 후 경과일 수를 각각 a일, b일이라 하면, A세포는 a일 후 4^a개, B세포는 b일 후 3^b개로 늘어난다. 각 세포의 개수에 대한 부등식을 세우면 다음과 같다($\log 5 = 1 - \log 2 = 1 - 0.30 = 0.70$).

- A세포 : 1개×4^a≥250개
  - → $a \times \log 4 \geq \log 250$
  - → $a \times 2\log 2 \geq 1 + 2\log 5$
  - → $a \geq \dfrac{1 + 1.40}{0.60}$
  - → $a \geq 4$
- B세포 : 2개×3^b≥250개
  - → $\log 2 + b \times \log 3 \geq \log 250$
  - → $b \times \log 3 \geq 1 + 2\log 5 - \log 2$
  - → $b \geq \dfrac{1 + 1.40 - 0.30}{0.48}$
  - → $b \geq 4.375$일

따라서 각 세포가 250개 이상이 되는 것은 A세포는 4일, B세포는 5일 후부터이다.

04 정답 ①

모니터의 가격을 k원이라 하면, 불량률이 10%일 때와 불량률이 15%일 때의 매출액이 적어도 같아야 하므로, 식을 세우면 다음과 같다.

$k \times 0.85 \times$ (모니터 생산량) $=17$만 원 $\times 0.9 \times$ (모니터 생산량)

$\rightarrow k = \dfrac{17 \times 0.9}{0.85} = 18$만 원

따라서 이번 달의 모니터 한 대당 가격은 최소 18만 원으로 해야 지난달보다 매출액이 떨어지지 않는다.

05 정답 ⑤

달러 환율이 가장 낮은 달은 1월이고, 가장 높은 달은 10월이다. 1월의 엔화 환율은 946원/100엔, 10월의 엔화 환율은 1,003원/100엔이다. 따라서 1월의 엔화 환율은 10월의 엔화 환율 대비 $\dfrac{946-1,003}{1,003} \times 100 \fallingdotseq -5.7$%이므로 5% 이상 낮다.

오답분석

① 1월의 엔화 환율 946원/100엔은 2월의 엔화 환율 990원/100엔 대비 $\dfrac{946-990}{990} \times 100 \fallingdotseq -4.4$%이므로 5% 미만 이득이다.

② 달러 환율은 6월과 8월에 전월 대비 감소하였다.

③ 월별로 달러 환율과 엔화 환율의 차를 구하면, 1월은 $1,065-946=119$원, 2월은 $1,090-990=100$원, 3월은 $1,082-1,020=62$원, 4월은 $1,070-992=78$원, 5월은 $1,072-984=88$원, 6월은 $1,071-980=91$원, 7월은 $1,119-1,011=108$원, 8월은 $1,117-1,003=114$원, 9월은 $1,119-1,004=115$원, 10월은 $1,133-1,003=130$원이다. 따라서 달러 환율과 엔화 환율의 차가 가장 큰 것은 10월이다.

④ 전월 대비 7월의 달러 환율 증가율은 $\dfrac{1,119-1,071}{1,071} \times 100 \fallingdotseq 4.5$%이고, 전월 대비 10월의 달러 환율 증가율은 $\dfrac{1,133-1,119}{1,119} \times 100 \fallingdotseq 1.3$%이므로 4배인 5.2%에 못 미친다.

06 정답 ④

2015년부터 2017년까지 경기 수가 계속 증가하는 종목은 배구와 축구 2종류이다.

오답분석

① 농구의 전년 대비 2015년 경기 수 감소율은 $\dfrac{403-413}{413} \times 100 \fallingdotseq -2.4$%이며, 2018년 전년 대비 증가율은 $\dfrac{410-403}{403} \times 100 \fallingdotseq 1.7$%이다. 절대값으로 비교하면 전년 대비 2015년 경기 수 감소율이 더 크다.

② 2014년은 $413+432+226+228=1,299$회, 2015년은 $403+442+226+230=1,301$회, 2016년은 $403+425+227+231=1,286$회, 2017년은 $403+433+230+233=1,299$회, 2018년은 $410+432+230+233=1,305$회이다. 따라서 경기 수 총합이 가장 많았던 연도는 2018년이다.

③ 5년 동안의 야구와 축구 경기 수의 평균은 다음과 같다.
- 야구 : $(432+442+425+433+432) \div 5 = 432.8$회
- 축구 : $(228+230+231+233+233) \div 5 = 231.0$회
야구의 평균 경기 수는 432.8회이고, 이는 축구의 평균 경기 수인 231.0회의 약 1.87배로 2배 이하이다.

④ 2014 ~ 2018년 경기 수 평균은 농구는 406.4회, 야구 432.8회, 배구 227.8회, 축구 231회이다. 따라서 2018년 경기 수가 이보다 적은 스포츠는 야구뿐이다.

CHAPTER 07

2018년 상반기 최신기출문제

PART 1 정답 및 해설

01	02	03							
④	③	④							

01   정답 ④

스마트폰을 사용하지 않고 충전만 한 시간을 x분, 사용하면서 충전한 시간을 y분이라고 하면

$x+y=48 \cdots \bigcirc$

$2x+y=100-20 \cdots \bigcirc\!\bigcirc$

$\bigcirc$, $\bigcirc\!\bigcirc$을 연립하여 풀면 $x=32$, $y=16$

따라서 충전 중 스마트폰을 사용한 시간은 16분이다.

02   정답 ③

농도 10%인 소금물의 양을 $x\text{g}$이라 하면

$$\frac{0.1x+3.2}{x+40}\times100=9.2 \rightarrow 0.1x+3.2=0.092(x+40) \rightarrow 0.008x=0.48$$

$\therefore x=60$

따라서 농도 10% 소금물의 양은 60g이다.

03   정답 ④

(속력)$=\dfrac{(거리)}{(시간)}$이므로 평균 속력과 관련하여 식을 세우면 $\dfrac{20}{\dfrac{10}{20}+\dfrac{10}{x}}$ 이다.

$24=\dfrac{400x}{10x+200} \rightarrow 400x=240x+4,800 \rightarrow 160x=4,800$

$\therefore x=30$

2017년 하반기 최신기출문제

01	02	03	04					
⑤	①	③	③					

01 정답 ⑤

A, B, C물건 세 개를 모두 좋아하는 사람의 수를 x명이라고 하면

$(280+160+200)-110-3x+x=400-30$

$\therefore x=80$

02 정답 ①

선과 선이 만나는 부분까지 갈 수 있는 방법의 수는 다음과 같다.

		1	1	1	A
		4	3	2	1
10	10 P	10	6	3	1
30	20	10			
60	30	10			
B					

따라서 A지점에서 B지점까지 P지점을 거쳐서 갈 수 있는 경우의 수는 60가지이다.

03 정답 ③

ㄱ. 임차인 A의 전·월세 전환율이 6%일 때 전세금을 x만 원이라고 하면 $6=\dfrac{50\times12}{x-25,000}\times100$

　　$\therefore x=35,000$

ㄹ. 임차인 E의 전·월세 전환율이 12%일 때 월세를 x만 원이라고 하면 $12=\dfrac{x\times12}{58,000-53,000}\times100$

　　$\therefore x=50$

오답분석

ㄴ. $\dfrac{60\times12}{42,000-30,000}\times100=6\%$

ㄷ. 임차인 C의 전·월세 전환율이 3%일 때 월세보증금을 x만 원이라고 하면 $3=\dfrac{70\times12}{60,000-x}\times100$

　　$\therefore x=32,000$

04 정답 ③

ㄴ. 표에서 장애인 고용률이 가장 낮은 기관을 살펴보면 고용률 1.06%인 A이므로 A가 서부청이다.

ㄱ. 표에서 장애인 고용의무인원을 비교해 보면 C>B>D>A 순서이고, 조건을 정리해 보면 남부청>동부청>서부청(A)이 된다.

ㄷ. 장애인 고용의무인원은 북부청이 남부청보다 적으므로 조건 ㄱ의 내용과 종합하면 남부청의 인원이 가장 많다는 것이 된다. B ~ D 중 장애인 고용의무인원이 가장 많은 것은 C이므로 C가 남부청이다.

ㄹ. 남은 B와 D 중에 남동청보다 장애인 고용인원은 많고, 장애인 고용률은 낮은 것은 B이므로 B가 동부청이 되며, 그 결과 자연히 D는 북부청이 된다.

2017년 상반기 최신기출문제

01	02	03	04	05					
④	③	⑤	③	③					

01 　정답　④

각 동전을 지불하는 경우의 수는 다음과 같다.
- 10원짜리 : 0원, 10원, 20원, 30원(4가지)
- 50원짜리 : 0원, 50원(2가지)
- 100원짜리 : 0원, 100원, 200원(3가지)
- 500원짜리 : 0원, 500원(2가지)

따라서 동전을 모두 이용해 지불할 수 있는 경우의 수는 $4 \times 2 \times 3 \times 2 = 48$가지이고, 0원은 지불한 것으로 보지 않으므로, 모든 동전을 지불하지 않는 1가지 경우를 제외하면 47가지이다.

02 　정답　③

500m의 거리에 가로등과 벤치를 각각 50m, 100m 간격으로 설치하므로, 총 거리를 간격으로 나누면 각각 10개, 5개이다. 단, 시작 지점은 포함되지 않았으므로 1개씩을 더해주면 가로등은 11개, 벤치는 6개가 되어 총 17개이다.

03 　정답　⑤

기차는 다리에 진입하여 완전히 벗어날 때까지 다리의 길이인 800m에 기차의 길이 100m를 더한 총 900m(0.9km)를 36초(0.01시간) 동안 이동했다.

따라서 기차의 $(속력) = \dfrac{(거리)}{(시간)} = \dfrac{0.9}{0.01} = 90$km/h이다.

04 　정답　③

사교육비와 참여율의 변화 양상이 동일한 지역은 부산(감소, 증가), 대전(감소, 감소), 세종(유지, 증가), 강원(감소, 증가), 전남(감소, 증가), 경북(증가, 감소)으로 총 6곳이다.

오답분석

① 2014년 대비 2015년 사교육비가 감소한 지역의 수는 5곳, 2014년 대비 2015년 참여율이 감소한 지역의 수는 5곳으로 같다.
② 2015년 시·도를 통틀어 사교육 참여율이 가장 높은 지역은 74.3%로 서울이고, 가장 낮은 지역은 59.6%로 전남이다. 따라서 이 두 지역의 차는 $74.3 - 59.6 = 14.7$%p이다.
④ 2014년 도 지역 중 학생 1인당 월평균 사교육비가 가장 높은 지역은 26.0만 원으로 경기이고 가장 낮은 지역은 16.4만 원으로 전남이다. 따라서 이 두 지역의 차는 9.6만 원이다.
⑤ 서울·경기 지역은 2014~2015년 모두 사교육비와 참여율에서 1, 2위를 차지하므로 평균 이상의 수치를 보여주고 있다고 볼 수 있다.

05 정답 ③

여자의 기대여명은 70세와 80세에서 전년 대비 2015년 기대여명의 변동이 없었고, 90세와 100세 이상의 기대여명은 감소했다.

오답분석

① 2015년에 1970년 대비 변동폭은 남자, 여자 모두 0.4세로 100세 이상의 연령대가 가장 작다.

② 1970년 대비 2015년의 기대여명이 가장 많이 늘어난 것은 20.3세 차이로 0세 남자이다.

④ 기대여명은 동일 연령에서 여자가 남자보다 항상 높음을 자료에서 확인할 수 있다.

⑤ 90세와 100세 이상을 제외하고 2014년 대비 2015년의 기대여명의 증감 수치는 항상 남자가 여자보다 크다.

2016년 하반기 최신기출문제

01	02	03	04						
④	③	②	④						

01 정답 ④

x : 영업직 수

y : 일반사무직 수

z : 마케팅직 수

(일반사무직 일당)$=10\times\dfrac{80}{100}=8$

(마케팅직 일당)$=10\times\left(1+\dfrac{20}{100}\right)=12$

$x+y+z=30\cdots\bigcirc$

$y=x+10=2\times z\cdots\bigcirc\!\bigcirc$

㉠과 ㉡을 연립하면

$x=6,\ y=16,\ z=8$

따라서 추가 편성해야 할 총 일일 인건비는 $6\times10+16\times8+8\times12=284$만 원이다.

02 정답 ③

(A) : (전체 사업체 수)$=53+94+1+6+3=157$

(B) : (업체당 평균매출액)$=$(매출액)$\div$(사업체 수)$=373,853\div1=373,853$

(C) : (1인당 평균매출액)$=$(매출액)$\div$(종사자 수)$=373,853\div295\fallingdotseq1,267$

03 정답 ②

작업 시작	작업 성능	소요 시간	누적 처리량
오후 3시	초기화 작업	1시간	0TB
오후 4시	시간당 2TB	2시간	4TB
오후 6시	시간당 3TB	6시간	22TB
자정	시스템 점검	3시간	22TB
새벽 3시	시간당 3TB	6시간	40TB
오전 9시	시간당 2TB	5시간	50TB

04 정답 ④

(전북지역 농가 수 감소율)=(235−100)÷235×100≒57.4%
(경남지역 농가 수 감소율)=(297−131)÷297×100≒55.9%
따라서 농가 수 감소율은 경남지역보다 전북지역이 더 큼을 알 수 있다.

오답분석

① 첫 번째 자료를 통해 총가구 중 농가 비중은 지속적으로 감소함을 알 수 있다.
② 132÷1,088×100≒12.1%
③ 두 번째 자료를 통해 농가 수는 전국 모든 지역에서 감소함을 알 수 있다.
⑤ (33−53)÷53×100≒−37.7%

CHAPTER 11

2016년 상반기 최신기출문제

01	02	03	04	05					
②	①	②	③	④					

01 정답 ②

영희가 집에서 할머니를 기다린 10분을 제외하면, 학교에서 병원까지 총 이동시간은 1시간 40분이다.

1시간 40분은 $1+\dfrac{40}{60}=1+\dfrac{2}{3}=\dfrac{5}{3}$ 시간이므로 집과 병원 사이의 거리를 $x$km라고 하면, $\dfrac{2x}{4}+\dfrac{x}{3}=\dfrac{5}{3}$ → $\dfrac{5x}{6}=\dfrac{5}{3}$

$\therefore x=2$

02 정답 ①

작년 A고등학교의 1학년과 3학년 학생 수를 각각 x, y명이라고 하면, 2학년 학생 수는 $\dfrac{x+y}{2}$명이다.

$x+\dfrac{x+y}{2}+y=1{,}200$ → $\dfrac{3(x+y)}{2}=1{,}200$ → $\dfrac{x+y}{2}=1{,}200\div3=400$

올해 2학년 학생 수는 $400\times1.05=420$명이고, 3학년 학생 수는 $420-12=408$명이다.

따라서 올해 필요한 신입생의 수는 $1{,}200-420-408=372$명이다.

03 정답 ②

10일 동안 $0.3\times3\times10=9$kg이 증가하므로 영진이는 총 19kg을 감량해야 한다. 일요일에는 헬스장에 가지 않으므로 하루에 운동해야 하는 시간은 $19\div(0.5\times9)\fallingdotseq4.22$이다.

소수점 둘째 자리에서 반올림하면 하루에 4.2시간씩 운동해야 한다.

04 정답 ③

해영이가 이동한 거리는 $25\times60=1{,}500$m이고, 수현이가 이동한 거리는 $10\times80=800$m이다. 해영이와 수현이 사이의 거리를 xm라 하면, 피타고라스의 정리를 이용하여 $x^2=800^2+1{,}500^2=1{,}700^2$

$\therefore x=1{,}700$

따라서 해영이와 수현이 사이의 직선 거리는 1.7km이다.

05 정답 ④

각 팀은 3명씩 구성된다. 부장과 과장이 같은 팀일 경우, 나머지 4명 중 팀원으로 남자 대리를 뽑을 확률은 0.25이다. 부장과 과장이 다른 팀일 경우, 팀을 나누는 전체 경우의 수는 ${}_4\mathrm{C}_2\times{}_2\mathrm{C}_2\times\dfrac{1}{2!}\times2=6$가지이고, 그중 부장과 남자 대리가 같은 팀인 경우는 3가지이다.

따라서 확률은 $0.3\times0.25+0.7\times0.5=0.425$, 즉 42.5%이다.

CHAPTER 12

2015년 하반기 최신기출문제

01	02	03							
③	③	⑤							

01 정답 ③

A제품의 불량률을 x라 하면
$600(1-x) \geq 2,400x \rightarrow 3,000x \leq 600$
$\therefore x \leq 0.2$
따라서 불량률은 최대 20%를 넘지 않아야 한다.

02 정답 ③

무게가 1kg, 2kg, 3kg인 추의 개수를 각각 x, y, z개라고 하면
$x+y+z=30 \cdots \textcircled{\scriptsize ㄱ}$
$x+2y+3z=50 \cdots \textcircled{\scriptsize ㄴ}$
$y \geq 2z \cdots \textcircled{\scriptsize ㄷ}$
$x > y > z \cdots \textcircled{\scriptsize ㄹ}$
$\textcircled{\scriptsize ㄱ}$을 $\textcircled{\scriptsize ㄴ}$에 대입하면
$y+2z=20 \rightarrow y=20-2z \cdots \textcircled{\scriptsize ㅁ}$
$\textcircled{\scriptsize ㅁ}$을 $\textcircled{\scriptsize ㄷ}$에 대입하면
$20-2z \geq 2z \rightarrow z \leq 5$
따라서 두 번째 조건에 의해 3kg 추의 개수는 2개 또는 4개이다.
그러므로 추의 개수로 가능한 경우는 다음과 같다.
 i) 1kg : 12개, 2kg : 16개, 3kg : 2개
ii) 1kg : 14개, 2kg : 12개, 3kg : 4개
이때 i)은 마지막 조건을 만족하지 못한다.
따라서 무게가 2kg인 추는 12개이다.

03 정답 ⑤

평상시에 12층까지 올라가는 데 걸리는 시간은 엘리베이터를 이용할 때 75초, 비상계단을 이용할 때 410초로, 335초의 차이가 난다.
엘리베이터를 이용하는 것보다 계단을 이용할 때 12층에 빨리 도착하는 시각이 저녁 8시 x분이라 하면
$\frac{x}{2} \times 35 \geq 335 \rightarrow \frac{x}{2} \geq \frac{67}{7} \fallingdotseq 9.6 \rightarrow x \geq 19.2$
따라서 저녁 8시 20분부터는 계단을 이용하면 12층에 빨리 도착한다.

2015년 상반기 최신기출문제

01	02	03	04	05					
⑤	②	⑤	①	⑤					

01 정답 ⑤

- 사무용품 구매액 : $300,000 \times 0.8 = 240,000$원
- 사무용품 구매 후 남은 예산 : $300,000 - 240,000 = 60,000$원
- 서랍장 구매액 : $60,000 \times 0.4 = 24,000$원
- 서랍장 구매 후 남은 예산 : $60,000 - 24,000 = 36,000$원
- 볼펜 1개의 인터넷 구매액 : $500 \times \left(1 - \dfrac{20}{100}\right) = 400$원

$36,000 \div 400 = 90$이므로, 볼펜은 90개 살 수 있다.

02 정답 ②

자동차를 1일 이용할 경우, 교통비는 $5,000 + 2,000 \times 2 = 9,000$원이다. 즉, 지하철을 1일 이용하는 대신 자동차를 1일 이용할 경우 $6,000$원의 차액이 발생한다.

이번 달과 다음 달의 차이는 프로젝트 기간 5일의 유무이다. 따라서 5일간의 교통비 차액이 이번 달과 다음 달의 교통비 차액이다.

따라서 $6,000 \times 5 = 30,000$원의 차액이 생긴다.

03 정답 ⑤

올라갈 때의 거리를 $x$km라 하면, 내려갈 때의 거리는 $(x+3)$km이다.

$$\frac{x}{4} + \frac{x+3}{5} = 5 \rightarrow 5x + 4(x+3) = 100 \rightarrow 9x = 88$$

$$\therefore x = \frac{88}{9}$$

따라서 S대리가 걸은 거리는 $2x + 3 = \dfrac{176}{9} + 3 ≒ 22.6$km이다.

04 정답 ①

ⅰ) A업체에서 구매할 경우 50=(10+1)×4+6이므로, (100만 원)×4+(10만 원)×6=460만 원이 필요하다.
  이때 100만 원당 5만 원을 할인해주므로, 가습기 구매에 총 460−5×4=440만 원이 필요하다.

ⅱ) B업체에서 구매할 경우 50=(9+1)×5이므로, (90만 원)×5=450만 원이 필요하다.

따라서 A업체에서 구매하는 것이 10만 원 더 저렴하다.

05 정답 ⑤

$$\frac{122}{122+58}\times100=\frac{122}{180}\times100=\frac{610}{9}\fallingdotseq68\%$$

2014년 하반기 최신기출문제

01	02								
④	③								

01 정답 ④

- 10명이 당직 근무를 설 경우의 수 : $10!$
- 두 번째 주 토요일에 임원이 당직 근무를 설 경우의 수 : $_4C_1 \times 9!$

$$\therefore \ \frac{_4C_1 \times 9!}{10!} \times 100 = \frac{2}{5} \times 100 = 40\%$$

02 정답 ③

K기업의 작년 전체 직원 수는 $284-4=280$명이다.

작년 남자 직원 수를 x명이라 하면, 작년 여자 직원 수는 $(280-x)$명이다.

$-0.05x+0.1(280-x)=4$

$-5x+10(280-x)=400$

$15x=2,400$

$x=160$

따라서 올해 공채 이후 남자 직원 수는 $160 \times (1-0.05)=152$명이다.

PART 2

수리논리

01	02	03	04	05	06	07	08	09	10	11	12	13	14	15	16	17	18	19	20
③	③	⑤	⑤	④	④	③	④	⑤	③	③	③	④	⑤	⑤	②	①	④	⑤	⑤

01 정답 ③

A소금물에 첨가한 물의 양을 ag, 버린 B소금물의 양을 bg이라 가정하고, 늘어난 A소금물과 줄어든 B소금물을 합친 소금물의 양은 500g이며, 농도는 10%이라고 하였으므로

$(200+a)+(300-b)=500 \rightarrow a-b=0 \cdots$ ㉠

$(200 \times 0.1)+(300-b) \times 0.2=500 \times 0.1 \rightarrow 20+60-0.2b=50 \rightarrow 0.2b=30 \rightarrow b=150 \cdots$ ㉡

㉡을 ㉠에 대입하면 $a=150$이므로 A소금물에 첨가한 물의 양은 150g이 된다.

02 정답 ③

대진표를 살펴보면 여섯 팀 중 네 팀은 총 두 번 경기하여 결승전에 진출할 수 있지만, 나머지 두 팀은 한 번의 경기로 결승전에 진출할 수 있다. 따라서 여섯 팀 중, 네 팀과 두 팀으로 분할한다. 또한 분할된 네 팀은 다시 두 팀으로 나누어지므로 해당 경우의 수를 구한다(단, 네 팀에서 분할된 두 개의 팀은 구분이 필요 없으므로 2를 나눈다).

따라서 $_6C_4 \times _2C_2 \times _4C_2 \times _2C_2 \div 2=45$가지이다.

03 정답 ⑤

2020년 산업통상자원부 지원금을 지급받는 중소기업 수는 총 $244+1,138+787+252+4=2,425$개이므로 2020년 산업통상자원부 지원금을 지급받는 총 기업 수 2,815개의 약 $\frac{2,425}{2,815} = 86.1\%$로 85% 이상이다.

오답분석

① 매년 대기업 수는 감소하고, 중소기업 수는 증가하고 있다.

② 중소기업 총지원액의 최소금액과 대기업 총지원액의 최대금액을 비교를 통해 확인할 수 있다. 먼저 최소금액을 구하기 위해 지원액 규모를 각각 0원, 5억 원, 10억 원, 20억 원, 50억 원이라고 가정하고 지원액 규모별 중소기업의 수를 곱해 총 지원액을 구하면 $(0 \times 244)+(5 \times 1,138)+(10 \times 787)+(20 \times 252)+(50 \times 4)=18,800$억 원이다.

반대로 최대금액을 구하기 위해 지원액 규모를 각각 5억 원, 10억 원, 20억 원, 50억 원, 100억 원으로 가정하고 지원액 규모별 대기업의 수를 곱해 총 지원액을 구하면 $(5 \times 4)+(10 \times 11)+(20 \times 58)+(50 \times 38)+(100 \times 22)=5,390$억 원이다. 이를 통해 지원액 규모가 얼마인지 정확하게 알 수는 없지만, 2020년 중소기업 총지원액은 대기업 총지원액보다 많다는 것을 알 수 있다.

③ 매년 대기업과 중견기업은 지원액 규모가 10억 이상 20억 미만에서, 중소기업은 5억 이상 10억 미만에서 가장 많은 기업이 산업통상자원부 지원금을 지급받는다.

④ 산업통상자원부 지원금을 지급받는 중견기업 수는 2018년에는 $18+111+155+29+2=315$개, 2020년에는 $11+88+124+32+2=257$개로 감소하였다.

04 정답 ⑤

일반 체류자보다 시민권자가 많은 국가는 중국, 일본, 캐나다, 덴마크, 러시아, 스위스이며 각 국가의 영주권자는 모두 300명 이상이다.

오답분석

① 영주권자가 없는 국가는 인도, 라오스, 몽골, 미얀마, 네팔, 태국, 터키, 베트남이며, 이 나라들의 일반 체류자 수의 총합은 11,251+3,042+2,132 +3,842+769+19,995+2,951+172,684=216,666명으로 중국의 일반 체류자 수인 300,332명보다 작다.

② 일본의 일반 체류자 대비 시민권자 비율은 $\dfrac{736,326}{88,108} \times 100 ≒ 835.7$이다.

③ 영주권자가 시민권자의 절반보다 많은 국가는 프랑스이며 프랑스의 총 재외 동포 수는 8,961+6,541+13,665=29,167명으로 3만 명보다 적다.

④ 재외 동포 수가 가장 많은 국가는 시민권자가 200만 명이 넘는 중국이다. 중국은 시민권자와 일반 체류자의 수가 각각 1위를 차지하지만, 영주권자는 프랑스(6,541명)가 1위이다.

05 정답 ④

연도별 백혈병 대비 갑상선암의 유병자 비율은 다음과 같고 2020년도 비율이 가장 낮다.

구분	2014년	2015년	2016년	2017년	2018년	2019년	2020년
비율	$\dfrac{157,082}{7,463}≒21.0$	$\dfrac{180,298}{7,748}≒23.3$	$\dfrac{195,846}{8,156}≒24.0$	$\dfrac{194,555}{8,535}≒22.8$	$\dfrac{183,203}{8,908}≒20.6$	$\dfrac{168,381}{9,194}≒18.3$	$\dfrac{150,081}{9,522}≒15.8$

풀이 꿀팁

직접 계산하기 전 백혈병 대비 갑상선암 유병자 수 비율은 $\dfrac{(갑상선암\ 유병자)}{(백혈병\ 유병자)}$이다. 분모의 수는 크고, 분자의 수가 작은 값일수록 비율은 낮아진다.

따라서 분모인 백혈병은 2020년도의 유병자 수가 가장 많고, 분자인 갑성선암은 2020년도 유병자 수가 가장 적음으로 계산과정 없이 2020년도의 백혈병 대비 갑상선암의 유병자 비율이 가장 낮음을 알 수 있다.

오답분석

① 연도별 암 유병자의 총합은 아래 표와 같으며 2014년도 암 유병자 수가 가장 적다.

구분	2014년	2015년	2016년	2017년
암 유병자 수	466,050명	507,672명	536,350명	542,789명

② 2014년부터 2018년까지 매년 암 종류별 유병자 수가 많은 4가지 종류는 '갑상선암 - 위암 - 대방암 - 폐암'으로 폐암은 네 번째로 유병자가 많다.

③ 전년 대비 2019년도의 위암의 감소율은 $\dfrac{117,547-117,147}{117,547} \times 100 ≒ 0.3$%로 간암의 증가율인 $\dfrac{37,569-37,290}{37,290} \times 100 ≒ 0.7$%보다 낮다.

⑤ 연도별 식도암 유병자 수가 적은 순서는 '2014 - 2015 - 2016 - 2017 - 2018 - 2019 - 2020'이며, 위암 유병자 수의 경우 '2014 - 2015 - 2016 - 2020 - 2019 - 2017 - 2018' 순서로 동일하지 않다.

06 정답 ④

2020년 대구와 경상에 거주하는 외국인은 다음과 같다.
- 대구 : 1,100×0.12=132만 명
- 경상 : 880×0.06=52.8만 명

따라서 대구 거주 외국인은 경상 거주 외국인의 132÷52.8=2.5배이다.

오답분석

① 수도권을 제외한 대부분의 지역에서 2018년 대비 2019년 거주자 수는 감소하는 추세를 보였지만, 경상의 경우에는 2018년 820만 명에서 2019년 884만 명으로 증가하였다.

② 2018년부터 2020년까지의 외국인 비율은 다음과 같다.
- 서울 : 8.2%, 9.2%, 9.4%
- 인천 : 12.2%, 15.9%, 16.1%
- 경기 : 14.6%, 14.4%, 15.7%

따라서 수도권의 외국인 비율은 전년 대비 모두 증가하지 않았다.

③ 2018년부터 2020년까지 전체 거주자 수는 9,405만 명, 9,611만 명, 9,632만 명으로 증가하였고, 평균 외국인 비율도 8.1%, 8.9%, 9.8%로 전년 대비 증가하였으므로 옳지 않은 내용이다.

⑤ 2020년과 2018년의 외국인 비율이 가장 높은 곳과 낮은 곳의 비율 차이는 다음과 같다.
- 2020년 : 제주(22.4%)−충청(0.7%)=21.7%p
- 2018년 : 제주(21.5%)−충청(1.2%)=20.3%p

따라서 2020년이 2018년보다 21.7−20.3=1.4%p 더 높다.

07 정답 ③

세종특별자치시의 2020년 9월 혼인 건수의 전월 대비 증가율은 $\frac{146-125}{125} \times 100 = 16.8\%$로 15% 이상 증가하였다.

오답분석

① 전국 사망자수 대비 출생아수의 비율은 2020년 8월에 $\frac{22,472}{25,286} \times 100 ≒ 88.9\%$, 9월에 $\frac{23,567}{24,361} \times 100 ≒ 96.7\%$로 9월에 전월 대비 증가하였다.

풀이 꿀팁

직관적으로, 분모가 되는 사망자수는 9월에 전월 대비 감소하였고, 분자가 되는 출생아수는 전월 대비 증가한 것을 통해 계산 없이도 사망자수 대비 출생아수 비율은 증가하였을 것을 알 수 있다.

② 충청남도의 사망자수가 2020년 10월에 전월 대비 20% 감소한다면 10월 사망자 수는 1,260×0.8=1,008명으로 1,000명 이상이다.

④ 2020년 8월 혼인 건수가 가장 많은 지역은 경기도이며, 2020년 9월 이혼 건수도 가장 많다.

⑤ 출생아수가 많은 순으로 지역들의 순위를 매기면, 2020년 8월에는 강원도가 대전광역시보다 출생아수가 적었으나, 9월에는 더 많으므로 순위는 동일하지 않다.

08 정답 ④

지역별로 최저 근로시간과 최고 근로시간의 차이를 구하면 다음과 같다.

(단위 : 시간)

지역	최저 근로시간	최고 근로시간	최고 근로시간−최저 근로시간
서울	7.2	10.8	3.6
경기	6.5	10.1	3.6
인천	5.4	10.5	5.1
대전	4.5	9.5	5
대구	6.8	9.6	2.8
부산	5.7	9.8	4.1
울산	4.9	8.9	4
광주	5.6	10.2	4.6

따라서 최저 근로시간과 최고 근로시간의 차이가 가장 큰 지역은 5.1시간으로 인천이다.

오답분석

① 광주의 경우 근로시간이 10.2시간으로 경기의 근로시간인 10.1시간보다 높다.

② 최저 근로시간이 가장 적은 지역은 4.5시간으로 대전이지만, 최고 근로시간이 가장 적은 지역은 8.9시간으로 울산이다.

③ 평균 근로시간이 가장 많은 지역은 경기로 8.8시간이고, 평균 근로시간이 가장 적은 지역은 대전으로 7.5시간이다. 따라서 두 지역의 차이는 8.8−7.5=1.3시간으로 1시간 반(1.5시간) 미만이다.

⑤ 수도권의 평균 근로시간과 최저 근로시간·최고 근로시간의 평균의 값을 비교하면 다음과 같다.

지역	평균 근로시간	최저 근로시간·최고 근로시간의 평균
서울	8.5시간	$\dfrac{7.2+10.8}{2}=9$시간
경기	8.8시간	$\dfrac{6.5+10.1}{2}=8.3$시간
인천	8.6시간	$\dfrac{5.4+10.5}{2}=7.95$시간

따라서 수도권 중 서울만 평균 근로시간이 최저 근로시간·최고 근로시간의 평균값보다 작다.

09 정답 ⑤

2016 ~ 2020년까지 전체 이혼 건수 증감추이는 계속적으로 증가했으며, 이와 같은 추이를 보이는 지역은 경기 지역 한 곳이다.

오답분석

① 2018년 ~ 2020년까지의 인천 이혼 건수는 $35+32+39=106$천 건, 서울 이혼 건수는 $34+33+38=105$천 건으로 인천이 많다.
② 2016 ~ 2020년까지 전체 이혼 건수가 가장 적은 해는 2016년이고, 2020년에는 이혼 건수가 가장 많은 해이다.
③ 수도권(서울, 인천, 경기)의 이혼 건수가 가장 많은 해는 2020년이다.

(단위 : 천 건)

구분	2016년	2017년	2018년	2019년	2020년
서울	28	29	34	33	38
인천	22	24	35	32	39
경기	19	21	22	28	33
수도권	69	74	91	93	110

④ 전체 이혼 건수 대비 수도권의 이혼 건수 비중은 2016년에 $\dfrac{69}{132}\times100≒52.3\%$, 2020년에는 $\dfrac{110}{178}\times100≒61.8\%$를 차지한다.

10 정답 ③

㉠ 초등학생에서 중학생, 고등학생으로 올라갈수록 스마트폰($7.2\% \rightarrow 5.5\% \rightarrow 3.1\%$)과 PC($42.5\% \rightarrow 37.8\% \rightarrow 30.2\%$)의 이용률은 감소하고, 태블릿PC($15.9\% \rightarrow 19.9\% \rightarrow 28.5\%$)와 노트북($34.4\% \rightarrow 36.8\% \rightarrow 38.2\%$)의 이용률은 증가하고 있다.
㉢ 태블릿PC와 노트북의 남학생·여학생 이용률의 차이는 다음과 같다.
   • 태블릿PC : $28.1-11.7=16.4\%p$
   • 노트북 : $39.1-30.9=8.2\%p$
   따라서 태블릿PC는 노트북의 $16.4÷8.2=2$배이다.

오답분석

㉡ 초·중·고등학생의 노트북과 PC의 이용률의 차이는 다음과 같다.
   • 초등학생이 $42.5-34.4=8.1\%p$
   • 중학생이 $37.8-36.8=1\%p$
   • 고등학생이 $38.2-30.2=8\%p$
   따라서 중학생이 가장 작다.

11 정답 ③

아동복지시설과 여성복지시설의 의료진 수의 차이는 2016년 45,088−1,842=43,246명, 2017년 48,212−2,112=46,100명, 2018년 49,988−2,329=47,659명, 2019년 50,218−2,455=47,763명, 2020년 52,454−2,598=49,856명으로 매년 증가하고 있다.

오답분석

① 2017년부터 2020년까지 전년 대비 의료진 수 증가율은 2017년 $\frac{56,988-52,800}{52,800}\times100\fallingdotseq7.9\%$, 2018년 $\frac{59,897-56,988}{56,988}\times100\fallingdotseq5.1\%$,

2019년 $\frac{61,538-59,897}{59,897}\times100\fallingdotseq2.7\%$, 2020년 $\frac{64,796-61,538}{61,538}\times100\fallingdotseq5.3\%$이다.

따라서 전년 대비 전체 의료진 수 증가율이 가장 큰 해는 2017년이다.

② 2016년부터 2020년까지 의료진 수가 많은 순대로 나열하면 아동복지시설 − 노인복지시설 − 장애인복지시설 − 여성복지시설 − 정신요양시설 − 노숙인복지시설 순서로 동일하다.

④ 2016년부터 2020년까지 노인복지시설 의료진 수 대비 장애인복지시설 의료진 수의 비율을 구하면, 2016년 $\frac{1,949}{2,584}\times100\fallingdotseq75.4\%$, 2017년

$\frac{2,332}{2,924}\times100\fallingdotseq79.8\%$, 2018년 $\frac{2,586}{3,332}\times100\fallingdotseq77.6\%$, 2019년 $\frac{2,981}{3,868}\times100\fallingdotseq77.1\%$, 2020년 $\frac{3,355}{4,102}\times100\fallingdotseq81.8\%$로 2020년에 처음으로

80%를 넘었다.

⑤ 2018년 아동복지시설의 의료진 수는 49,988명이며, 아동복지시설 외의 의료진 수는 59,897−49,988=9,909명이다. 이에 아동복지시설의 의료진 수는 아동복지시설 외의 의료진 수의 약 49,988÷9,909≒5.0배이다.

12 정답 ③

전체 조사자 중 20·30대는 1,800+2,500+2,000+1,400=7,700명이므로, 전체 조사자 20,000명 중 $\frac{7,700}{20,000}\times100=38.5\%$이다.

오답분석

① 운전면허 소지비율이 가장 높은 연령대는 남성은 75%로 40대이고, 여성도 54%로 40대이다.
② 70대 여성의 운전면허 소지비율은 12%로 남성인 25%의 절반 이하이다.
④ 50대 운전면허 소지자는 다음과 같다.
- 남 : 1,500×0.68=1,020명
- 여 : 1,500×0.42=630명

따라서 50대 운전면허 소지는 1,020+630=1,650명이다.
⑤ 60·70대 여성 운전면허 소지자는 다음과 같다.
- 60대 여성 : 2,000×0.24=480명
- 70대 여성 : 1,000×0.12=120명

따라서 70대 여성 운전면허 소지자는 60대 여성 운전면허 소지자의 $\frac{120}{480}\times100=25\%$이다.

13 정답 ④

20·30대 여성의 운전면허 소지자를 구하면 다음과 같다.
- 20대 여성 : 2,000×0.22=440명
- 30대 여성 : 1,400×0.35=490명

따라서 20·30대 여성의 운전면허 소지자는 440+490=930명이다. 이는 전체 조사자의 $\frac{930}{20,000}\times100=4.65\%$이다.

오답분석

① 조사에 참여한 60·70대는 다음과 같다.
- 남성 : 1,500+1,200=2,700명
- 여성 : 2,000+1,000=3,000명

따라서 여성이 남성보다 더 많다.

② 40대 여성과 남성의 운전면허 소지자를 구하면 다음과 같다.

- 40대 여성 : $1{,}600 \times 0.54 = 864$명
- 40대 남성 : $2{,}000 \times 0.75 = 1{,}500$명

따라서 40대 여성의 운전면허 소지자는 40대 남성의 운전면허소지자의 $\frac{864}{1{,}500} \times 100 = 57.6\%$이다.

③ 20대 남성과 70대 남성의 운전면허 소지자를 구하면 다음과 같다.

- 20대 남성 : $1{,}800 \times 0.38 = 684$명
- 70대 남성 : $1{,}200 \times 0.25 = 300$명

따라서 20대 남성의 운전면허 소지자는 70대 남성의 $\frac{684}{300} = 2.28$배이다.

⑤ 20대는 여성이 2,000명, 남성이 1,800명으로 여성이 많고, 50대에서는 남성·여성 조사자가 1,500명으로 동일하며, 60대에서는 남성이 1,500명, 여성이 2,000명으로 여성이 남성보다 많다.

14 정답 ⑤

2010년 운동과 미술을 중복하여 수강한 초등학생이 없으므로 운동과 미술을 하지 않은 초등학생은 전체의 $100 - (65 + 27) = 8\%$이다. 따라서 그 수는 $250 \times 0.08 = 20$명이다.

오답분석

① 중학생과 고등학생의 2010년 대비 2020년 입시 교육 증가율을 구하면 다음과 같다.

- 중학생 : $\frac{77 - 56}{56} \times 100 = 37.5\%$

- 고등학생 : $\frac{86.4 - 64}{64} \times 100 = 35\%$

따라서 중학생이 고등학생보다 $37.5 - 35 = 2.5\%$p 더 높다.

② 2010년에 비해 2020년 입시 교육을 받는 초등학생의 비율이 늘어난 것은 맞지만, 2010년과 2020년의 초등학생 인원수가 제시되어 있지 않으므로, 인원이 늘어났는지는 주어진 자료에서는 알 수 없다.

③ 2010년 초등학생 중 운동과 음악을 수강하는 비율은 각각 65%와 55%이다. 이에 두 비율을 합하면 120%이므로 초등학생 중 최소 20%는 운동과 음악을 중복하여 수강한다.

④ 어학원 수강비율은 유치원생과 초등학생에서 증가하였지만, 중학생과 고등학생은 감소하였다.

15 정답 ⑤

2010년 대비 2020년 고등학생의 사교육 중 수강비율이 증가한 것은 입시·미술·연기·요리 총 4가지이다.

오답분석

① 2010년과 2020년의 초등학생과 중학생의 입시교육 비율 차는 다음과 같다.

- 초등학생 : $60 - 48 = 12\%$p
- 중학생 : $77 - 56 = 21\%$p

따라서 중학생은 초등학생의 $21 \div 12 = 1.75$배이다.

② 유치원생의 2010년 대비 2020년의 어학원수강 증가율은 $\frac{9.6 - 6}{6} \times 100 = 60\%$이다.

③ 2010년 대비 2020년 초등학생의 사교육 비율은 입시·어학원을 제외하고 감소하였다.

④ 2010과 2020년 운동 수강 비율을 학년별로 높은 순서로 나열하면 다음과 같다.

- 2010년 : 초등학생 65%, 유치원생 50%, 중학생 44%, 고등학생 28%
- 2020년 : 유치원생 58%, 초등학생 52%, 중학생 28%, 고등학생 16%

따라서 순서가 동일하지 않다.

16 정답 ②

남성의 60대 조사자 수는 210명, 50대 조사자수는 280명이므로 전자는 후자의 $\frac{210}{280} \times 100 = 75\%$이다.

오답분석

① 조사자 수가 가장 많은 연령대와 가장 적은 연령대를 순서대로 나열하면, 남성은 30대, 10대, 여성은 30대, 60대이다. 따라서 가장 많은 연령대는 동일하지만 가장 적은 연령대는 동일하지 않다.

③ 육아 또는 요리 관련도서는 여성 20대부터 40대뿐만 아니라 여성 10대에도 포함되며, 남성 30대에도 육아가 포함되어 있다.

④ 10대부터 30대까지의 남성 관심도서 순위 내에 수험서 관련도서가 포함되지만, 여성의 경우 관심도서 순위 내에 수험서 관련도서는 10대와 20대에만 포함되어 있다.

⑤ 20대 남성의 관심도서 1위는 수험서이고, 2위는 여행도서이다. 따라서 20대 남성 중 여행도서에 관심이 있는 사람이 450×0.2=90명이라면, 수험서에 관심 있는 남성은 90명보다 많아야 한다.

17 정답 ①

여성의 20·30대 조사자 수는 480+840=1,320명으로 여성조사자 수인 2,400명의 절반을 넘지만, 남성의 20·30대 조사자 수는 450+540=990명으로 남성조사자 수인 2,000명의 절반이 되지 않는다.

오답분석

② 전체조사자는 2,000+2,400=4,400명이고, 이 중 60대 조사자는 210+120=330명이다. 따라서 전체조사자 중 60대는 $\frac{330}{4,400} \times 100 = 7.5\%$이다.

③ 20대 이상 남성의 관심도서 중 경제 관련도서의 순위 20대 3위, 30대 1위, 40대 2위, 50대 1위, 60대 2위로 모두 3위 내에 포함되어 있다.

④ 남성의 관심도서 중 만화는 10대 2위, 20대 5위, 30·40·50대 4위, 60대 5위로 전 연령대 순위에 있고, 여성의 관심도서 중 여행도 10대 2위, 20대 4위, 30·40대 5위, 50·60대 4위로 전 연령대에 순위에 포함되어 있다.

⑤ 50대 여성의 관심도서 1·2위는 잡지와 소설·시이다. 해당 도서에는 50대 여성의 65%의 관심이 있다고 했으므로 240×0.65=156명이다. 이 중 25%가 소설·시에 관심이 있으므로 소설·시에 관심 있는 50대 여성 수는 156×0.25=39명이고, 잡지에 관심 있는 50대 여성 수는 156-39=117명이다.

18 정답 ④

첫 번째 조건에서 A는 경부선 전체 졸음쉼터 개수의 12.5%를 차지한다고 했으므로 (12+12)×0.125=3이다. 두 번째 조건에서는 다섯 노선의 주차면수가 10개 이상 20개 미만인 졸음쉼터 총 개수를 알 수 없으므로 먼저 D를 구하면, 네 번째 조건에서 D는 서해안선에 있는 주차면수가 10개 미만인 졸음쉼터 개수의 6.25%이므로 16×0.0625=1임을 알 수 있다. 또한 C는 D보다 2만큼 크므로 1+2=3이 되고, C는 B보다 5만큼 작으므로 B는 3+5=8이 된다.

따라서 A, B, C, D에 들어갈 알맞은 수는 차례대로 '3, 8, 3, 1'이다.

19 정답 ⑤

교통사고·화재·산업재해 피해액의 비중이 아닌 사망자 수의 비중을 나타낸 그래프이며, 교통사고·화재·산업재해 피해액의 비중으로 올바른 수치는 다음과 같다.

• 교통사고 : $\frac{1,290}{1,290+6,490+1,890} \times 100 = \frac{1,290}{9,670} \times 100 \fallingdotseq 13.3\%$

• 화재 : $\frac{6,490}{9,670} \times 100 \fallingdotseq 67.1\%$

• 산업재해 : $\frac{1,890}{9,670} \times 100 \fallingdotseq 19.5\%$

20 정답 ⑤

1. 규칙 파악
   - A물고기 알의 부화 수

   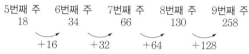

   ∴ 첫 번째 항은 3이고 개체 수는 증가하고 있다. 수열의 계차는 공비가 2인 등비수열이다.
   - B물고기 알의 부화 수

   $$1 \quad 2 \quad 4 \quad 8 \quad 16$$
   $$\times 2 \quad \times 2 \quad \times 2 \quad \times 2$$

   ∴ 첫 번째 항은 1이고 공비가 2인 등비수열이다.

2. 계산
   ㉠ 직접 계산하기
   - A물고기 알의 부화 수

5번째 주	6번째 주	7번째 주	8번째 주	9번째 주
18	34	66	130	258

   $$+16 \quad +32 \quad +64 \quad +128$$

   - B물고기 알의 부화 수

5번째 주	6번째 주	7번째 주	8번째 주	9번째 주
16	32	64	128	256

   $$\times 2 \quad \times 2 \quad \times 2 \quad \times 2$$

   ㉡ 식 세워 계산하기
   - A물고기 알의 부화 수

   첫 번째 항은 3이고 $n \geq 2$인 자연수일 때 $a_n = 3 + \sum_{k=1}^{n-1} 2^{k-1} = 3 + \dfrac{2^{n-1}-1}{2-1} = 2^{n-1} + 2$인 수열이므로 $a_9 = 2^8 + 2 = 258$개이다.

   - B물고기 알의 부화 수

   $n \geq 2$인 자연수일 때 n번째 항을 a_n이라 하면 $a_n = 2^{n-1}$인 수열이므로 $a_9 = 2^8 = 256$개이다.

불 $^{(GSAT)}_{싸트}$ 점검

01	02	03	04	05	06	07	08	09	10	11	12	13	14	15	16	17	18	19	20
②	①	③	②	⑤	④	④	④	④	③	②	⑤	④	③	①	④	①	③	④	⑤

01　　정답　②

P점으로부터 멀리 있는 물체를 A, 가까이 있는 물체를 B라고 하자.

P로부터 B까지의 거리를 $x$km라 하면, A까지의 거리는 $4x$km이다.

13시간 후 P로부터 A까지의 거리는 $(4x+13)$km, B까지의 거리는 $(x+13)$km이므로

$(4x+13):(x+13)=7:5 \rightarrow 7(x+13)=5(4x+13)$

$\rightarrow 13x=26 \rightarrow x=2$

따라서 현재 P로부터 두 물체까지의 거리는 각각 $4\times2=8$km, 2km이다.

02　　정답　①

먼저 세 자연수의 합이 6이 되는 경우의 수를 구하여야 한다.

- 자연수의 합이 6이 되는 경우는 $4+1+1$ 또는 $2+2+2$ 또는 $3+2+1$이 있다.
- 3개의 주사위를 던졌을 때 나올 수 있는 모든 사건의 수는 $6\times6\times6=216$이다.
- 주사위의 합이 $4+1+1$로 표현되는 것은 (1, 1, 4), (1, 4, 1), (4, 1, 1)로 총 3개가 있고, 주사위를 던져 $2+2+2$이 나올 수 있는 것은 (2, 2, 2)로 1개가 있다.
- 주사위를 던져 $3+2+1$이 나올 수 있는 것은 (1, 2, 3), (1, 3, 2), (2, 1, 3), (2, 3, 1), (3, 1, 2), (3, 2, 1)로 총 3!=6개가 있다.

따라서 3개의 주사위를 동시에 던질 때 나온 숫자의 합이 6이 되는 확률은 $\dfrac{10}{216}=\dfrac{5}{108}$이다.

03　　정답　③

- 유 주임 : 반도체 업종의 경우, 2위로 뽑힌 애로요인의 구성비가 12.0%이므로 3위인 애로요인의 구성비는 12.0% 미만임을 알 수 있다. 따라서 반도체 업종에서 1위, 2위 애로요인이 아닌 '수출대상국의 경기부진'은 12.0% 미만일 것이며, 전기·전자제품 업종의 구성비는 14.0%이므로 옳은 설명이다.
- 최 사원 : 농수산물 업종의 경우 1위 애로요인으로 원화환율 변동성 확대가 뽑혔으며, 생활용품 업종의 경우 해당 사유가 2위 안에 포함되지 않고, 이 사유의 구성비도 농수산물에 비해 낮다.

오답분석

- 김 대리 : 기계류와 반도체 업종에서 각각 1순위 애로요인으로 뽑은 항목은 서로 다르다. 따라서 두 업종에 모두 속하는 S기업이 주요수출 애로요인 1순위로 어떤 항목을 뽑았을지는 자료만으로는 알 수 없다.
- 박 과장 : 7개의 업종 중 4개의 업종에서 원재료 가격상승이 주요수출 애로요인 1위로 뽑혔지만, 각 업종별 기업의 수를 알 수는 없으므로, 해당 자료만으로 각 항목에 응답한 전체 업종별 기업의 수도 알 수 없다.

04 　정답 ②

㉠ 2016년에서 2020년 사이 전년 대비 문화재 건수의 증가폭을 구하면 다음과 같다.
- 2016년 : 3,459−3,385＝74건
- 2017년 : 3,513−3,459＝54건
- 2018년 : 3,583−3,513＝70건
- 2019년 : 3,622−3,583＝39건
- 2020년 : 3,877−3,622＝255건

따라서 전년 대비 전체 국가지정문화재 건수가 가장 많이 증가한 해는 2020년이다.

㉢ 2015년 대비 2020년 각 문화재 종류별 건수의 증가율을 구하면 다음과 같다.
- 국보 : $\dfrac{328-314}{314}\times100≒4.46\%$
- 보물 : $\dfrac{2,060-1,710}{1,710}\times100≒20.47\%$
- 사적 : $\dfrac{495-479}{479}\times100≒3.34\%$
- 명승 : $\dfrac{109-82}{82}\times100≒32.93\%$
- 천연기념물 : $\dfrac{456-422}{422}\times100≒8.06\%$
- 국가무형문화재 : $\dfrac{135-114}{114}\times100≒18.42\%$
- 중요민속문화재 : $\dfrac{294-264}{264}\times100≒11.36\%$

따라서 2015년 대비 2020년 건수의 증가율이 가장 높은 문화재는 명승 문화재이다.

오답분석

㉡ 2020년 국보 문화재 건수는 2015년에 비해 328−314＝14건 증가했다. 그러나 2015년에 전체 국가지정문화재 중 국보 문화재가 차지하는 비율은 $\dfrac{314}{3,385}\times100≒9.28\%$, 2020년에 전체 국가지정문화재 중 국보 문화재가 차지하는 비율은 $\dfrac{328}{3,877}\times100≒8.46\%$이다. 따라서 2020년에 국보 문화재가 전체 국가지정문화재에서 차지하는 비중은 2015년에 비해 감소했다.

㉣ 연도별 국가무형문화재 건수의 4배의 수치를 구하면 다음과 같다.
- 2015년 : 114×4＝456건
- 2016년 : 116×4＝464건
- 2017년 : 119×4＝476건
- 2018년 : 120×4＝480건
- 2019년 : 122×4＝488건
- 2020년 : 135×4＝540건

2015년에서 2019년까지 사적 문화재의 지정 건수는 국가무형문화재 건수의 4배가 넘는 수치를 보이고 있지만, 2020의 경우 국가무형문화재 건수의 4배를 넘지 못한다.

05 　정답 ⑤

자녀가 없는 가구 중 상해/재해보장보험에 가입한 가구 수와 자녀가 2명인 가구 중 연금보험에 가입한 가구 수는 구체적 수치를 구할 수 없으며, 이 두 항목을 도출하는 데 바탕이 되는 공통요소도 존재하지 않는다. 따라서 틀린 설명이다.

오답분석

① 전체 가구 중 질병보장보험에 가입한 가구 수는 전체의 81.8%이며, 사망보장보험에 가입한 가구 수는 전체의 19.8%이다. 기준이 되는 가구 수는 동일하므로 구체적 수치를 알지 못해도 배수비교는 가능하다. $\dfrac{81.8}{19.8}≒4.13$이므로 4배 이상이므로 옳은 설명이다.

② 자녀 수가 1명인 가구 중 각 보험에 가입한 가구의 비율을 합하면 262.9%로 200%를 초과한다. 따라서 자녀 수가 1명인 가구 중 3개 이상의 보험에 중복 가입한 가구가 반드시 있음을 알 수 있다.

③ 민영생명보험에 가입한 가구 중 실손의료보험에 가입한 가구의 비중은 58.2%로, 민영생명보험에 가입하지 않은 가구 중 실손의료보험에 가입한 가구의 비율인 24.7%의 $\frac{58.2}{24.7} ≒ 2.4$배이다.

풀이 꿀팁

또한 전체가구 중 실손의료보험 가입가구의 비율은 56.8%로, 민영생명보험 비가입 가구 중 실손의료 보험 가입가구의 비율인 24.7보다 민영생명보험 가입 가구 중 실손의료보험 가입가구의 비율인 58.2에 더 가까우므로 민영생명보험에 가입하지 않은 가구보다 가입한 가구의 수가 더 많음을 알 수 있다. 그런데 그 중 실손의료보험 가입 비율도 민영생명보험 가입가구가 더 높으므로 실손의료보험에 가입한 가구의 수가 민영생명보험 가입가구의 경우에 더 많음을 알 수 있다. 따라서 옳은 설명이다. 얼핏 보아선 비교가 불가능할 것 같으나, 전체가구 중 실손의료보험 가입 비율을 알 수 있고, 민영생명보험 가입여부에 따라 가구들을 이분할 수 있으므로 알 수 있는 내용이다.

④ 자녀 수가 2명 이상인 가구에는 표에 있는 자녀 수가 2명인 가구와 3명 이상인 가구가 모두 포함된다. 두 유형의 경우 모두 변액보험 가입가구의 비율이 10%를 초과하므로 옳은 설명이다.

06 정답 ④

• 이 주임 : 2018년 부채는 4,072백만 원, 2019년 부채는 3,777백만 원으로, 2019년 전년 대비 감소율은 $\frac{4,072-3,777}{4,072}×100 ≒ 7.2$%이다. 따라서 옳은 설명이다.

• 박 사원 : 자산 대비 자본의 비율은 2018년에 $\frac{39,295}{44,167}×100 ≒ 89.0$%이고, 2019년에 $\frac{40,549}{44,326}×100 ≒ 91.5$%로 증가하였으므로 옳은 설명이다.

오답분석

• 김 대리 : 2017년부터 2019년까지 당기순이익의 전년 대비 증감방향은 '증가 – 증가 – 증가'이나, 부채의 경우 '증가 – 증가 – 감소'이므로 옳지 않은 설명이다.

• 최 주임 : 2018년의 경우, 부채비율이 전년과 동일하므로 옳지 않은 설명이다.

07 정답 ④

ㄴ. 건설 부문의 도시가스 소비량은 2019년에 1,808TOE, 2020년에 2,796TOE로, 2020년의 전년 대비 증가율은 $\frac{2,796-1,808}{1,808}×100 ≒ 54.6$%이다. 따라서 옳은 설명이다.

ㄷ. 2020년 온실가스 배출량 중 간접 배출이 차지하는 비중은 $\frac{28,443}{35,639}×100 ≒ 79.8$%이고, 2019년 온실가스 배출량 중 고정 연소가 차지하는 비중은 $\frac{4,052}{30,823}×100 ≒ 13.1$%이다. 그 5배는 13.1×5=65.5%로 2020년 온실가스 배출량 중 간접 배출이 차지하는 비중인 79.8보다 작으므로 옳은 설명이다.

오답분석

ㄱ. 에너지 소비량 중 이동 부문에서 경유가 차지하는 비중은 2019년에 $\frac{196}{424}×100 ≒ 46.2$%이고, 2020년에 $\frac{179}{413}×100 ≒ 43.3$%로, 전년 대비 약 2.9%p 감소하였으므로 틀린 설명이다.

08 정답 ④

2019년 E사의 매출이 가장 높은 분기는 4분기(5,921억 원)이며, 매출이 가장 낮은 분기는 1분기(4,830억 원)이다. 각 분기의 영업이익률은 다음과 같다.

• 2019년 4분기 : $\frac{915}{5,921}×100 ≒ 15.5$%

• 2019년 1분기 : $\frac{849}{4,830}×100 ≒ 17.6$%

따라서 매출액이 가장 높았던 2019년 4분기의 영업이익률은 매출액이 가장 낮은 분기인 2019년 1분기의 영업이익률보다 낮다.

① C사의 2020년 2분기 영업이익률은 $\dfrac{302}{4,656}\times100 ≒ 6.5\%$이고 직전 분기인 2020년 1분기는 $\dfrac{369}{4,852}\times100 ≒ 7.6\%$이므로 C사의 2020년 2분기 영업이익률은 직전분기 대비 감소하였다.

② 2019년 1분기에서 2020년 2분기 동안 D사의 매출액이 가장 높은 분기는 2020년 1분기(3,482억 원)이고, 영업이익이 가장 높은 분기는 2019년 4분기(328억 원)이다.

③ 2020년 1분기 매출액이 가장 높은 회사는 B사이고, 가장 낮은 회사는 D사이다. 두 회사의 매출액의 차이는 8,550-3,482=5,068억 원이고, 영업이익의 차이는 888-320=568억 원이므로 매출액의 차이는 영업이익 차이의 10배인 5,680억 원보다 적다.

⑤ A ~ E사의 2019년 1분기 대비 2020년 1분기 매출액의 증가액은 다음과 같다.

구분	A사	B사	C사	D사	E사
매출 증가액	6,890-5,748 =1,142억 원	8,550-8,082 =468억 원	4,852-3,410 =1,442억 원	3,482-2,810 =672억 원	5,520-4,830 =690억 원

따라서 2020년 1분기 매출액이 전년도 동분기 대비 가장 많이 증가한 회사는 C사이다.

09 정답 ④

1인당 GDP가 가장 높은 국가는 노르웨이이며, 노르웨이는 인간개발지수도 0.949로 가장 높다.

① 인터넷 사용률이 60% 미만인 나라는 불가리아, 도미니카공화국, 멕시코로 3개국이고, 최근 국회의원 선거 투표율이 50% 이하인 나라는 칠레, 멕시코로 2개국이므로 옳지 않다.

② GDP 대비 공교육비 비율이 가장 낮은 나라는 도미니카공화국이고, 최근 국회의원 선거 투표율이 가장 낮은 나라는 멕시코이므로 옳지 않다.

③ GDP 대비 공교육비 비율 하위 3개국은 도미니카공화국(2.1%), 불가리아(3.5%), 이탈리아(4.1%)이며, 대한민국(4.6%)은 이보다 높다.

⑤ GDP 대비 공교육비 비율에서 1 ~ 3위는 '노르웨이 – 벨기에 – 멕시코' 순서이고, 인터넷 사용률의 경우 1 ~ 3위는 '노르웨이 – 대한민국 – 벨기에' 순서이므로 같지 않다.

10 정답 ③

전 지역의 50대 이상 유권자 수는 6,542천 명이고, 모든 연령대의 유권자 수는 19,305천 명이다. 따라서 전 지역의 유권자 수에서 50대 이상의 유권자 수가 차지하는 비율은 $\dfrac{6,542}{19,305}\times100 ≒ 33.9\%$로 30% 이상 35% 미만이다.

① 남성 유권자 수가 다섯 번째로 많은 지역은 전라 지역(1,352천 명)이며, 이 지역의 20대 투표자 수는 (208×0.94)+(177×0.88)=351.28천 명으로 35만 명 이상이다.

② 지역 유권자가 가장 적은 지역은 제주 지역이며, 제주 지역의 유권자 수가 전체 유권자 수에서 차지하는 비율은 $\dfrac{607+608}{19,305}\times100=\dfrac{1,215}{19,305}\times100 ≒ 6.3\%$로 6% 이상이다.

④ 20대 여성투표율이 두 번째로 높은 지역은 93%인 충청 지역이며, 충청 지역의 20대 여성 유권자 수는 201천 명이고, 20대 남성 유권자 수는 182천 명이다. 따라서 20대 여성 유권자 수는 20대 남성 유권자 수의 1.2배인 182×1.2=218.4천 명 이하이다.

⑤ 인천의 여성투표율이 세 번째로 높은 연령대는 30대(86%)로 30대의 경상 지역 남녀 투표자수는 남성 231×0.87=200.97천 명, 여성 241×0.91 =219.31천 명으로 여성이 남성보다 많다.

11 정답 ②

ㄴ. 2020년 7월 서비스 상품군 온라인쇼핑 거래액의 전월 대비 증감률은 $\dfrac{26,503-22,971}{22,971}\times100 ≒ 15.4\%$이고, 생활 상품군 온라인쇼핑 거래액의

전월 대비 증감률은 $\dfrac{18,588-19,231}{19,231}\times100 ≒ -3.3\%$이다. 따라서 서비스 상품군 증감률은 생활 상품군의 증감률의 약 $\dfrac{15.4}{3.3} ≒ 4.7$배이다.

ㄷ. 가전과 식품 상품군에서 각각 2019년 동안 온라인쇼핑 거래액의 30% 금액은 다음과 같다.

- 가전 : $203,242\times0.3=60,972.6$억 원
- 식품 : $169,629\times0.3=50,888.7$억 원

이 금액보다 거래액이 적은 하위 항목 상품은 가전 상품군의 컴퓨터 및 주변기기(57,542억 원), 식품 상품군에서는 농축수산물(35,342억 원)이다. 따라서 두 하위 항목 상품의 2020년 6월 온라인쇼핑 총 거래액은 $5,351+4,150=9,501$억 원으로 1조 원을 넘지 않는다.

[풀이 꿀팁]

거래액의 30% 금액을 구할 때, 거래액을 계산하기 쉬운 금액으로 바꾸어 계산한다. 가전 상품군의 경우 20조 원, 식품 상품군은 17조 원의 30% 금액보다 적은 하위 항목 상품을 고르면 된다.

[오답분석]

ㄱ. 2019년 7월의 온라인쇼핑 거래액이 1조 원 이상인 하위 항목 상품은 '가전·전자·통신기기, 음·식료품, 여행 및 교통서비스'이다. 이 중 전년 동월 대비 2020년 7월 거래액이 감소율을 나타낸 상품은 −51.6%인 여행 및 교통서비스 상품, 1가지이다.

ㄹ. 하위 항목 상품 중에서 전년 동월 대비 2020년 7월 온라인쇼핑 거래액 증감액이 가장 적은 상품은 서비스 상품군에 있는 151억 원인 '기타서비스'이다.

12 정답 ⑤

ⓒ 2020년 상업영화의 평균 손익분기점 수치는 495억 원으로 이는 평균 제작비 수치인 180억 원의 $495\div180=2.75$배이다.

ⓔ 극장·영진위 등 평균 지급비용은 (티켓값)×(평균 손익분기점)−(투자배급사 평균 수익)이고, 투자배급사 평균 수익은 평균 제작비와 같다. 따라서 극장·영진위 등 평균 지급비용은 $10,000\times4,500,000-16,000,000,000=29,000,000,000$원이다.

[오답분석]

ⓐ 2017년 이후 매년 상업영화, 예술영화, 애니메이션의 평균 제작비는 증가했으나 다큐멘터리의 경우 2018년에 3억 원으로 2017년 대비 감소하였다.

ⓑ 2018과 2020년의 상업영화의 전년 대비 평균 제작비 상승률은 다음과 같다.

- 2018년 : $\dfrac{138-120}{120}\times100=15\%$
- 2020년 : $\dfrac{180-160}{160}\times100=12.5\%$

따라서 전년 대비 2018년의 평균 제작비 상승률이 2020년보다 $15-12.5=2.5\%p$ 더 높다.

13 정답 ④

자료는 평균치에 대한 자료로, 평균 총 관객 수가 평균 손익분기점을 넘지 못하였어도, 개봉한 예술영화 전체가 손익분기점을 넘지 못하였다는 것을 뜻하지는 않는다.

[오답분석]

① 2019년과 2020년에 상업영화, 예술영화, 다큐멘터리, 애니메이션의 평균 제작비는 전년 대비 증가하였다.

② 2019년 애니메이션 평균 제작비는 96억 원으로 이는 상업영화 평균 제작비인 160억 원의 $\dfrac{96}{160}\times100=60\%$이고, 다큐멘터리 평균 제작비인 3.2억 원의 $96\div3.2=30$배이다.

③ 2019년 다큐멘터리의 평균 제작비 3.2억 원으로 이는 상업영화의 평균 제작비인 160억 원의 $\frac{3.2}{160} \times 100 = 2\%$이다.

⑤ 2020년 상업영화와 예술영화의 평균 총 관객 수는 각각 660만 명, 115만 명으로 이는 평균 손익분기점인 495만 명, 103.5만 명을 넘었다. 하지만 다큐멘터리와 애니메이션은 각각 평균 총 관객 수가 6만 명, 154만 명으로 평균 손익분기점인 7만 명, 172만 명을 넘지 못하였다.

14 정답 ③

남성이 여성보다 월평균독서량이 많은 국가는 아시아대륙에서는 호주(남성 15권, 여성 5권), 유럽대륙에서는 프랑스(남성 19권, 여성 17권), 아메리카 대륙에서는 멕시코(남성 12권, 여성 5권)와 브라질(남성 19권, 여성 16권)로 아메리카 대륙에서는 두 곳이다.

오답분석

① 유럽 전체의 월평균독서량은 20권이고, 이보다 많은 월평균독서량은 가진 국가는 러시아와 스페인으로 두 곳이다.
② 아시아, 유럽, 아메리카의 남성 월평균독서량은 각각 13권, 18권, 12권으로 이는 각각 평균치인 15권, 20권, 14권보다 낮다.
④ 유럽의 응답자 수는 3,300명이고, 여성응답자 수를 x명이라고 하면 남성응답자 수는 $(3,300-x)$명이다. 이를 주어진 식에 대입하면 다음과 같다.

$$\frac{18 \times (3,300-x) + 21 \times x}{3,300} = 20 \rightarrow x = 2,200$$

따라서 여성응답자 수는 2,200명, 남성응답자 수는 1,100명이므로 여성이 남성의 2배이다.
⑤ 월평균독서량의 차이가 10권 이상인 국가는 호주와 캐나다이고, 각각의 차이는 다음과 같다.
  • 호주 : 15−5=10권
  • 캐나다 : 19−5=14권
따라서 남여의 월평균독서량 차이가 가장 큰 국가는 캐나다이다.

15 정답 ①

제시된 식을 통하여 아시아와 유럽, 아메리카의 남녀 조사 응답자 수를 구하면 다음과 같다.

(단위 : 명)

구분	남성	여성
아시아	2,400	1,600
유럽	1,100	2,200
아메리카	1,800	900

㉠ 아시아와 아메리카의 남성 응답자 수가 여성보다 많고, 유럽의 응답자 수는 여성이 더 많은 것을 알 수 있다.
㉡ 중국의 월평균독서량은 17권으로 13권인 한국보다 많고, 23권인 인도보다는 적다.
㉢ 아메리카 내에서 남성 월평균독서량은 멕시코 12권, 캐나다 5권, 미국 10권, 브라질 19권으로 캐나다가 가장 적지만, 여성 월평균독서량은 멕시코 5권, 캐나다 19권, 미국 18권, 브라질 16권으로 캐나다가 가장 많다.

오답분석

㉣ 대륙별로 남성 응답자 수가 많은 순서는 '아시아 – 아메리카 – 유럽' 순서이고, 여성 응답자 수가 많은 순서는 '유럽 – 아시아 – 아메리카'이다. 따라서 반대의 추이를 보이지는 않는다.

16 정답 ④

1차 병원 의료종사자의 월평균 급여는 180만 원으로, 이는 2차 병원의 $\frac{180}{240} \times 100 = 75\%$, 3차 병원의 $\frac{180}{300} \times 100 = 60\%$이다.

오답분석

① 3차 병원의 진료과목 수는 12개로 2차병원 8개의 $12 \div 8 = 1.5$배이다.

② 2차 병원의 평균의사 수는 5.5명으로 3차 병원의 125명에 $\frac{5.5}{125} \times 100 = 4.4\%$에 해당한다.

③ 1차 · 2차 · 3차 병원 의료기관의 의사와 간호사 수를 비교하면 다음과 같다.

(단위 : 명)

구분	1차 병원	2차 병원	3차 병원
의사	1.5	5.5	125
간호사	0.9	7.4	350

따라서 1차 병원을 제외한 2차 · 3차 병원은 간호사 수가 더 많다.

⑤ 병원등급이 올라갈수록 의사의 평균 근무시간은 감소하는 반면, 간호사의 평균 근무시간은 증가하였다.

17 정답 ①

㉠ 평균 진료과목당 평균 병상 수는 2차 병원이 $\frac{84}{8} = 10.5$개, 3차 병원이 $\frac{750}{12} = 62.5$개로 그 차는 $62.5 - 10.5 = 52$개이다.

오답분석

㉡ 3차 병원의 평균 의료종사자 수는 3,125명이고 평균 의사 수는 125명이다. 따라서 평균 의료종사자수 중 의사가 차지하는 비율은 $\frac{125}{3,125} \times 100 = 4\%$이다.

㉢ 3차 병원에서 의료종사자에게 지급되는 월평균 급여는 $3,125 \times 300 = 937,500$만 원이고, 의사와 간호사에게 지급되는 월평균 급여는 $(350 \times 405) + (125 \times 1,650) = 141,750 + 206,250 = 348,000$만 원이다. 따라서 간호사 · 의사를 제외한 의료종사자의 급여로 지급되는 비용은 $937,500 - 348,000 = 589,500$만 원으로, 58억 원 이상이다.

18 정답 ③

연도별 영업이익과 이익률은 아래 표, 영업 이익률은 아래 그래프와 같다.

(단위 : 억 원)

구분	2016년	2017년	2018년	2019년	2020년
매출액	1,485	1,630	1,410	1,860	2,055
매출원가	1,360	1,515	1,280	1,675	1,810
판관비	30	34	41	62	38
영업이익	95	81	89	123	207
영업이익률	6.4%	5.0%	6.3%	6.6%	10.1%

19 정답 ④

(환기시간)=1일 때, (미세먼지)=363이므로

$363 = a \times 1^2 + b$ ⋯ (가)

(환기시간)=2일 때, (미세먼지)=192이므로

$192 = a \times 2^2 + \frac{b}{2}$ ⋯ (나)

(가)와 (나)를 연립하면

$4($가$)-($나$) \rightarrow a=3, \ b=360$

$\rightarrow$ (미세먼지)$=3\times($환기시간$)^2+\dfrac{360}{(환기시간)}$

(환기시간)=3일 때

(미세먼지)$=3\times3^2+\dfrac{360}{3}=147=\bigcirc$

(환기시간)=4일 때

(미세먼지)$=3\times4^2+\dfrac{360}{4}=138=\bigcirc\!\bigcirc$

따라서 $\bigcirc=147$, $\bigcirc\!\bigcirc=138$이다.

20 정답 ⑤

1. 규칙 파악
   • 환경 A

1시간	2시간	3시간	4시간	5시간
10	11	13	17	25

앞의 항에 $+1$, $+2$, $+4$, $+8$ … 2배식 커진 수를 더하는 수열이다.
   • 환경 B

1시간	2시간	3시간	4시간	5시간
10	21	43	87	175

앞의 항에 $+11$, $+22$, $+44$, $+88$ … 2배씩 커진 수를 더하는 수열이다.

2. 계산
   ㉠ 직접 계산하기
   • 환경 A

5시간	6시간	7시간	8시간	9시간	10시간
25	41	73	137	265	521

   • 환경 B

5시간	6시간	7시간	8시간	9시간	10시간
175	351	703	1,407	2,815	5,631

   ㉡ 식 세워 계산하기
   • 환경 A
   n시간이 경과했을 때의 항을 a_n이라고 하면 다음과 같다.

   $a_{n+1}=a_n+2^{n-1}$

   $a_n=10+\displaystyle\sum_{k=1}^{n-1}2^k=10+\dfrac{2^{n-1}-1}{2-1}=2^{n-1}+9$

   n이 10일 때, $a_{10}=2^9+9=512+9=521$
   • 환경 B
   n시간이 경과했을 때의 항을 a_n이라고 하면 다음과 같다.

   $a_{n+1}=2\times a_n+1$

   양변에 1을 더하면 $a_n+1=2(a_n+1)$이다.

   $a_n+1=2^{n-1}(a_1+1)$이므로 $a_n=2^{n-1}(a_1+1)-1$이다.

   n이 10일 때, $a_{10}=11\times2^9-1=11\times512-1=5{,}631$이다.

I wish you the best of luck!

PART 3

최종점검
모의고사

제 1 회 최종점검 모의고사

01	02	03	04	05	06	07	08	09	10	11	12	13	14	15	16	17	18	19	20
④	⑤	③	③	②	②	②	④	⑤	②	②	④	③	④	⑤	①	④	④	④	③

01 정답 ④

A기차가 터널을 빠져나가는 데에 56초가 걸렸고, 기차 길이가 더 짧은 B기차는 160초가 걸렸으므로 A기차가 B기차보다 속력이 빠르다는 것을 알 수 있다. 두 기차가 터널 양 끝에서 출발하면 $\frac{1}{4}$ 지점에서 만나므로 A기차 속력이 B기차 속력의 3배가 된다. B기차 속력을 am/s, 길이를 bm라고 가정하면 A기차의 속력과 길이는 각각 $3a$m/s, $(b+40)$m가 된다.

두 기차가 터널을 완전히 빠져나갈 때까지 걸리는 시간 $\left(=\frac{거리}{속력}\right)$에 대한 방정식을 세우면

• A기차 : $\frac{720+(b+40)}{3a}=56 \rightarrow b+760=168a \cdots \bigcirc$

• B기차 : $\frac{720+b}{a}=160 \rightarrow b+720=160a \cdots \bigcirc$

$\bigcirc$과 $\bigcirc$을 연립하여 풀면 $a=5$, $b=80$임을 알 수 있다. 따라서 B기차의 길이는 80m, 속력은 5m/s이고, A기차의 길이는 120m, 속력은 15m/s이다.

02 정답 ⑤

방탈출을 할 수 있는 확률은 1번부터 4번 미션까지 3개 또는 4개를 성공할 확률을 모두 더한다.

• 1번 미션만 실패할 확률 : $\frac{1}{6}\times\frac{3}{5}\times\frac{1}{3}\times\frac{1}{3}=\frac{1}{90}$

• 2번 미션만 실패할 확률 : $\frac{5}{6}\times\frac{2}{5}\times\frac{1}{3}\times\frac{1}{3}=\frac{1}{27}$

• 3번 미션만 실패할 확률 : $\frac{5}{6}\times\frac{3}{5}\times\frac{2}{3}\times\frac{1}{3}=\frac{1}{9}$

• 4번 미션만 실패할 확률 : $\frac{5}{6}\times\frac{3}{5}\times\frac{1}{3}\times\frac{2}{3}=\frac{1}{9}$

• 모두 성공할 확률 : $\frac{5}{6}\times\frac{3}{5}\times\frac{1}{3}\times\frac{1}{3}=\frac{1}{18}$

따라서 경현이와 친구들이 방탈출을 할 수 있는 확률은 $\frac{1}{90}+\frac{1}{27}+\frac{1}{9}+\frac{1}{9}+\frac{1}{18}=\frac{26}{90}+\frac{1}{27}=\frac{88}{270}=\frac{44}{135}$이다.

03 정답 ③

20대의 대중교통 이용률은 2015년이 $42+6+31=79\%$, 2020년이 $29+14+27=70\%$로 그 차이는 $79-70=9\%$p이고, 30대의 대중교통 이용률은 2015년이 $22+10+18=50\%$, 2020년이 $17+13+6=36\%$로 그 차이는 $50-36=14\%$p이다.

① 20대의 2015년 대비 2020년 출퇴근 방법별 이용률은 도보는 7%에서 11%로, 자전거는 3%에서 5%로, 자가용은 11%에서 14%로, 택시는 6%에서 14%로 증가한 반면, 버스는 42%에서 29%로 지하철은 31%에서 27%로 감소하였다.

② 20대와 60대 이상은 2015년과 2020년 모두 출퇴근 이용률이 가장 높은 방법은 버스로 동일하며, 30대부터 50대까지는 자가용으로 동일하다.

④ 2015년의 40대와 50대의 출퇴근 이용률의 상위 두 개 비율의 합은 각각 52+28=80%, 64+21=85%이고 2020년에는 각각 64+22=86%, 71+11=82%이므로 모두 80% 이상이다.

⑤ 자전거의 이용비율은 다른 출퇴근 이용비율에 비해 항상 가장 낮다.

04 정답 ③

2018년 대비 2020년 한국의 남아 출생아 수 감소량은 224,906−184,308=40,598명으로 영국의 남아 출생아 수의 감소량의 3배인 (398,760−387,030)×3=11,730×3=35,190명 이상이다.

① 한국의 2019년도 출생성비는 $\frac{208,064}{198,179}×100≒104.99$명이며, 2020년도 출생성비는 $\frac{184,308}{173,463}×100≒106.25$명이므로 모든 국가가 2018년도부터 2020년까지 지속적으로 감소하지 않는다.

② 2018년부터 2020년까지의 출생성비가 높은 순서는 모두 다르므로 옳지 않다.

구분	2018년	2019년	2020년
싱가포르	106.49	106.92	106.25
그리스	106.15	106.37	106.58
노르웨이	105.84	106.60	106.24

④ 그리스의 2019년도 여아 출생아 수는 45,016명으로 2018년 여아 출생아 수 44,553명보다 많아졌다.

⑤ 2020년 네덜란드의 출생성비는 $\frac{87,159}{82,677}×100≒105.42$명이며, 영국의 경우 $\frac{387,030}{367,724}×100≒105.25$명으로 두 국가 모두 106명 미만이다.

05 정답 ②

ㄷ. 전체 대비 일반고의 논술 사교육 금액 비율은 $\frac{1,017}{6,525}×100≒15.59$이며 전체 대비 중학교의 컴퓨터 사교육 금액 비율인 $\frac{218}{1,154}×100≒18.89$보다 낮다.

ㄱ. 2020년 초등학교의 국어 사교육 금액은 5,098억 원이며, 고등학교의 음악과 미술 사교육 금액의 합인 2,828+2,982=5,810억 원보다 낮다.

ㄴ. 초등학교의 국어, 영어, 수학의 사교육 금액의 합은 5,098+25,797+16,591=47,486억 원이며 고등학교의 국어, 영어, 수학의 사교육 금액의 합인 7,300+16,725+22,211=46,236억 원보다 높다.

ㄹ. 초등학교와 고등학교의 영어 사교육 금액의 차이는 25,797−16,725=9,072억 원으로 수학 사교육의 금액의 차이인 22,211−16,591=5,620억 원보다 높다.

06 정답 ②

코로나 확진자 중 완치자 수가 미완치자 수의 8배라면, 완치자의 비율의 8배가 미완치자의 비율보다 높아야, 완치자 수가 미완치자 수보다 많게 된다. 이를 비교하면 다음과 같다.

응답구분	매우 부정적이다	부정적이다	보통이다	긍정적이다	매우 긍정적이다
미완치자비율(%)	38.2	55.3	1.2	2.7	2.6
완치자비율(%)	22.7	33.9	42.8	0.5	0.1
완치자비율×8(%)	181.6	271.2	342.4	4	0.8

따라서 '매우 긍정적이다'라는 응답에서는 미완치자 수가 더 많다.

다른 풀이

임의로 코로나 확진자 중 미완치자의 수를 100명이라고 한다면, 완치자 수는 100×8=800명이 된다. 이때 각 응답에서 미완치자 수와 완치자 수를 구하면 다음과 같다.

구분	매우 부정적이다	부정적이다	보통이다	긍정적이다	매우 긍정적이다
미완치자 비율(%)	38.2	55.3	1.2	2.7	2.6
미완치자 수(명)	100×0.382=38.2	100×0.553=55.3	100×0.012=1.2	100×0.027=2.7	100×0.026=2.6
완치자 비율(%)	22.7	33.9	42.8	0.5	0.1
미완치자 수(명)	800×0.227=181.6	800×0.339=271.2	800×0.428=342.4	800×0.005=4	800×0.001=0.8

따라서 '매우 긍정적이다'라는 응답에서는 미완치자 수가 더 많다.

오답분석

① '매우 부정적이다.'라고 응답한 사람의 연령대별 비율은 10대 2.8%, 20대 4.8%, 30대 11.8%, 40대 14.9%, 50대 17.4%, 60대 17.9%이므로 연령대가 높아질수록 그 비율 또한 증가하고 있다.

③ 30대부터 60대까지 응답 비율이 가장 높은 응답과 가장 낮은 응답을 살펴보면 다음과 같다.
   • 30대 : 부정적이다(49.2%) - 매우 긍정적이다(2.3%)
   • 40대 : 부정적이다(68.2%) - 매우 긍정적이다(2.5%)
   • 50대 : 부정적이다(54.2%) - 매우 긍정적이다(0.8%)
   • 60대 : 부정적이다(51.2%) - 매우 긍정적이다(0.9%)
   따라서 가장 높은 응답과 가장 낮은 응답은 모두 동일하다.

④ 부정적인 반응 비율의 합은 남성(9.1+61.2=70.3%p)이 여성(11.7+55.6=67.3%p)보다 높고, 긍정적인 반응 비율의 합 역시 남성(6.7+1.2=7.9%p)이 여성(6.3+1.5=7.8%p)보다 더 높다.

⑤ • 수도권의 비율이 가장 높은 응답(부정)과 두 번째로 높은 응답(보통)의 차이 : 45.9-28.1=17.8%p
   • 비수도권의 비율이 가장 높은 응답(보통)과 두 번째로 높은 응답(부정)의 차이 : 55.2-38.4=16.8%p
   따라서 수도권이 비수도권보다 17.8-16.8=1%p 더 크다.

07 정답 ②

ㄷ. C등급 중 가장 많은 비중을 차지한 육종은 곧 C등급의 두수가 가장 많은 육종이다. 8월의 경우에도 한우, 10월의 경우에도 한우의 두수가 가장 많으므로 옳은 설명이다.

ㅁ. B등급 한우의 2020년 7월 대비 2020년 9월의 두수 증가율은 $\frac{26,565-17,311}{17,311}\times100≒53.5\%$로 45% 이상이다.

오답분석

ㄱ. 2020년 7월에 한우 중 두수가 가장 많은 등급은 B등급이나, B등급의 전월 대비 경락가격 증가율은 $\frac{20,300-19,772}{19,772}\times100≒2.67\%$인 반면, C등급은 $\frac{19,074-18,471}{18,471}\times100≒3.26\%$로 더 높다.

ㄴ. B등급 젖소의 두수는 7월에 전월 대비 감소한 반면, 경락가격은 증가하였다.

ㄹ. 한우와 젖소, 육우 A등급의 경락가격이 가장 낮은 시기는 각각 6월, 10월, 7월이다.

08 정답 ④

2019년 GDP 대비 국가부채 상위 3개 국가는 일본(115.9%), 영국(110.2%), 미국(108.2%)이고, 2020년에도 일본(120.2%), 미국(98.8%), 영국(97.9%)으로 동일하다.

오답분석

① 다른 국가는 모두 동일하나, 미국과 중국의 경우에는 2019년에는 중국(70.5)이 미국(70.2)보다 높지만, 2020년에는 중국(73.1)이 미국(75.8)보다 낮다.

② 2019년의 GDP 대비 기업부채 비율이 100% 이상인 국가는 홍콩(105.3), 중국(152.9), 일본(101.2)이고, 2020년의 GDP 대비 기업부채 비율이 100% 이상인 국가는 한국(106.8), 중국(150.2), 일본(119.8)으로 동일하지 않다.

③ 2019년 대비 2020년에 GDP 대비 기업부채 비율이 증가한 나라는 한국, 영국, 일본, 필리핀 네 곳이고, 2019년 대비 2020년에 GDP 대비 기업부채 비율이 감소한 나라는 홍콩, 미국, 중국, 브라질, 멕시코, 인도 여섯 곳으로 같지 않다.

> **풀이 꿀팁**
>
> 총 10개국으로 2019년 대비 2020년에 GDP 대비 기업부채 비율이 동일한 국가는 없으므로 증가한 국가가 5개이면 감소한 국가도 5개가 된다. 따라서 비율이 증가한 국가만 빠르게 체크하는 것이 좋다.

⑤ 2020년 GDP 대비 국가부채가 50% 이하인 국가는 한국(44.1), 필리핀(42.2), 멕시코(37.3), 인도(28.8)이다. 그러나 한국의 2020년 GDP 대비 기업부채는 50% 이상이므로 옳지 않다.

09 정답 ⑤

S사의 공기청정기의 순이익률을 구하면 $\frac{12,871}{42,200} \times 100 = 30.5\%$이므로 30%를 초과한다.

오답분석

① S사의 전자제품의 매출액 순위는 '에어컨 – 냉장고 – 공기청정기 – 제습기 – TV'순이지만, L사는 '에어컨 – 공기청정기 – 냉장고 – 제습기 – TV' 순서이므로 동일하지 않다.

② L사의 TV와 냉장고의 순이익률은 다음과 같다.

- TV : $\frac{124}{800} \times 100 = 15.5\%$

- 냉장고 : $\frac{19,152}{76,000} \times 100 = 25.2\%$

따라서 차이는 $25.2 - 15.5 = 9.7\%$p로 10%p 미만이다.

③ S사가 L사보다 매출액이 높은 전자제품은 TV(1,200억 원)와 제습기(25,500억 원)이고, 순이익 역시 TV(300억 원)와 제습기(7,395억 원)가 높다.

④ S사와 L사가 에어컨을 각각 200만 대, 210만 대 팔았다면 그 단가는 각각 S사는 $88,400 \div 200 = 442$만 원, L사는 $94,500 \div 210 = 450$만 원이므로 L사가 더 높다.

10 정답 ②

한국의 소방직 공무원과 경찰직 공무원의 인원수 격차는 2018년이 $66,523 - 39,582 = 26,941$명, 2019년이 $72,392 - 42,229 = 30,163$명, 2020년이 $79,882 - 45,520 = 34,362$명으로 매년 증가하고 있다.

오답분석

① 한국의 전년 대비 전체 공무원의 증가 인원수는 2019년이 $920,291 - 875,559 = 44,732$명, 2020년이 $955,293 - 920,291 = 35,002$명으로 2019년이 2020년도보다 많다.

③ 2018년 대비 2020년 한국과 미국의 소방직과 경찰직 공무원의 증가 인원수는 다음과 같다.

(단위 : 명)

국가	구분	2018년	2020년	인원 증가 수
한국	소방직 공무원	39,582	45,520	$45,520 - 39,582 = 5,938$
	경찰직 공무원	66,523	79,882	$79,882 - 66,523 = 13,359$
미국	소방직 공무원	220,392	340,594	$340,594 - 220,392 = 120,202$
	경찰직 공무원	452,482	531,322	$531,322 - 452,482 = 78,840$

따라서 2018년 대비 2020년 증가 인원수는, 한국은 소방직 공무원이 경찰직보다 적지만, 미국은 그 반대임을 알 수 있다.

④ 미국의 소방직 공무원의 전년 대비 증가율은 2019년이 약 $\frac{282,329 - 220,392}{220,392} \times 100 ≒ 28.1\%$, 2020년이 약 $\frac{340,594 - 282,329}{282,329} \times 100 ≒ 20.6\%$로, 2019년이 2020년보다 약 $28.1 - 20.6 = 7.5\%$p 더 높다.

⑤ 미국 경찰직 공무원이 미국 전체 공무원 중 차지하는 비율은 2018년 $\frac{452,482}{1,882,428} \times 100 ≒ 24.0\%$, 2019년 $\frac{490,220}{2,200,123} \times 100 ≒ 22.3\%$, 2020년 $\frac{531,322}{2,586,550} \times 100 ≒ 20.5\%$로 매년 감소하고 있다.

11 정답 ②

실용성 전체 평균점수 $\frac{103}{6} ≒ 17$점보다 높은 방식은 ID/PW 방식, 이메일 및 SNS 방식, 생체인증 방식 총 3가지이다.

오답분석

① 생체인증 방식의 선호도 점수는 20+19+18=57점이고, OTP 방식의 선호도 점수는 15+18+14=47점, I-pin 방식의 선호도 점수는 16+17+15=48점이다. 따라서 생체인증 방식의 선호도는 나머지 두 방식의 선호도 합보다 47+48-57=38점 낮다.

③ 유효기간이 '없음'인 방식들은 ID/PW 방식, 이메일 및 SNS 방식, 생체인증 방식이며, 세 인증수단 방식의 간편성 평균점수는 $\frac{16+10+18}{3} ≒ 15$점이다.

④ 공인인증서 방식의 선호도가 51점일 때, 보안성 점수는 51-(16+14+3)=18점이다.

⑤ 유효기간이 '없음'인 방식들은 ID/PW 방식, 이메일 및 SNS 방식, 생체인증 방식이며, 실용성 점수는 모두 18점 이상이다.

12 정답 ④

쇠고기(등심)의 평균가격은 16,400원으로 이는 최고가·최저가의 평균값인 $\frac{18,800+14,200}{2}=16,500$원보다 낮다.

오답분석

① 2018년 대비 2020년의 평균가가 가장 많이 오른 것을 구하면 다음과 같다.
- 쇠고기(불고기용) : 5,500-4,500=1,000원
- 쇠고기(등심) : 16,400-14,500=1,900원
- 돼지고기 : 3,600-2,500=1,100원
- 닭고기 : 10,800-7,800=3,000원
- 계란 : 7,200-5,800=1,400원

따라서 2018년 대비 2020년의 평균가가 가장 많이 오른 것은 닭고기이다.

② 2019년의 돼지고기 전년 대비 최저가 증가율은 $\frac{2,100-1,600}{1,600}×100=31.25$%이다.

③ 닭고기의 규격은 1kg, 돼지고기의 규격은 100g이므로 동일한 규격으로 변환하여 비교하면 다음과 같다.
- 돼지고기 1kg 최저가 : 2,400×10=24,000원
- 닭고기 1kg 최저가 : 7,700원

따라서 동일한 규격에서의 닭고기 최저가는 돼지고기 최저가보다 낮다.

⑤ 연도별 계란의 최고가와 최저가의 차이를 구하면 다음과 같다.
- 2018년 : 7,800-3,600=4,200원
- 2019년 : 8,200-4,000=4,200원
- 2020년 : 9,200-4,800=4,400원

따라서 계란의 최고가와 최저가의 차이가 가장 큰 연도는 2020년이다.

13 정답 ③

2020년 쇠고기(불고기용)의 최저가는 4,000원, 최고가는 6,400원이다. 따라서 최저가는 최고가의 $\frac{4,000}{6,400}×100=62.5$%이다.

오답분석

① 2019년 돼지고기의 최고가는 3,500원이고 최저가는 1,600원이므로, 최고가는 최저가의 2배인 1,600×2=3,200원보다 크다.

② 2020년 계란 최저가는 4,800원이고 2019년 계란 최저가는 4,000원이므로, $\frac{4,800-4,000}{4,000}×100=20$% 증가하였다.

④ 쇠고기(불고기용)의 2020년 항목별 전년 대비 증가액은 다음과 같다.
- 최고가 : 6,400-6,200=200원
- 최저가 : 4,000-3,800=200원
- 평균 : 5,500-5,200=300원

따라서 2020년 전년 대비 쇠고기(불고기용)의 증가액은 500원 미만이다.

⑤ 2018년 닭고기 1kg의 평균가는 7,800원이고, 소고기(등심) 1kg은 145,000원이다. 따라서 145,000÷7,800 ≒ 18.6이므로 15배 이상 차이가 난다.

14 정답 ④

20대와 30대에서는 치료제 A가 더 효과적이지만, 40대 이상부터는 치료제 B가 더 효과적이므로 A보다 B가 더 효과적인지는 주어진 조건만으로는 알 수 없다.

오답분석

① 위중환자의 치료제 A 효과율은 87%, 84%, 78%, 64%, 50%로 연령대가 높아질수록 효과율은 낮아지고 있다.

② 치료제 A의 중증환자 효과율은 전 연령대에서 30% 이상이고, 치료제 B의 중증환자 효과율은 전 연령대에서 30% 이하이다.

③ 60대 중증환자에 치료제 B의 효과율은 24%이고, 위중환자에 치료제 B의 효과율은 75%이다. 따라서 전자는 후자의 $\frac{24}{75} \times 100 = 32\%$이다.

⑤ 치료제 B의 위중환자 단순평균 효과율과 치료제 A의 위중환자 단순평균 효과율을 구하면 다음과 같다.

- 치료제 B $= \dfrac{75+77+80+78+75}{5} = 77\%$

- 치료제 A $= \dfrac{87+84+78+64+50}{5} = 72.6\%$

  따라서 차이는 $77 - 72.6 = 4.4\%\text{p}$이다.

15 정답 ⑤

20대 위중환자 치료에 사용한 치료제 A의 효과율은 87%, 치료제 B의 효과율은 75%로 전자는 후자의 $87 \div 75 = 1.16$배이다.

오답분석

① 전 연령대에서 경증환자에게 사용한 치료제 A 효과율은 B보다 낮으므로, 치료제 A보다 B를 접종하는 것이 더 효과적이다.

② 연령대별 경증환자에게 사용한 치료제 A와 B의 효과율의 차이를 구하면 다음과 같다.

- 20대 : $11 - 6 = 5\%\text{p}$
- 30대 : $12 - 8 = 4\%\text{p}$
- 40대 : $10 - 7 = 3\%\text{p}$
- 50대 : $14 - 9 = 5\%\text{p}$
- 60대 : $13 - 7 = 6\%\text{p}$

  따라서 경증환자에서 치료제 A와 B의 효과율의 차이가 가장 큰 연령대는 60대이다.

③ 치료제 B의 효과율이 가장 낮은 경증환자 연령대는 10%로 40대이고, 효과율이 가장 높은 위중환자 연령대도 80%로 40대이다.

④ 60대 경증환자에게 사용한 치료제 A의 효과율은 7%이고, 위중환자는 50%이므로 전자는 후자의 $\frac{7}{50} \times 100 = 14\%$이다.

16 정답 ①

평균소득이 가장 높은 직업군은 전문직(450만 원)이지만, 평균지출이 가장 높은 직업군은 자영업(346.5만 원)이다.

오답분석

② 일반회사직과 공무직의 월평균소득 대비 월평균지출이 차지하는 비율을 구하면 다음과 같다.

- 일반회사직 : $\dfrac{3,230,000}{3,800,000} \times 100 = 85\%$

- 공무직 : $\dfrac{2,700,000}{3,600,000} \times 100 = 75\%$

  따라서 일반회사직이 공무직보다 $85 - 75 = 10\%\text{p}$ 더 높다.

③ 연구직은 전체 지출 중 자기계발에 사용하는 비율은 30.5%로 다른 직업군 대비 그 비중이 가장 높다.

④ 월평균지출 중 저축의 비중은 기술직이 20%이고, 일반회사직이 5%이므로 전자가 후자의 4배이다.

⑤ 자영업자의 지출 중 주거와 외식·식자재가 차지하는 비율은 $25 + 27.5 = 52.5\%$로 절반 이상이다.

17 정답 ④

일반회사직은 월평균지출 중 의류·미용이 27.5%로 가장 많은 비중을 차지하고, 전문직 역시 의류·미용이 17.5%로 가장 많은 비중을 차지한다.

오답분석

① 월평균지출이 가장 높은 직업군(자영업)과 가장 낮은 직업군(공무직)의 월평균지출액 차이는 $3,465,000-2,700,000=765,000$원이고, 월평균소득이 가장 높은 직업군(전문직)과 가장 낮은 직업군(연구직)의 월평균소득액 차이는 $4,500,000-3,500,000=1,000,000$원이다. 따라서 전자는 후자의 $\frac{765,000}{1,000,000} \times 100 = 76.5\%$이다.

② 전문직의 월평균지출액은 $3,330,000$원으로 월평균소득액인 $4,500,000$원의 $\frac{3,330,000}{4,500,000} \times 100 = 74\%$이다.

③ 전문직을 제외한 타 직업군의 월평균지출액 중 교통이 차지하는 비중은 자영업(7%), 공무직(5%), 연구직(5.5%), 기술직(7.5%)의 경우 10% 미만이지만, 일반회사직은 10%이다.

⑤ 월평균지출 중 문화생활이 차지하는 비율이 큰 순서대로 나열하면 일반회사직(15%), 공무직(12%), 전문직(7%), 자영업(5.5%), 연구직(5%), 기술직(2.5%) 순서이다.

18 정답 ④

그래프의 제목은 'TV+스마트폰 이용자의 도시규모별 구성비'인 것에 반해 그래프에 있는 수치들을 살펴보면, TV에 대한 도시규모별 구성비와 같은 것을 알 수 있다. 따라서 제목과 그래프의 내용이 서로 일치하지 않음을 알 수 있다.
TV+스마트폰 이용자의 도시규모별 구성비는 다음과 같이 구할 수 있다.

• 대도시 : $45.3\% \times \frac{7,000}{13,000} + 47.5\% \times \frac{6,000}{13,000} ≒ 46.32\%$

• 중소도시 : $37.5\% \times \frac{7,000}{13,000} + 39.6\% \times \frac{6,000}{13,000} ≒ 38.47\%$

• 군지역 : $17.2\% \times \frac{7,000}{13,000} + 12.9\% \times \frac{6,000}{13,000} ≒ 15.22\%$

오답분석

① 연령대별 스마트폰 이용자 비율에 사례 수(조사인원)를 곱하면 이용자 수를 구할 수 있다.

연령	10대	20대	30대	40대	50대	60대 이상
스마트폰 이용자 수(명)	$6,000 \times 11.2\%$ $=672$	$6,000 \times 18.7\%$ $=1,122$	$6,000 \times 21.1\%$ $=1,266$	$6,000 \times 22.2\%$ $=1,332$	$6,000 \times 18.6\%$ $=1,116$	$6,000 \times 8.2\%$ $=492$

② 매체별 성별 이용자 비율에 사례 수(조사인원)를 곱하면 구할 수 있다.

미디어 매체		TV	스마트폰	PC/노트북
성별	남	$7,000 \times 49.4\%=3,458$	$6,000 \times 51.7\%=3,102$	$4,000 \times 51.9\%=2,076$
	여	$7,000 \times 50.6\%=3,542$	$6,000 \times 48.3\%=2,898$	$4,000 \times 48.1\%=1,924$

③ 주어진 표에서 쉽게 확인할 수 있다.

⑤ 각 사례 수(조사인원)에서 사무직에 종사하는 대상의 수를 도출한 뒤, 매체별 비율을 산출하여야 한다.

구분	TV	스마트폰	PC/노트북
사례 수(a)	7,000명	6,000명	4,000명
사무직 비율(b)	20.1%	25.6%	28.2%
사무직 대상수 ($a \times b=c$)	1,407명	1,536명	1,128명
합계(d)		4,071명	
비율($c \div d$)	34.56%	37.73%	27.71%

19 정답 ④

(시간)=1일 때, (A기계의 생산량)=1이므로

$1 = a \times 1^2 - b \cdots$ (가)

(시간)=2일 때, (A기계의 생산량)=7이므로

$7 = a \times 2^2 - b \cdots$ (나)

(가)와 (나)를 연립하면

(가)$-$(나) → $a=2$, $b=1$

→ (A기계의 생산량)$=2 \times$(시간)$^2 - 1$

(시간)=3일 때

(A기계의 생산량)$=2 \times 3^2 - 1 = 17 = \bigcirc$

(시간)=4일 때

(A기계의 생산량)$=2 \times 4^2 - 1 = 31 = \bigcirc$

따라서 $\bigcirc = 17$, $\bigcirc = 31$이다.

20 정답 ③

1. 규칙 파악
   - 청개구리 개체 수

   5　　6　　8　　12　　20

   $\times 2-4$　$\times 2-4$　$\times 2-4$　$\times 2-4$

   ∴ 청개구리의 개체 수는 증가하고 있으며, 바로 앞 항 $\times 2-4$의 규칙을 가진 수열이다.
   - 황소개구리 개체 수

   50　　47　　44　　41　　38

   -3　-3　-3　-3

   ∴ 황소개구리의 개체 수는 감소하고 있으며, 첫째 항은 50이고 공차가 3인 등차수열이다.

2. 계산
   ㉠ 직접 계산하기
   - 청개구리 개체 수

   | 2020년 | 2021년 | 2022년 | 2023년 | 2024년 |
   | 20 | 36 | 68 | 132 | 260 |

   $\times 2-4$　$\times 2-4$　$\times 2-4$　$\times 2-4$
   - 황소개구리 개체 수

   | 2020년 | 2021년 | 2022년 | 2023년 | 2024년 |
   | 38 | 35 | 32 | 29 | 26 |

   -3　-3　-3　-3

   ㉡ 식 세워 계산하기
   - 황소개구리 개체 수

   $n \geq 2$인 자연수일 때 n번째 항을 a_n이라 하면 $a_n = a_{n-1} - 3 = a_1 - 3(n-1)$인 수열이므로 $a_9 = 50 - 3(8) = 26$만 마리이다.

제2회 최종점검 모의고사

01	02	03	04	05	06	07	08	09	10	11	12	13	14	15	16	17	18	19	20
⑤	③	④	①	②	③	⑤	①	⑤	②	③	③	①	⑤	③	②	③	④	⑤	④

01 정답 ⑤

A연구소의 남직원은 $20 \times 0.6 = 12$명이므로 A연구소의 여직원은 $20 - 12 = 8$명이다.

B공장의 생산직 남직원 수는 A연구소와 B공장 전체 남직원 수의 40%이므로 A연구소의 남직원 12명은 전체 남직원 수의 60%임을 알 수 있다.

여기서 B공장의 생산직 남직원 수를 x명이라 하면,

$40 : 60 = x : 12 \rightarrow x = 8$이다.

따라서 B공장의 생산직 여직원은 $41 - 8 = 33$명이 되므로 A연구소의 여직원과 B공장의 생산직 여직원은 모두 $8 + 33 = 41$명이다.

02 정답 ③

A프린터가 한 대당 1분 동안 프린트 할 수 있는 용지매수를 x장, B프린터의 경우 y장이라 가정하고, 100장을 프린트하는 데 걸리는 시간에 대한 방정식을 세우면 다음과 같다.

$(3x + 2y) \times 4 = 100 \rightarrow 3x + 2y = 25 \cdots \bigcirc$

$(4x + y) \times 5 = 100 \rightarrow 4x + y = 20 \cdots \bigcirc$

$\bigcirc$과 $\bigcirc$을 연립하면 $x = 3$, $y = 8$이 나오므로 A프린터는 한 대당 1분에 3장, B프린터는 8장을 출력할 수 있다.

따라서 A프린터 2대와 B프린터 3대를 동시에 사용할 때 1분 동안 출력되는 용지는 $2 \times 3 + 3 \times 8 = 30$장이므로 100장을 출력하는 데 걸리는 시간은 3분 20초$\left(= \dfrac{100}{30} \text{분} \right)$이다.

03 정답 ④

㉠ 2018년 대비 2019년 이용객 수가 증가한 항공노선은 제주행, 일본행, 싱가폴행, 독일행, 미국행으로 총 다섯 개이며, 감소한 항공노선 역시 중국행, 영국행, 스페인행, 캐나다행, 브라질행으로 총 다섯 개로 동일하다.

㉡ 2018년부터 2020년까지의 총 이용객 수는 아시아행(제주, 중국, 일본, 싱가폴)이 $416 + 743 + 342 + 323 = 1,824$천 명, 유럽행(독일, 영국, 스페인)이 $244 + 342 + 860 = 1,446$천 명, 아메리카행(미국, 캐나다, 브라질)이 $400 + 630 + 61 = 1,091$천 명으로 아시아행 – 유럽행 – 아메리카행 순서로 많다.

㉣ 2018년 이용객 수가 적은 하위 2개의 항공노선은 브라질행(23), 독일행(75)이고 2019년도 브라질행(21), 독일행(81)이며 2020년도 브라질행(17), 독일행(88)으로 동일하다.

오답분석

㉢ 전체 이용객 중 제주행노선 이용객 비율은 2018년 약 $\dfrac{128}{1,407} \times 100 = 9.1\%$, 2019년 $\dfrac{134}{1,419} \times 100 = 9.4\%$, 2020년 $\dfrac{154}{1,535} \times 100 = 10.0\%$이다.

따라서 전년 대비 차이는 2019년이 약 $9.4 - 9.1 = 0.3\%\text{p}$, 2020년이 약 $10.0 - 9.4 = 0.6\%\text{p}$로 2019년이 2020년보다 낮다.

04 정답 ①

2010년 대비 2020년의 게스트하우스 개수의 변화율은 $\frac{268-128}{128}\times100\fallingdotseq109.4\%$, 호텔 개수의 변화율은 $\frac{32-14}{14}\times100\fallingdotseq128.6\%$로 그 차이는 약 $128.6-109.4=19.2\%$p로 19%p를 상회한다고 볼 수 있다.

오답분석
② 2010년 전체 숙박시설의 개수는 $128+22+293+320+168+14=945$개이고, 2020년 전체 숙박시설의 개수는 $268+49+132+242+82+32=805$개로 2010년 대비 2020년의 전체 숙박시설의 개수는 감소하였다.
③ 숙박시설의 평균 이용률이 높은 순서로 나열하면 2010년은 펜션(36.5%) – 호텔(21.3%) – 민박(16.8%) – 캠핑장(11.7%) – 게스트하우스(7.8%) – 모텔(5.9%)순서이지만, 2020년에는 펜션(39.2%) – 호텔(35.6%) – 게스트하우스(13.2%) – 캠핑장(7.5%) – 민박(2.7%) – 모텔(1.8%)순으로 서로 다르다.
④ 전체 숙박시설 중 2010년 대비 2020년의 평균 이용률이 증가한 시설은 게스트하우스(7.8% → 13.2%), 펜션(36.5% → 39.2%), 호텔(21.3% → 35.6%)로 총 세 곳이며 감소한 시설 역시 캠핑장(11.7% → 7.5%), 민박(16.8% → 2.7%), 모텔(5.9% → 1.8%) 세 곳이므로 개수는 동일하다.
⑤ 숙박시설별 2010년 대비 2020년 성수기 비용의 차이는 게스트하우스 $38,000-33,000=5,000$원, 캠핑장 $152,000-130,000=22,000$원, 민박 $110,000-98,0000=12,000$원, 펜션 $260,000-170,000=90,000$원, 모텔 $88,000-77,000=11,000$원, 호텔 $320,000-240,000=80,000$원으로 성수기 비용의 차이가 가장 큰 시설은 펜션이다.
숙박시설별 2010년 대비 2020년 비수기 비용의 차이는 게스트하우스 $15,000-12,000=3,000$원, 캠핑장 $89,000-75,000=14,000$원, 민박 $60,000-55,000=5,000$원, 펜션 $168,000-120,000=48,000$원, 모텔 $56,000-45,000=11,000$원, 호텔 $220,000-160,000=60,000$원으로 비수기 비용의 차이가 가장 큰 시설은 호텔이다.

05 정답 ②

ㄴ. 2020년 포르투갈의 이산화탄소 배출 총량의 전년 대비 증가율은 $\frac{50.8-46.4}{46.4}\times100\fallingdotseq9.5\%$이고, 한국의 이산화탄소 배출 총량의 증가율은 $\frac{600-589.2}{589.2}\times100\fallingdotseq1.8\%$이다. 따라서 포르투갈의 이산화탄소 배출 총량 증가율은 한국의 이산화탄소 배출 총량 증가율의 6배인 $1.8\times6=10.8\%$보다 낮다.
ㄷ. 2018년 아시아 국가의 1인당 이산화탄소 배출량의 평균은 $\frac{11.4+6.6+9.1}{3}\fallingdotseq9$톤으로, 2019년 북아메리카 국가의 1인당 이산화탄소 배출량의 평균인 $\frac{15.2+14.9}{2}\fallingdotseq15.1$톤보다 적다.

오답분석
ㄱ. 2018년 이산화탄소 배출 총량이 1,000백만 톤 이상인 국가는 중국, 일본, 미국이고, 이 중 2020년 전년 대비 이산화탄소 배출 총량이 감소한 국가는 일본과 미국, 두 곳이다.
ㄹ. 베네수엘라의 2019년 대비 2020년 1인당 이산화탄소 배출량은 $4-3.6=0.4$톤으로 가장 많이 감소하였다.

06 정답 ③

ㄱ. 2020년 물리치료사 대비 작업치료사의 비율은 대전의 경우 $\frac{286}{1,337}\times100\fallingdotseq21.4\%$, 대구의 경우 $\frac{436}{1,860}\times100\fallingdotseq23.4\%$로 대구가 더 높다.
ㄴ. 2020년 서울의 경우 의사의 수 대비 물리치료사 수의 비율은 $\frac{6,846}{28,746}\times100\fallingdotseq23.8\%$이다.
ㄹ. 2020년부터 2021년까지 강원의 의료인력 수가 매년 전년 대비 동일하다면 2021년 강원의 의료인력 수는 11,042명이다. 반면, 울산의 의료인력 수가 매년 전년 대비 10% 증가한다면, 2021년에 울산의 의료인력 수는 $8,150\times110\%\times110\%\fallingdotseq9,862$명이다.

오답분석
ㄷ. 경북의 의사, 치과의사, 한의사, 간호사를 제외한 의료인력 수는 약사, 물리치료사, 작업치료사, 사회복지사의 수를 더한 3,722명이며, 이 중 물리치료사의 비중은 $\frac{1,718}{3,722}\times100\fallingdotseq46.2\%$이다. 또한 전남의 의사, 치과의사, 한의사, 간호사를 제외한 의료인력 수는 약사, 물리치료사, 작업치료사, 사회복지사의 수를 더한 3,226명이며, 이 중 물리치료사의 비중은 $\frac{1,676}{3,226}\times100\fallingdotseq52.0\%$이다.

07 정답 ⑤

한국의 자동차 1대당 인구수는 $\dfrac{4,892}{1,687} \fallingdotseq 2.9$로 러시아와 스페인 전체 인구에서의 자동차 1대당 인구수인 $\dfrac{14,190+4,582}{3,835+2,864} = \dfrac{18,772}{6,699} \fallingdotseq 2.8$보다 크다.

오답분석

① 중국의 자동차 1대당 인구수는 $28.3\left(\fallingdotseq \dfrac{134,001}{4,735}\right)$명으로 멕시코의 자동차 1대당 인구수의 $6.7\left(\fallingdotseq \dfrac{28.3}{4.2}\right)$배이다.

② 폴란드의 자동차 1대당 인구수는 $\dfrac{3,852}{1,926} = 2$이다.

③ 러시아와 스페인 전체 인구에서의 자동차 1대당 인구수는 2.8로 폴란드의 자동차 1대당 인구수인 2보다 크다.

④ 한국의 자동차 1대당 인구수는 2.9로 미국과 일본의 자동차 1대당 인구수의 합인 $1.2+1.7=2.9$와 같다.

08 정답 ①

창업자 수 상위 세 업종은 카페(5,740명), 음식점(3,784명), 소매업(2,592명)으로 세 업종의 창업자 총합은 $5,740+3,784+2,592=12,116$명이다. 전체 창업자 수의 $\dfrac{12,116}{17,304} \times 100 \fallingdotseq 70\%$를 차지하므로 절반 이상이다.

풀이 꿀팁

전체 창업자 수의 50%는 대략적으로 계산하면, $\dfrac{17,000}{2} = 8,500$명이다. 따라서 음식점 및 카페의 창업자 수의 합만으로도 8,500명보다 많다.

오답분석

② 월평균 매출액 증가율이 가장 높은 업종은 병원 및 의료서비스(6.5%)이지만, 월평균 대출액 증가율이 가장 높은 업종은 카페(15.4%)이다.

③ 월평균 고용인원이 가장 적은 업종은 농사(1명)이며, 창업자 수가 가장 적은 업종은 여행사(243명), 폐업자 수가 가장 적은 업종은 농사(122명)이다.

④ 월평균 매출액 변화율이 가장 높은 업종은 PC방(8.4%)이고 가장 낮은 업종은 소매업(0.5%)으로 그 변화율의 차이는 $8.4-0.5=7.9\%$p이다.

⑤ 카페는 월평균 고용인원에서 상위 4위(5명)이다.

09 정답 ⑤

병준이가 추가되면 총 인원은 7명으로 전체 1대1 대화방 수는 $\dfrac{N(N-1)}{2} = \dfrac{7 \times 6}{2} = 21$개이고, N명의 1대1 대화방 수는 2개가 추가되어 $7+2=9$개이다. 따라서 밀도는 $\dfrac{9}{21} = \dfrac{3}{7}$이 되어 기존 밀도인 $\dfrac{7}{15}$보다 낮아진다.

$$\dfrac{3}{7} = \dfrac{45}{7 \times 15} < \dfrac{7}{15} = \dfrac{49}{15 \times 7}$$

오답분석

① 모두 SNS에 참여할 때 전체 1대1 대화방 수는 첫 번째 조건에 대입하면 $\dfrac{N(N-1)}{2} = \dfrac{6 \times 5}{2} = 15$개이다.

② 영희와 수민이가 동민이와 각각 1대1 대화를 추가할 때 2개의 방이 더 생기므로 밀도는 $\dfrac{7+2}{15} = \dfrac{9}{15} = \dfrac{3}{5}$이다.

③ 5명이 참여한 전체 1대1 대화방 수는 $\dfrac{5 \times 4}{2} = 10$개이다.

④ 6명의 SNS 1대1 대화방 밀도는 $\dfrac{7}{15}$로 $\dfrac{1}{2}\left(= \dfrac{7.5}{15}\right)$ 미만이다.

10 정답 ②

승용차의 경우 부산은 34.7km/대이며, 세종은 38.1km/대로 세종이 더 길지만 전체 1일 평균 주행거리는 40.1km/대로 동일하다.

오답분석

① 세종을 제외한 1일 평균 주행거리 최댓값을 갖는 차종은 특수차이고, 최솟값은 승용차이다. 특수차와 승용차의 주행거리 차이와 승합차의 주행거리를 비교하면, 다음과 같다.

(단위 : km/대)

구분	서울	부산	대구	인천	광주	대전	울산
차이	60.6−31.7 =28.9	196.6−34.7 =161.9	92.5−33.7 =58.8	125.6−39.3 =86.3	114.2−34.5 =79.7	88.9−33.5 =55.4	138.9−32.5 =106.4
승합차	54.6	61.2	54.8	53.9	53.2	54.5	62.5

따라서 최댓값과 최솟값의 차이가 승합차의 1일 평균 주행거리보다 긴 지역은 '부산, 대구, 인천, 광주, 대전, 울산', 6곳으로 5곳 이상이다.

③ 세종은 특수차종의 1일 평균 주행거리는 39.9km/대로 가장 짧고, 승합차는 울산과 부산 다음으로 세 번째로 길므로 8개 지역 중 상위 40%(8×0.4 =3.2위)이다.

④ 1일 평균 주행거리 상위 50%인 4위 안에 부산은 모든 차종이 포함된다.

차종	순위
승용차	인천 > 세종 > 부산 > 광주
승합차	울산 > 부산 > 세종 > 대구
화물차	광주 > 대전 > 부산 = 서울
특수차	부산 > 울산 > 인천 > 광주

⑤ 항구도시는 부산, 인천, 울산이며, 항구도시와 세종 지역 중에서 차종별 1일 평균 주행거리가 가장 긴 지역은 모두 항구도시 중 하나이다.

11 정답 ③

A국과 F국을 비교해보면 참가선수는 A국이 더 많지만, 동메달 수는 F국이 더 많다.

오답분석

① 금메달은 F>A>E>B>D>C 순서로 많고 은메달은 C>D>B>E>A>F 순서로 많다.
② C국은 금메달을 획득하지 못했지만 획득한 메달 수는 149개로 가장 많다.
④ 참가선수와 메달 합계의 순위는 동일하다.
⑤ 참가선수가 가장 적은 국가는 F로 메달 합계는 6위이다.

12 정답 ③

2018년 ~ 2020년의 S사와 M사의 드라마 평균시청률을 보면 2020년은 S사가 높지만, 2018년과 2019년은 M사가 높으므로 옳지 않은 내용이다.

오답분석

① 2017년부터 2020년까지의 S사의 예능 평균시청률은 7.8%, 9.2%, 11.4%, 13.1%로 전년 대비 증가하고 있다.
② 2017년부터 2020년까지 M사 예능 증감 추이는 '감소 – 감소 – 증가 – 증가'이고, 드라마 증감 추이는 '증가 – 증가 – 감소 – 감소'로 서로 반대이다.
④ 2020년 K사, S사, M사 드라마 평균시청률은 12.8+13.0+11.7=37.5%이고, M사 드라마가 차지하는 비율은 $\frac{11.7}{37.5}×100=31.2$%이다.
⑤ 2016년부터 2020년까지 K사의 교육프로그램 평균시청률은 한 번도 4% 이상인 적이 없으므로 옳은 설명이다.

13 정답 ①

2016년부터 2018년까지 예능 평균시청률은 K사가 S사와 M사보다 높다.

- 2016년 : K사 12.4%, S사 7.4%, M사 11.8%
- 2017년 : K사 11.7%, S사 7.8%, M사 11.3%
- 2018년 : K사 11.4%, S사 9.2%, M사 9.4%

오답분석

② 2020년 M사의 교육프로그램의 평균시청률은 2.3%로 다큐멘터리 평균시청률 2.1%보다 높다.

③ 2018년 S사의 평균시청률은 예능프로그램이 9.2%이고, 드라마가 11.5%이므로, 예능프로그램 평균시청률은 드라마 평균시청률의

$$\frac{9.2}{11.5} \times 100 = 80\%$$에 해당한다.

④ 2016년부터 2020년까지 K사의 다큐멘터리 시청률과 S사·M사의 다큐멘터리 시청률을 합한 값을 비교하면 다음과 같다.

- 2016년 : K사 5.1%, S사+M사 2.4+2.4=4.8%
- 2017년 : K사 5.3%, S사+M사 2.8+2.2=5.0%
- 2018년 : K사 5.4%, S사+M사 3.1+2.3=5.4%
- 2019년 : K사 5.2%, S사+M사 2.7+2.4=5.1%
- 2020년 : K사 5.1%, S사+M사 2.6+2.1=4.7%

따라서 2018년에는 K사의 다큐멘터리 시청률과 S사 M사의 다큐멘터리 시청률을 합한 값과 같다.

⑤ 각 연도별 드라마 시청률을 높은 순서대로 정리하면 다음과 같다.

- 2016년 : S사 – M사 – K사
- 2017년 : S사 – M사 – K사
- 2018년 : M사 – K사, S사
- 2019년 : M사 – S사 – K사
- 2020년 : S사 – K사 – M사

따라서 2020년에는 S사의 드라마 시청률이 1위이다.

14 정답 ⑤

여자모델과 여자배우의 2000년대 대비 2020년의 평균데뷔나이 증가율은 다음과 같다.

- 여자모델 : $\frac{23-20}{20} \times 100 = 15\%$

- 여자배우 : $\frac{28-25}{25} \times 100 = 12\%$

따라서 여자모델의 2000년대 대비 2020년의 평균데뷔나이 증가율은 여자배우보다 15−12=3%p 더 높다.

오답분석

① 남성가수의 평균데뷔나이는 1990년대가 28세로 가장 높다.

② 배우직업군의 단순평균 평균데뷔나이를 계산하면 다음과 같다.

- 1980년대 : (20+18)÷2=19
- 1990년대 : (23+22)÷2=22.5
- 2000년대 : (24+25)÷2=24.5
- 2010년대 : (26+26)÷2=26
- 2020년 : (25+28)÷2=26.5

따라서 배우직업군의 단순평균 평균데뷔나이는 매년 높아지고 있다.

③ 남성모델의 평균데뷔나이는 모든 연도에서 25세 이상이고, 여성모델의 평균데뷔나이는 모두 25세 미만이다.

④ 남자 개그맨의 평균데뷔나이가 가장 낮은 해는 25세로 2000년대이고, 여자개그맨의 평균데뷔나이가 가장 높은 해는 27세로 2000년이므로 동일하다.

15 [정답] ③

여자가수의 1980년대부터 2020년까지의 단순평균 평균데뷔나이를 구하면,

$$\frac{18+20+19+20+21}{5}=19.6세로 20세 미만이다.$$

오답분석

① 여성배우의 평균데뷔나이가 남성배우보다 높은 연도는 2000년대와 2020년이다.

② 2010년대 ~ 2020년에 남성 평균데뷔나이가 30대 이상인 직업은 아나운서와 개그맨이다.
   - 2010년대 : 남자아나운서 32세, 남자개그맨 30세
   - 2020년 : 남자아나운서 30세, 남자개그맨 31세

④ 남자모델과 여자모델의 1980년대 대비 2020년 평균데뷔나이 증가율은 다음과 같다.
   - 남자모델 : $\frac{28-25}{25}\times100=12\%$
   - 여자모델 : $\frac{23-20}{20}\times100=15\%$

   따라서 남자모델이 여자모델보다 낮다.

⑤ 2000년대 남자 평균데뷔나이가 가장 높은 직업은 28세로 아나운서이고, 여자 평균데뷔나이가 가장 높은 직업은 27세로 개그맨이다.

16 [정답] ②

2020년 '미달'이라고 응답한 여성은 44%, 남성은 5.5%로 비율은 여성이 남성의 8배이지만, 조사한 남성과 여성의 인원수가 제시되지 않았으므로 알 수 없다.

오답분석

① 해가 지날수록 여성의 영양소 섭취 비율 중 '미달'과 '과잉'에 해당하는 비율은 증가하고, '적정'에 해당하는 비율은 감소하고 있으므로 옳은 설명이다.

③ 연도별로 '적정'이라고 응답한 영유아와 성인의 증감추이는 다음과 같다.
   - 영유아 : 증가 – 증가
   - 성인 : 감소 – 감소

   따라서 반대의 증감추이를 보이고 있다.

④ 청소년 중 '과잉'이라고 응답한 비율은 2018년 19.8%, 2019년 21.2%, 2020년 34.6%로 증가하고 있으므로 옳은 설명이다.

⑤ 2020년 '미달'이라고 응답한 노인의 비율은 23.2%고 2018년은 14.5%이므로, $23.2 \div 14.5 = 1.6$배이다.

17 [정답] ③

㉠ 해가 지날수록 남성의 영양소 섭취 중 '미달'에 해당하는 비율은 8.5%, 7.6%, 5.5%로 감소하고 있고, 적정과 과잉에 해당하는 비율은 증가하고 있으므로 옳은 설명이다.

㉢ 성인의 '미달'이라고 응답한 비율과 '과잉'이라고 응답한 비율의 차는 다음과 같다.
   - 2018년 : $15.5-3.5=12\%p$
   - 2019년 : $20.2-4.8=15.4\%p$
   - 2020년 : $24.5-6=18.5\%p$

   따라서 매년 증가하였다.

오답분석

㉡ 2019년 응답자 300명 중 남성이 100명이라면, 여성은 200명이다. '적정'이라고 응답한 비율은 남성이 76%, 여성이 53%라고 했으므로 각각 인원수를 구하면, 남성 $100\times0.76=76$명, 여성 $200\times0.53=106$명이므로 인원 차는 $106-76=30$명이다.

18 　정답 ④

내수 현황을 누적으로 나타내었으므로 적절하지 않다.

오답분석

①·② 제시된 자료를 통해 알 수 있다.

③ 신재생에너지원별 고용인원 비율을 구하면 다음과 같다.

- 태양광 : $\dfrac{8,698}{16,177} \times 100 ≒ 54\%$

- 풍력 : $\dfrac{2,369}{16,177} \times 100 ≒ 15\%$

- 폐기물 : $\dfrac{1,899}{16,177} \times 100 ≒ 12\%$

- 바이오 : $\dfrac{1,511}{16,177} \times 100 ≒ 9\%$

- 기타 : $\dfrac{1,700}{16,177} \times 100 ≒ 10\%$

⑤ 신재생에너지원별 해외공장매출 비율을 구하면 다음과 같다.

- 태양광 : $\dfrac{18,770}{22,579} \times 100 ≒ 83.1\%$

- 풍력 : $\dfrac{3,809}{22,579} \times 100 ≒ 16.9\%$

19 　정답 ⑤

2018년 관광수입이 가장 많은 국가는 중국(44,400백만 달러)이며, 가장 적은 국가는 한국(17,300백만 달러)이다. 각 국가의 2019년 관광지출 대비 관광수입 비율은 다음과 같다.

- 한국 : $\dfrac{13,400}{30,600} \times 100 ≒ 43.8\%$

- 중국 : $\dfrac{32,600}{257,700} \times 100 ≒ 12.7\%$

따라서 두 국가의 비율 차이는 43.8-12.7=31.1%p이다.

20 　정답 ④

1. 규칙 파악

- A유산균 수

100　　98　　94　　88　　80

　　　-2　　-4　　-6　　-8

∴ 첫 번째 항은 100이고 개체 수는 감소하고 있다. 감소량은 첫째 항이 2이고 공차가 2인 등차수열이다.

- B유산균 수

90　　88　　86　　84　　82

　　-2　　-2　　-2　　-2

∴ 감소하고 있으며, 첫 번째 항은 90이고 공차가 2인 등차수열이다.

2. 계산

　㉠ 직접 계산하기

　　• A유산균 수

　　• B유산균 수

　㉡ 식 세워 계산하기

　　• A유산균 수

첫 번째 항은 100이고 $n \geq 2$인 자연수일 때 $a_n = a_{n-1} - 2(n-1)$인 수열이므로 $a_n = 100 - \sum_{k=1}^{n-1} 2k = 100 - 2 \times \dfrac{(n-1) \times n}{2} = 100 - (n-1) \times n$이다. 따라서 $a_9 = 100 - 8 \times 9 = 28$억 CFU이다.

　　• B유산균 수

$n \geq 2$인 자연수일 때 n번째 항을 a_n이라 하면 $a_n = a_{n-1} - 2 = a_1 - 2(n-1)$인 수열이므로 $a_9 = 90 - 2 \times 8 = 74$억 CFU이다.

제**3**회 최종점검 모의고사

01	02	03	04	05	06	07	08	09	10	11	12	13	14	15	16	17	18	19	20
③	⑤	①	④	⑤	⑤	④	①	⑤	③	④	③	②	③	③	②	③	④	②	③

01 정답 ③

전체 일의 양을 1로 하고, A사원이 하루 동안 하는 일의 양을 x, B사원은 y로 가정하면, 다음 두 식이 성립한다.

$(x+y) \times 2 = 1 \rightarrow 2x + 2y = 1 \cdots \bigcirc$

$x + 4y = 1 \cdots \bigcirc$

두 방정식을 연립하면, $x = \dfrac{1}{3}$, $y = \dfrac{1}{6}$ 이 나온다. 따라서 B사원이 하루에 할 수 있는 일의 양은 $\dfrac{1}{6}$ 이므로, B사원이 혼자 일하는 데 걸리는 시간은 6일이다.

02 정답 ⑤

B를 거치는 A와 C의 최단 경로는 A와 B 사이의 경로와, B와 C 사이의 경로를 나눠서 구할 수 있다.

ⅰ) A와 B의 최단 경로의 경우의 수 : $\dfrac{5!}{3! \times 2!} = 10$가지

ⅱ) B와 C의 최단 경로의 경우의 수 : $\dfrac{3!}{1! \times 2!} = 3$가지

따라서 B를 거치는 A와 C의 최단 경로의 경우의 수는 $3 \times 10 = 30$가지이다.

03 정답 ①

ⓘ 연령대별 '매우불만족'이라고 응답한 비율은 10대가 19%, 20대가 17%, 30대가 10%, 40대가 8%, 50대가 3%로 연령대가 높아질수록 그 비율은 낮아진다.

ⓒ 연령대별 부정적인 답변을 구하면 다음과 같다.

- 10대 : 28+19=47%
- 20대 : 28+17=45%
- 30대 : 39+10=49%
- 40대 : 16+8=24%
- 50대 : 23+3=26%

따라서 모든 연령대에서 부정적인 답변이 50% 미만이므로 긍정적인 답변은 50% 이상이다.

오답분석

ⓛ '매우만족'과 '만족'이라고 응답한 비율은 다음과 같다.

- 10대 : 8+11=19%
- 20대 : 3+13=16%
- 30대 : 5+10=15%

- 40대 : 11+17=28%
- 50대 : 14+18=32%

따라서 가장 낮은 연령대는 30대(15%)이다.

㉣ • 50대에서 '불만족' 또는 '매우불만족'이라고 응답한 비율 : 23+3=26%
  • 50대에서 '만족' 또는 '매우만족'이라고 응답한 비율 : 14+18=32%

따라서 $\frac{26}{32} \times 100 = 81.25\%$로 80% 이상이다.

04 정답 ④

2016년과 2020년에는 출생아 수와 사망자 수의 차이가 20만 명이 되지 않는다.

오답분석

② 기대수명은 제시된 기간 동안 전년 대비 증가하고 있다.

③ 남자와 여자의 수명은 제시된 기간 동안 5년 이상의 차이를 보이고 있다.

구분	2014년	2015년	2016년	2017년	2018년	2019년	2020년
남자와 여자의 수명 차이	6.95	6.84	6.75	6.62	6.6	6.75	6.78

남자와 여자의 수명 차이는 매년 6년 이상이므로 옳은 설명이다.

⑤ 여자의 수명과 기대수명의 차이는 다음과 같다.

구분	2014년	2015년	2016년	2017년	2018년	2019년	2020년
여자의 수명과 기대수명의 차이	3.37	3.31	3.26	3.18	3.17	3.21	3.22

05 정답 ⑤

면세유류는 1990년부터 사용량이 계속 증가하였고, 2020년에는 가장 높은 비율을 차지하였다.

오답분석

① 일반자재는 2010년까지 증가한 이후 2020년에 감소하였다.

② 2000년에는 배합사료, 2020년에는 면세유류가 가장 높은 비율을 차지하였다.

③ 배합사료는 증가와 감소를 반복하였으나, 농기계는 1970~1990년까지 비율이 증가한 이후 증가와 감소를 반복하였다.

④ 제시된 표만 보고 2020년 이후의 상황은 알 수 없다.

06 정답 ⑤

1인당 GDP 순위는 E>C>B>A>D이다. 그런데 1인당 GDP가 가장 큰 E국은 1인당 GDP가 2위인 C국보다 1% 정도밖에 높지 않은 반면, 인구는 C국의 $\frac{1}{10}$ 이하이므로 총 GDP 역시 C국보다 작다. 따라서 1인당 GDP 순위와 총 GDP 순위는 일치하지 않는다.

오답분석

① 경제성장률이 가장 큰 나라는 D국이며, 1인당 GDP와 총인구를 고려하면 D국의 총 GDP가 가장 작은 것을 알 수 있다.

② 1인당 GDP 대비 총인구를 고려하였을 때 총 GDP가 가장 큰 나라는 C국, 가장 작은 나라는 D국이다.
  • C국의 총 GDP : 55,837×321.8=17,968,346.6백만 달러
  • D국의 총 GDP : 25,832×46.1=1,190,855.2백만 달러

따라서 총 GDP가 가장 큰 나라와 가장 작은 나라는 10배 이상의 차이를 보인다.

③ 수출 및 수입 규모에 따른 순위는 C>B>A>D>E이므로 서로 일치한다.

④ A국의 총 GDP는 27,214×50.6=1,377,028.4백만 달러, E국의 총 GDP는 56,328×24.0=1,351,872백만 달러이므로 A국의 총 GDP가 더 크다.

07　정답 ④

사망자가 30명 이상인 사고를 제외한 나머지 사고는 A, C, D, F이다. 사고 A, C, D, F를 화재 규모와 복구 비용이 큰 순서로 각각 나열하면 다음과 같다.
- 화재 규모 : A − D − C − F
- 복구 비용 : A − D − C − F

따라서 옳은 설명이다.

오답분석

① 터널 길이가 긴 순서로, 사망자가 많은 순서로 사고를 각각 나열하면 다음과 같다.
- 터널 길이 : A − D − B − C − F − E
- 사망자 수 : E − B − C − D − A − F

따라서 터널 길이와 사망자 수는 관계가 없다.

② 화재 규모가 큰 순서로, 복구 기간이 긴 순서로 사고를 각각 나열하면 다음과 같다.
- 화재 규모 : A − D − C − E − B − F
- 복구 기간 : B − E − F − A − C − D

따라서 화재 규모와 복구 기간의 길이는 관계가 없다.

③ 사고 A를 제외하고 복구 기간이 긴 순서로, 복구 비용이 큰 순서로 사고를 나열하면 다음과 같다.
- 복구 기간 : B − E − F − C − D
- 복구 비용 : B − E − D − C − F

따라서 옳지 않은 설명이다.

⑤ 사고 A∼E의 사고 비용을 구하면 다음과 같다.
- 사고 A : 4,200+1×5=4,205억 원
- 사고 B : 3,276+39×5=3,471억 원
- 사고 C : 72+12×5=132억 원
- 사고 D : 312+11×5=367억 원
- 사고 E : 570+192×5=1,530억 원
- 사고 F : 18+0×5=18억 원

따라서 사고 A의 사고 비용이 가장 크다.

08　정답 ①

2019년 인구 천 명당 지방자치단체 공무원 수의 전년 대비 증가율은 충청북도가 충청남도보다 더 높다. 전년도 수치는 동일하므로, 2019년 수치가 더 높은 충청북도가 당연히 증가율이 더 높음을 계산 없이 알 수 있다.

오답분석

② 2018년과 2019년에 인천광역시는 전년 대비 증가하지만 제주특별자치도는 감소세가 지속되었다.

③ 경상북도는 2016년, 경상남도는 2017년이므로 틀린 설명이다.

④ 강원도의 인구 천 명당 지방자치단체 공무원 수는 2020년에 11.08명으로, 2015년의 110%인 10.47×110%≒11.52보다 작으므로 틀린 설명이다.

⑤ 제시된 자료는 '인구 천 명당' 공무원 수이다. 따라서 이 자료만으로 시·도별 인구수를 알 수 없으므로 판단이 불가능하다.

09　정답 ⑤

2016년부터 2020년까지 매년 생산량은 두류가 잡곡보다 많음을 알 수 있다.

오답분석

① 잡곡의 생산량이 가장 적은 해는 2017년이고, 재배면적이 가장 적은 해는 2020년이다.

② 2020년의 경우 잡곡의 재배면적은 208ha이며, 서류 재배면적의 2배인 138×2=276ha보다 작다.

③ 두류의 생산량이 가장 많은 해는 2016년이고, 같은 해에 재배면적이 가장 큰 곡물은 미곡이다.

④ 2018년부터 2020년까지 미곡의 전년 대비 생산량 증감추이는 '감소 − 증가 − 증가'이고, 두류의 경우 계속 증가했다.

10 정답 ③

2014년 고랭지감자의 재배면적은 2015년보다 넓지만 10a당 생산량은 2015년도가 2014년보다 많다.

오답분석

① 2011년 봄감자 생산량은 가을감자 생산량의 $\frac{393,632}{83,652}≒4.7$배이며, 다른 연도에서도 모두 봄감자는 가을감자보다 4배 이상 생산되었다.

② 감자 생산효율이 높은 것은 적은 면적에서 많은 감자를 생산할 수 있는 것과 같으므로 10a당 생산량을 비교한다. 따라서 10a당 생산량이 높은 순서는 '고랭지감자 – 봄감자 – 가을감자' 순서이며, 생산효율도 이와 같다.

④ 직접 모든 감자의 10a당 생산량 평균을 계산하는 것보다 모든 감자의 10a당 생산량 합을 구하여 비교하면 쉽다.

구분	전체 10a당 생산량
2016년	2,526+3,875+1,685=8,086kg
2017년	2,580+3,407+1,267=7,254kg
2018년	2,152+3,049+1,663=6,864kg
2019년	2,435+2,652+1,723=6,810kg

따라서 2017년부터 2019년까지 전년 대비 모든 감자의 10a당 생산량 합이 감소하고 있으므로 평균도 감소하는 추세이다.

⑤ 봄감자가 가장 많이 생산된 연도는 2014년도이며, 이때 고랭지감자와 가을감자의 재배면적 차이는 3,751−2,702=1,049ha이다.

11 정답 ④

구간 '육식률 80% 이상'과 '육식률 50% 이상 80% 미만'에서의 사망률 1위 암은 '위암'으로 동일하나, '육식률 30% 이상 50% 미만'에서의 사망률 1위 암은 '대장암'이다.

오답분석

① '육식률 80% 이상'에서의 위암 사망률(85%)과 '채식률 100%'에서 위암 사망률(4%) 차이는 81%로 유일하게 80%가 넘게 차이난다.

② • '육식률 80% 이상'에서의 사망률이 50% 미만인 암 : '전립선암(42%)', '폐암(48%)', '난소암(44%)'
　 • '육식률 50% 이상 80% 미만'에서의 사망률이 50% 이상인 암 : '대장암(64%)', '방광암(52%)', '위암(76%)'
　 따라서 동일하다.

③ '전립선암'은 '채식률 100%'에서 사망률 8%로 '육식률 30% 미만' 구간의 사망률 5%보다 높다.

⑤ '채식률 100%'에서 사망률이 10%를 초과하는 암은 '폐암(11%)'뿐이다.

12 정답 ③

주말 오전 장년층(30·40대)의 단순 평균 TV시청시간을 구하면 $\frac{1.8+3.2}{2}=2.5$시간이고, 중년층(50·60대)의 단순 평균 TV시청시간을 구하면 $\frac{2.5+2.7}{2}=2.6$시간이다.

오답분석

① 10대 미만의 평일 오전 평균 TV시청시간은 2.2시간, 오후 평균 TV시청시간은 3.8시간이다. 따라서 평균 TV시청시간의 차는 3.8−2.2=1.6시간으로 60×1.6=96분, 즉 1시간 36분이다.

② 30대 이후 평일 오후 평균 TV시청시간은 각각 1.5시간, 2.5시간, 3.8시간, 4.4시간, 5.2시간, 5.4시간으로 연령대가 높아질수록 평균 TV시청시간은 증가하고 있다. 주말 역시 2.2시간, 4.5시간, 4.6시간, 4.7시간, 5.2시간, 5.5시간으로 증가하고 있다.

④ 청년층(20대)의 주말 단순 평균 TV시청시간을 구하면 $\frac{2.2+3.2}{2}=2.7$시간이고, 평일의 단순 평균 TV시청시간을 구하면 $\frac{0.9+1.8}{2}=1.35$시간이다. 따라서 주말이 평일의 2.7÷1.35=2배이다.

⑤ 전 연령대에서 평일과 주말 모두 오후의 TV평균시청시간이 길었다.

13 정답 ②

㉠ 10대 미만의 평일 오전 평균 TV시청시간은 2.2시간으로, 주말 오전 평균 TV시청시간인 2.5시간의 $\frac{2.2}{2.5} \times 100 = 88\%$이다.

㉣ 장년층·중년층·노년층의 평일 오전과 오후의 단순 평균 TV시청시간을 구하면 다음과 같다.

구분	오전	오후
장년층	$\frac{0.3+1.1}{2} = 0.7$시간	$\frac{1.5+2.5}{2} = 2$시간
중년층	$\frac{1.4+2.6}{2} = 2$시간	$\frac{3.8+4.4}{2} = 4.1$시간
노년층	$\frac{2.4+2.5}{2} = 2.45$시간	$\frac{5.2+5.3}{2} = 5.25$시간

따라서 장년층이 $2-0.7=1.3$시간, 중년층이 $4.1-2=2.1$시간, 노년층이 $5.25-2.45=2.8$시간으로 노년층의 차가 가장 크다.

오답분석

㉡ 10대와 20대의 평일 오후 평균 TV시청시간은 각각 1.7시간, 1.8시간이다. 따라서 둘의 시간차는 $1.8-1.7=0.1$시간으로, 이는 $60 \times 0.1 = 6$분이다.

㉢ 평일 오전 평균 TV시청시간이 가장 많은 연령대는 2.6시간으로 60대이다. 60대의 주말 단순 평균 TV시청시간을 구하면 $\frac{2.7+4.7}{2} = 3.7$시간으로 4시간 미만이다.

14 정답 ③

재판 관련 경험이 없는 사람 중 SNS를 이용하여 법 관련 정보를 얻는 사람의 수는 $2,968 \times 0.18 = 534$명으로 550명 미만이다.

오답분석

① 중졸 이하의 응답인원 중 TV/라디오를 통해 법 관련 정보를 얻는 사람의 수는 $548 \times 0.9 = 493.2$명으로 500명 미만이다.
② 법 관련 정보를 따로 제공받는 곳이 없다고 응답한 사람의 수는 보수 성향의 경우 $944 \times 0.01 = 9.44$명, 중도 성향은 $1,434 \times 0.006 = 8.6$명으로 보수 성향에서 더 많다.
④ 신문/잡지를 이용해 법 관련 정보를 얻는 사람의 수는 대졸 이상의 학력에서 그렇다고 응답한 $1,466 \times 0.20 = 293.2$명은, 중도 성향에서 그렇다고 응답한 $1,434 \times 0.22 = 315.48$명보다 적다.
⑤ 전체 응답인원은 동일하다고 하였으므로, 전체 응답인원은 $1,701+1,740=3,441$명이다. 전체 응답인원 3,441명 중 사무직 응답인원 686명의 비율은 $\frac{686}{3,441} \times 100 = 19.9\%$로 30% 미만이다.

15 정답 ③

ㄱ. 재판 관련 경험이 있는 응답인원 중 법원 인터넷 시스템을 통해 법 관련 정보를 얻는 인원은 $473 \times 0.4 = 189.2$명으로, 200명을 넘지 않는다.
ㄴ. 학생 중 포털사이트를 이용해 법 관련 정보를 얻는 응답인원 수는 146명의 80%, $146 \times 0.8 = 116.8$명으로, 주부 중 SNS를 이용하여 법 관련 정보를 얻는 응답인원의 수인 668명의 10%, $668 \times 0.1 = 66.8$명보다 더 많다.

오답분석

ㄷ. 응답인원에 대한 구분 기준 중 하나인 성별을 기준으로 볼 때, 남자의 경우와 여자의 경우 모두 포털사이트를 통해 법 관련 정보를 얻는다고 답한 사람 수의 비율이 주위사람을 통해 법 관련 정보를 얻는다고 답한 사람 수의 비율보다 높다. 따라서 전체 응답인원에서 비교를 하여도 포털사이트를 통해 법 관련 정보를 얻는다고 답한 응답인원의 수가 주위사람을 통해 법 관련 정보를 얻는다고 답한 응답인원의 수보다 많을 것임을 알 수 있다.

16 정답 ②

일반회사직 종사자는 '1시간 이상 3시간 미만'이라고 응답한 비율이 45%로 가장 높지만, 자영업자 종사자는 '1시간 미만'이라고 응답한 비율이 36%로 가장 높다. 따라서 옳지 않다.

오답분석

① 교육에 종사하는 사람은 공교육직과 사교육직을 합쳐 총 2,800+2,500=5,300명으로 전체 20,000명 중 $\frac{5,300}{20,000} \times 100 = 26.5\%$에 해당한다.

③ 공교육직 종사자와 교육 외 공무직 종사자의 응답 비율을 높은 순서부터 나열하면 다음과 같다.
- 공교육직 : 5시간 이상 – 3시간 이상 5시간 미만 – 1시간 이상 3시간 미만 – 1시간 미만
- 교육 외 공무직 : 1시간 미만 – 1시간 이상 3시간 미만 – 3시간 이상 5시간 미만 – 5시간 이상

따라서 둘의 추이는 반대이다.

④ 연구직 종사자와 의료직 종사자의 응답 비율의 차는 다음과 같다.
- 1시간 미만 : 69-52=17%p
- 1시간 이상 3시간 미만 : 5-1=4%p
- 3시간 이상 5시간 미만 : 7-2=5%p
- 5시간 이상 : 41-23=18%p

따라서 차이가 가장 크게 나는 응답 시간은 '5시간 이상'이다.

⑤ 제시된 자료를 통해 알 수 있다.

17 정답 ③

ⓒ '5시간 이상'이라고 응답한 교육 외 공무직 종사자의 응답비율은 18%로 연구직 종사자의 응답비율인 23%보다 낮다. 그러나 응답자 수는 교육 외 공무직 종사자의 응답자 수가 3,800×0.18=684명, 연구직 종사자의 응답자 수가 2,700×0.23=621명으로 교육 외 공무직 종사자의 응답자 수가 더 많다.

오답분석

㉠ 전체 응답자 중 공교육직 종사자 2,800명이 차지하는 비율은 $\frac{2,800}{20,000} \times 100 = 14\%$이고, 연구직 종사자 2,700명이 차지하는 비율은 $\frac{2,700}{20,000} \times 100 = 13.5\%$이다. 따라서 14-13.5=0.5%p 더 높다.

㉡ 공교육직 종사자의 응답비율이 가장 높은 구간은 '5시간 이상'으로 그 응답자 수는 2,800×0.45=1,260명이고, 사교육직 종사자의 응답비율이 가장 높은 구간은 '1시간 미만'으로 그 수는 2,500×0.36=900명으로 1,260÷900=1.4배이다.

18 정답 ④

연도별 변화율은 아래와 같다. 2018년 중학교의 변화율은 2017년과 유사하다.

구분	2015년	2016년	2017년	2018년	2019년
유치원	0.00%	−0.75%	−3.01%	−4.65%	−3.25%
초등학교	0.00%	−2.01%	−0.68%	0.00%	0.69%
중학교	−5.92%	−6.99%	−4.51%	−4.72%	−3.31%
고등학교	−3.65%	−2.27%	−3.88%	−7.26%	−7.83%
일반대학	−2.38%	−1.63%	−2.48%	0.00%	0.42%

19　정답 ②

발사이즈와 평균 키의 단위가 다르므로 mm로 통일하여 계산한다.

(발사이즈)=230일 때, (평균 키)=1,510이므로

$1,510=a\times230-b$ … (가)

(발사이즈)=240일 때, (평균 키)=1,580이므로

$1,580=a\times240-b$ … (나)

(가)와 (나)를 연립하면

$\frac{240}{230}$(가)$-$(나) $\rightarrow a=7$, $b=100 \rightarrow$ (평균 키)=7×(발사이즈)-100

(발사이즈)=235일 때

(평균 키)=7×235$-100=1,545 \rightarrow$ ㉠=154.5

(발사이즈)=245일 때

(평균 키)=7×245$-100=1,615 \rightarrow$ ㉡=161.5

따라서 ㉠=154.5, ㉡=161.5이다.

20　정답 ③

1. 규칙 파악

2015년	2016년	2017년	2018년
3	7	19	55

앞의 항에 +4, +12, +36, +108 … ×3씩 커지는 수를 더하는 수열이다.

2. 계산

㉠ 직접 계산하기

2018년	2019년	2020년	2021년	2022년	2023년
55	163	487	1,459	4,375	13,123

㉡ 식 세워 계산하기

주어진 수열은 계차수열이 첫째항 4, 공비 3인 등비수열이다.

2015년을 기준으로 주어진 수열의 n번 째 항을 a_n이라고 하고, a_n의 k번 째 계차수열을 b_k라고 하면 다음과 같다.

$a_n = a_1 + \sum_{k=1}^{n-1} b_k$

$b_k = 4\times3^{k-1}$

$\rightarrow a_n = 3 + \sum_{k=1}^{n-1}(4\times3^{k-1}) = 3 + 4\times\frac{3^{n-1}-1}{3-1} = 3+2(3^{n-1}-1) = 2\times3^{n-1}+1$

$a_n \geq 10,000$이 되는 n의 최솟값은 9이다. n이 1일 때 연도는 2015년이므로 n이 9일 때의 연도는 2023년이다.

I wish you the best of luck!

I wish you the best of luck!

GSAT 삼성직무적성검사 수리논리 문제풀이 용지

성명 :   수험번호 :

①

②

③

④

수리논리

⑤

※ 본 문제풀이 용지는 온라인 GSAT 수검용으로 온라인 모의고사 응시 시 활용하기 바랍니다.

GSAT 삼성직무적성검사 수리논리 문제풀이 용지

성명 :   수험번호 :

⑥

⑦

⑧

⑨

⑩

GSAT 삼성직무적성검사 수리논리 문제풀이 용지

성명 :   수험번호 :

⑪

⑫

⑬

⑭

수리논리

⑮

GSAT 삼성직무적성검사 수리논리 문제풀이 용지

성명 :   수험번호 :

⑯

⑰

⑱

⑲

⑳

GSAT 삼성직무적성검사 수리논리 문제풀이 용지

성명 :　　　　　　　　　　　　　　　　　　수험번호 :

①

②

③

④

⑤

GSAT 삼성직무적성검사 수리논리 문제풀이 용지

성명 :   수험번호 :

⑥

⑦

⑧

⑨

수리논리

⑩

GSAT 삼성직무적성검사 수리논리 문제풀이 용지

성명 :   수험번호 :

⑪

⑫

⑬

⑭

⑮

※ 본 문제풀이 용지는 온라인 GSAT 수검용으로 온라인 모의고사 응시 시 활용하기 바랍니다.

GSAT 삼성직무적성검사 수리논리 문제풀이 용지

성명 :   수험번호 :

⑯

⑰

⑱

⑲

수리논리

⑳

GSAT 삼성직무적성검사 수리논리 문제풀이 용지

성명 :   수험번호 :

①   ②

③   ④

⑤

수리논리

GSAT 삼성직무적성검사 수리논리 문제풀이 용지

성명 :   수험번호 :

⑥

⑦

⑧

⑨

⑩

GSAT 삼성직무적성검사 수리논리 문제풀이 용지

성명 :   수험번호 :

⑪

⑫

⑬

⑭

수리논리

⑮

※ 본 문제풀이 용지는 온라인 GSAT 수검용으로 온라인 모의고사 응시 시 활용하기 바랍니다.

GSAT 삼성직무적성검사 수리논리 문제풀이 용지

성명 :   수험번호 :

⑯

⑰

⑱

⑲

⑳

좋은 책을 만드는 길
독자님과 함께하겠습니다.

도서나 동영상에 궁금한 점, 아쉬운 점, 만족스러운 점이
있으시다면 어떤 의견이라도 말씀해 주세요.
시대고시기획은 독자님의 의견을 모아 더 좋은 책으로 보답하겠습니다.

www.sidaegosi.com

2021 하반기 온라인 모의고사와 함께하는 삼성직무적성검사
GSAT 수리논리 + 무료삼성특강

개정2판1쇄 발행	2021년 09월 20일 (인쇄 2021년 08월 20일)
초 판 발 행	2020년 08월 20일 (인쇄 2020년 06월 24일)
발 행 인	박영일
책 임 편 집	이해욱
저 자	SD적성검사연구소
편 집 진 행	이경서
표지디자인	박수영
편집디자인	배선화 · 안아현
발 행 처	(주)시대고시기획
출 판 등 록	제 10-1521호
주 소	서울시 마포구 큰우물로 75 [도화동 538 성지 B/D] 9F
전 화	1600-3600
팩 스	02-701-8823
홈 페 이 지	www.sidaegosi.com
I S B N	979-11-383-0493-1 (13320)
정 가	13,000원

온라인 모의고사와 함께하는 삼성직무적성검사

GSAT

2021 하반기 채용 대비

수리논리

무료삼성특강

2021년 상반기 최신기출문제 복원 및 분석

대기업 인적성 "기출이 답이다" 시리즈

역대 기출문제와 주요기업 기출문제를 한 권에! 합격을 위한
Only way!

대기업 인적성 "봉투모의고사" 시리즈

실제 시험과 동일하게 마무리! 합격으로 가는
Last spurt!

혼공하는
취린이들을
위해
준비했어~!

취업을 준비하거나 이직을 준비하는
분들을 위해 만들어진 취업 정보
종합커뮤니티 카페

대기업&공기업 취업 온라인 스터디 카페

https://cafe.naver.com/0moowon

취업 달성 프로젝트!

NAVER 카페

취달프를 검색하세요!

01

채용정보

대기업 채용정보

공기업 채용정보

고 · 초대졸 채용정보

최신 채용 뉴스 및 정보

02

무료 온라인 스터디

대기업 스터디

공기업 NCS 스터디

강의 동영상 제공

열정참여자 특별 혜택

03

꿀정보 대잔치

대기업 필수 정보

공기업 필수 정보

자소서 및 면접 꿀팁

04

무료 자료 제공

생생 취업 자료

최신 시사상식

1일 1한자성어

※ 도서 학습 관련 문의는 '도서 학습문의' 게시판에 남겨주세요.

※ 도서의 정오사항은 '신속처리 정오표' 게시판에 업데이트 됩니다.

취달프 카페 가입 이벤트

★ 가입인사 시 추첨을 통해 시대고시 취업 관련 도서 1권 제공 ★

※추첨은 매일 진행됩니다.